Michael Göbl
Wappen-Lexikon der habsburgischen Länder

Michael Göbl

Wappen-Lexikon
der habsburgischen Länder

W-H EDITION WINKLER-HERMADEN

© 2013 Edition Winkler-Hermaden, A-2123 Schleinbach
Alle Rechte vorbehalten
www.edition-wh.at
ISBN 978-3-9503378-0-8

Inhalt

Vorwort 7

Einleitung 9

Heraldik und Habsburg im Zeitraffer 11

Die Wappen der habsburgischen Länder 17

Kleine Sammlung heraldischer Begriffe 200

Literatur 205

Quellen 208

Schema des großen kaiserlichen Wappens, 1752
1 Spanien, 2 Alt- und Neu-Ungarn, 3 Böhmen, 4 Dalmatien, 5 Kroatien, 6 Slawonien, 7 Bosnien, 8 Burgund, 9 Schlesien, 10 Brabant, 11 Lombardei, 12 Steiermark, 13 Kärnten, 14 Krain, 15 Mähren, 16 Burgau, 17 Ober- und Niederlausitz, 18 Österreich, 19 Habsburg, 20 Siebenbürgen, 21 Flandern, 22 Tirol, 23 Jerusalem, 24 Lothringen, 25 Toskana, 26 Bar

Vorwort

Als die Habsburger nach dem Ersten Weltkrieg als Monarchen abtraten, hatten sie über mehr als 600 Jahre die Geschichte Österreichs und Europas mitgeprägt und in allen Ländern, die von ihnen direkt oder indirekt beherrscht wurden, ihre Spuren hinterlassen. Diese Spuren erstrecken sich nicht nur auf die schriftliche oder gegenständliche Überlieferung in Archiven, Bibliotheken oder Museen, sondern auch auf viele Bauwerke aller Art im öffentlichen Raum. Unzählige Wappendarstellungen, die in Stein gemeißelt, in Metall gegossen oder als farbenfrohe Gemälde ausgeführt an die Pracht und Macht ihrer einstigen Eigentümer erinnern, schmücken diese Monumente.

Wappen sind ein kulturgeschichtliches Phänomen, das im hochmittelalterlichen Europa entstanden war und sich im Laufe der Jahrhunderte über die ganze Welt verbreitete. Viele Bereiche der menschlichen Gesellschaft bedienten und bedienen sich bis heute dieser bunten Zeichen, die immer nach den gleichen Standards gestaltet sind und – modern ausgedrückt – Corporate Identities darstellen. Bewusst oder unbewusst begegnen wir den heraldischen Abzeichen auf Schritt und Tritt als Staatswappen auf Münzen und Geldscheinen, Flaggen, amtlichen Stempeln und Gebäuden, KFZ-Kennzeichen, Denkmälern, öffentlichen Verkehrsmitteln oder Grabsteinen. Als unerschöpfliches Kaleidoskop von Farben und Figuren zieht das Wappen auch uns heutige Menschen noch in seinen Bann. Die Motive, aus denen ihre Anziehungskraft gespeist wird, sind bunt und vielschichtig wie die Wappen selbst. Was macht die Faszination von Wappen aus? Ist es die Freude an den Farben und Formen? Ist es die Bedeutung der Figuren oder die Geschichte, die mit den Wappen und ihren Trägern verbunden ist? Oder ist es gar die Ästhetik der künstlerischen Ausführung? Antworten darauf werden wohl nur schwer zu eruieren sein, oder müssten ebenso komplex ausfallen wie so manches Wappen – letztlich muss sie aber jeder für sich selbst finden.

Wappen können nur nonverbale Botschaften vermitteln, deshalb stellt sich schon im Augenblick des Betrachtens die Frage nach ihren Bedeutungen, nach ihren Eigentümern, nach ihrer Geschichte. Überblickt man die Vielzahl der habsburgischen Länder, so ist es nicht immer einfach, den geografischen, historischen, politischen oder heraldischen Hintergrund präsent zu haben, der ihren Wappen innewohnt. Von den vielen Ländern und Herrschaften, die einstmals zum habsburgischen Machtbereich gehört haben, waren einige bei Herrschaftsteilungen oder Gebietsabtretungen bereits früher, endgültig aber nach dem Ende der Monarchie 1918, mehrheitlich in anderen Nationalstaaten aufgegangen. Diese Wappen findet man heute in den Territorien vieler europäischer Länder ebenso wieder wie in verschiedenen Landes- oder Städtewappen. Das trifft auf Albanien, Belgien, Bosnien-Herzegowina, Bulgarien, Deutschland, Frankreich, Griechenland, Italien, Kroatien, Liechtenstein, Luxemburg, die Niederlande, Österreich, Polen, Portugal, Rumänien, Schweiz, Serbien, Slowakei, Slowenien, Spanien, Tschechische Republik, Ukraine, Ungarn und Zypern zu.

„Habent sua fata libelli, habent sua fata arma" – in Abwandlung dieses lateinischen Sprichwortes haben nicht nur Bücher, sondern auch Wappen ihre Schicksale.

Als farbiger Abglanz der vergangenen Jahrhunderte üben sie immer noch einen verlockenden Reiz aus und können Geschichte anschaulich machen.

Das vorliegende „Wappen-Lexikon der habsburgischen Länder" versteht sich deshalb nicht nur als Nachschlagewerk für den interessierten Laien beim Enträtseln der heraldischen Bildersprache, sondern auch als Hilfe für Historikerinnen und Historiker, Kunsthistorikerinnen und Kunsthistoriker, Denkmalpflegerinnen und Denkmalpfleger sowie Künstlerinnen und Künstler, die Unterstützung bei der Identifizierung von Wappen suchen oder den symbolgeschichtlichen Zusammenhängen auf die Spur kommen wollen. Darüber hinaus soll das gegenseitige Verständnis für ein gemeinsames europäisches kulturelles Erbe gefördert werden, wofür die Wappen und Symbole der ehemaligen habsburgischen Länder einen besonderen Beitrag leisten können. Ein Grundprinzip der habsburgischen Heraldik war es nämlich, die Wappen der einzelnen Länder zu erhalten und nicht durch andere Symbole zu ersetzen. So verschmolzen die Wappen aller regierten Länder unter den Fittichen des Doppeladlers in hierarchischer Ordnung zwar zu einem gemeinsamen Emblem, bewahrten aber ihre Individualität. Deshalb wird man auch symbolisch an die Landkarte Europas erinnert, wenn man das große Wappen am Buchtitel betrachtet.

Den supranationalen Charakter der Familie Habsburg beleuchtet das Spezialkapitel „Genealogisches Wappen", welches das dynastische Stammwappen im engeren Sinn darstellt und in dem die Verwandtschaftsbeziehungen in ihrer territorialen Entwicklung zum Ausdruck gebracht werden.

Verfasst man ein Wappen-Lexikon, so muss man sich bewusst sein, dass Vollständigkeit zwar angestrebt werden sollte, aber nicht erzielt werden kann. Die Komplexität der Materie, der Daten, Fakten und Bedeutungen, die einem Wappen innewohnen, kann immer nur eine Annäherung an das Thema ermöglichen. Das wurde mit größtmöglicher Genauigkeit versucht.

Abschließend möchte ich dem Verlag für die freundliche Aufnahme des Buches in sein Programm danken. Ich danke außerdem meiner Familie für ihr Verständnis, wenn ich mich allzu oft und lange hinter Bildschirm und Büchern aufhalten musste. Nicht zuletzt bin ich auch meiner Kollegin Kathrin Kininger zu herzlichem Dank verpflichtet, die mich durch ihren scharfen Blick auf Auslassungen, Ungereimtheiten oder einen allzu verkürzten Text vor so manchem Irrtum bewahrt hat.

Wien, im Frühjahr 2013 *Michael Göbl*

Einleitung

Dieses Lexikon enthält 255 Wappen von Ländern, Städten oder Regionen und das große kaiserliche Wappen von 1752 (das Wappen des „k. k. Directoriums in publicis et cameralibus", aus dem später die „k. k. Vereinigte Böhmisch-Österreichische Hofkanzlei" erwuchs) am Einband.

Die lexikalische Aufbereitung des Stoffes erfolgt nach den Namen der Länder, Besitzungen, Städte und Dynastien, die die Habsburger im Verlauf ihrer mehr als 600-jährigen Geschichte eroberten, erbten, kauften, prägten, oder mit welchen sie in engere Beziehung traten. In der alphabetischen Reihung werden die geografischen Namen im Allgemeinen auf Deutsch wiedergegeben, wohl wissend, dass heute der Ortsname in der jeweiligen Landessprache geschrieben wird. Aus zwei Gründen wurde aber der deutschen Sprache der Vorzug gegeben: Einerseits richtet sich das Buch an deutsch sprechende Leserinnen und Leser, für welche die deutschen Ortsnamen vertrauter sind, andererseits stammen die Wappen vornehmlich aus archivalischen und literarischen Quellen, die auf Deutsch abgefasst sind. Es werden jedoch stets am Anfang des Artikels immer auch die aktuellen Ortsnamen angeführt und die entsprechenden Verweise gesetzt.

Die Auswahl der einzelnen Wappen erfolgte nach deren Vorkommen auf Siegeln oder Bauwerken, in Titulaturen und Wappenbüchern, welche die Habsburger in ihrer Eigenschaft als Könige und Kaiser des Heiligen Römischen Reiches Deutscher Nation, als Könige von Ungarn und Böhmen oder als Erzherzöge der österreichischen Erbländer führten, gestalten oder offiziell errichten ließen. Auch wurde versucht, zwischen dem historischen Auftreten der Wappen und ihren heute noch sichtbaren Spuren, entweder auf Gebäuden oder anderen Medien im öffentlichen Raum, einen Bogen zu spannen. Überdies haben so manche der Wappen entweder ganz oder teilweise Eingang in heutige Stadt- und Staatswappen oder Nationalflaggen gefunden.

Absicht des Buches ist es, zu allen Stichwörtern eine möglichst quellennahe Wappenabbildung in Farbe zu präsentieren. Die 255 Wappenabbildungen stammen aus verschiedenen Überlieferungen und werden hier teilweise zum ersten Mal publiziert.

Ein Drittel der Wappen wurde dem reichen heraldischen Fundus des Österreichischen Staatsarchivs entnommen – sie sind mit der standardisierten Abkürzung „ÖStA" gekennzeichnet. Die unterschiedlichen Siegel- und Typarsammlungen, Wappenhandschriften und Akten aus den beiden Abteilungen Haus-, Hof- und Staatsarchiv und Allgemeines Verwaltungs-, Finanz- und Hofkammerarchiv eröffnen den Zugang zu vielen zeitgenössischen Abbildungen. Eine wichtige Quelle aus dem 15. Jahrhundert stellt dabei das „Wappenbuch der österreichischen Herzöge" (1445/63) dar. Nicht immer präsentierten sich die Illustrationen in einem für den Druck geeigneten Zustand, weshalb einige behutsam retuschiert werden mussten.

Ein weiteres Drittel der Wappen stammt aus den drei Standardwerken des offiziösen österreichischen Staatsheraldikers Hugo Gerard Ströhl (1851–1919): „Österreichisch-Ungarische Wappenrolle" (1890, 1894 und 1900), „Heraldischer Atlas" (1899) und

„Städtewappen von Österreich-Ungarn" (1904). Sie sind mit der Sigle „H. G. Ströhl" versehen.

Eine kleine Herausforderung war es, die Wappenabbildungen, die sich in den so disparaten Quellen uneinheitlich darbieten, in ein möglichst gleichförmiges Format zu bringen, damit sie optisch brauchbar gezeigt werden können. Betrachtet man jedoch die geografische Streuung der Länderwappen, so gerät man unwillkürlich an die Grenzen des Machbaren. Für ein gutes Drittel der Stichworte standen keine geeigneten Wappen zur Verfügung, weshalb die dazu passenden Abbildungen neu gezeichnet wurden. Sie sind immer an der einheitlichen halbrunden Schildform erkennbar, wie sie im 14./15. Jahrhundert gebräuchlich war. Bei den neu gezeichneten Wappen wird lediglich der Schild gezeigt, da er der zentrale Träger der Bildinformation ist. Diese Abbildungen sind mit der Sigle des Autors („M. Göbl") kenntlich gemacht.

Die Heraldik oder Wappenkunde hat zwei Bedeutungen. Sie ist einerseits eine Kunstform, andererseits eine Wissenschaft, die sich mit der Darstellung und Erforschung von Wappen befasst. Seit dem Mittelalter entwickelten sich Regeln der Gestaltung, reglementierte Farben und eine standardisierte Beschreibung, „Blasonierung" genannt. Grundsätzlich gilt: Je einfacher ein Wappen gestaltet ist, desto ursprünglicher und charakteristischer ist es.

Die im Mittelalter entstandenen Farbregeln haben bis heute Gültigkeit und sind ein fundamentales Gestaltungselement. Es gibt zwei Metalle (helle Farben): Gold und Silber, die im Druck durch Gelb und Weiß wiedergegeben werden können. An (dunklen) Farben, auch „Tinkturen" genannt, werden nur fünf verwendet: Rot, Blau, Grün, Schwarz und seltener Purpur. Gleichzeitig entwickelte sich auch die Regel, dass eine Farbe nicht an eine andere Farbe grenzen und ein Metall nie an ein weiteres Metall stoßen soll. Dieser Grundsatz beruht auf dem optischen Prinzip, dass es helle Farben (Metalle: Gold, Silber) und dunklere Farben gibt, die auf weite Sicht nur dann klar unterschieden werden können, wenn sie kontrastierend verwendet werden (Signalwirkung). Dieses heraldische Prinzip ist übrigens bis auf den heutigen Tag noch bei unseren Straßenverkehrszeichen, Piktogrammen oder sonstigen Hinweistafeln zu beobachten.

Parallel dazu entwickelte sich eine eigene kunstvolle und komplexe Fachsprache, die in komprimierter Weise nur nach dem Wortlaut der Wappenbeschreibung eine künstlerische Wiedergabe ermöglichen soll.

Als Besonderheit muss erwähnt werden, dass die Worte „rechts" und „links" in einem dem gewöhnlichen Sprachgebrauch entgegengesetzten Sinn verwendet werden. Das heißt, dass das Wappen immer vom Standpunkt des gedachten Schildträgers aus beschrieben wird, nicht aus der Perspektive des Betrachters. Manchmal werden auch „vorne" und „hinten" für heraldisch rechts und links gebraucht. In den deutschen Wappenbeschreibungen der Reichs- beziehungsweise Hofkanzlei sind vom 16. bis Anfang des 19. Jahrhunderts die Bezeichnungen vorne und hinten vorherrschend, erst im Zuge der Verwissenschaftlichung der Heraldik nach der Mitte des 19. Jahrhunderts wurde die Rechts-links-Seitenbezeichnung dominierend.

Da bei den im Buch vorkommenden Wappenbeschreibungen immer eine Abbildung zu sehen ist, sollten die meisten Blasonierungen „von selbst" verständlich sein. Eine kleine Sammlung heraldischer Begriffe wird im Anhang erläutert.

Heraldik und Habsburg im Zeitraffer

Wappen sind grundsätzlich Symbole der Ordnung. Erst wenn in einem Chaos etwas mit einem Schild (Etikett) versehen, also identifiziert und in ein System eingeordnet ist, können wir es besser verstehen. Das war schon bei der Entstehung der Wappen so, als Personen (Ritter) gekennzeichnet werden mussten, die nicht erkennbar waren, weil sie in einer Vollrüstung steckten. Erst nachdem sie mit einem Schildzeichen versehen waren, kannte man ihre Identität und wusste, ob sie Freund oder Feind waren. Unser heutiger Begriff der Corporate Identity, der dazu gewisse Parallelen aufweist, war damals freilich noch nicht bekannt. Dieses Ordnungsprinzip in Form der Heraldisierung erstreckte sich bald auf alle Bereiche der Gesellschaft: Adel, Bürger, Geistlichkeit und Städte. In weiterer Folge wurden nicht nur Siegel, Münzen, Medaillen, Bauwerke oder Gegenstände des täglichen Bedarfs mit Wappen gekennzeichnet, sondern auch Länder und Staaten.

Die Wappen entwickelten sich nach 1100 ausgehend vom Westen Europas, und so fanden die Habsburger, als sie 1282 die Herrschaft in den Herzogtümern Österreich und Steiermark antraten, dort bereits ein ausgebildetes Wappenwesen vor. Der vom letzten Babenbergerherzog Friedrich II. eingeführte Bindenschild war, ebenso wie der steirische Pantherschild, schon von König Ottokar II. Přemysl als Zeichen des ganzen Landes anerkannt worden und brauchte von den Habsburgern nur noch übernommen zu werden. Diese verwendeten und pflegten Binden- und Pantherschild im Sinne der Herrschaftskontinuität und der Memoria. Der territoriale Gewinn schlug sich auch in einer Rangerhöhung nieder: Aus den einstigen Grafen waren Herzöge geworden. Auf ihre Wappengestaltung hatte dies jedoch keinen unmittelbaren Einfluss. Sie übernahmen den schon unter den Babenbergern geübten Brauch, die Wappen der beiden Länder Österreich und Steiermark nebeneinander in gleichwertiger Weise zu verwenden. Das heißt, dass beide Schilde meist in gleicher Größe neben- oder untereinander gestellt wurden, wobei allerdings der österreichische Wappenschild in der Regel den ersten Rang einnahm.

Im 14. Jahrhundert stand die habsburgische Politik im Zeichen der Festigung der Landesherrschaft. Die anfänglich als „landfremd" angesehene Dynastie begann ihre Stellung durch den Erwerb weiterer Länder auszubauen. Als Herzog Rudolf IV. (1358–1365) im Alter von 19 Jahren 1358 seine Regierung antrat, war er bereits im Besitz von vier Herzogtümern: Österreich, Steiermark, Kärnten und Krain. Kein anderer Reichsfürst konnte über einen derart großen Machtbereich verfügen. Daher war es für ihn wohl eine große Enttäuschung, nicht in den erlauchten Kreis jener Kurfürsten aufgenommen worden zu sein, der die deutsche Königswahl unter sich ausmachte. Vor diesem Hintergrund entstand der Fälschungskomplex um das Privilegium Maius, der die Stellung Rudolfs und seiner Dynastie stärken sollte. Während seiner kurzen Regierungszeit entwickelte er eine ungestüme politische Tatkraft, die auch auf heraldischem Gebiet einen nachhaltigen Niederschlag fand. Er war es, der 1359/60 auf der Rückseite seines besonders schön geschnittenen Reitersiegels erstmals zwölf habsburgische Länderwappen auf einem Bild vereinigte und sich selbst mit dem Erzherzogshut bekrönt darstellte.

Das, was auf den ersten Blick wie die Trophäensammlung des eigenen Machtbereiches aussieht, erfüllte eine mehrfache Funktion. Einerseits diente es der fürstlichen Repräsentation, andererseits der Propaganda anderen Fürsten gegenüber, denen imponiert werden sollte. Die Eigenständigkeit der jeweiligen Länder wurde dadurch aber nicht in Zweifel gezogen. Man könnte dies auch als eine frühe Form von heraldischem Föderalismus bezeichnen. Als 1363 auch noch die Erwerbung Tirols glückte, die die Landverbindung zu den althabsburgischen Herrschaften im Westen erleichterte, war der Grundstein zur künftigen Weltmacht Casa de Austria gelegt.

Auf dem Reichstag zu Esslingen 1360 wurde Rudolf gezwungen, den Siegelstempel unbrauchbar zu machen. Grund dafür war die Anmaßung einer königsgleichen Stellung: Betrachtet man den Fürstenhut auf dem Siegel genauer, so fällt auf, dass diese Form der Krone – mit spitzen Zacken, einem Bügel und einem Kreuz an der Spitze – eigentlich nur von Königen verwendet wurde. Ebenso stießen auch der Titel eines Reichserzjägermeisters (Sacri Romani Imperii Archimagister Venatorum) und eines Pfalzerzherzogs (Palatinus Archidux) in der Umschrift auf massiven Widerspruch. Die heftige Reaktion auf das Siegel zeigt einerseits, dass diesem durch seinen Charakter als Beglaubigungsmittel eine höhere rechtliche Stellung eingeräumt wurde. Andererseits wird erkennbar, dass es in der öffentlichen Wahrnehmung, also gewissermaßen in seiner propagandistischen Wirkung, durch die anderen Fürsten große Beachtung fand. Die Botschaft war jedenfalls angekommen und hatte auch zur entsprechenden Reaktion geführt. In seinem nächsten Siegel hielt sich Herzog Rudolf IV. propagandistisch und mit seinem Erscheinungsbild sehr zurück und siegelte geradezu bescheiden nur mit dem schlichten rot-weiß-roten Bindenschild und dem Pfauenstoß in der Helmzier.

Nach Rudolfs Tod folgte fast ein ganzes Jahrhundert der Schwäche, hervorgerufen durch Herrschaftsteilungen und hausinterne Herrschaftsstreitigkeiten, bis die Habsburger wieder zum mitbestimmenden Faktor im Reich und den angrenzenden Gebieten wurden. Herzog Albrecht V. (als König: Albrecht II.) heiratete Elisabeth von Luxemburg, die einzige Erbtochter Kaiser Sigismunds, und erlangte 1438 nicht nur die deutsche Königswürde, sondern auch den Erbanspruch auf die Königreiche Ungarn und Böhmen. Damit eröffnete sich für die Habsburger eine Perspektive, die sie für Jahrhunderte nicht mehr loslassen sollte. Die kurze, zweijährige, Periode der Regentschaft Albrechts II. brachte jedoch keine heraldischen Neuerungen mit sich. Erst seine beiden Nachfolger Friedrich III. und Maximilian I. griffen bestimmend und prägend in die heraldische Landschaft Österreichs ein.

Großes Vorbild für Friedrich III., der zum zweitlängst regierenden Herrscher der Habsburger werden sollte (nach Kaiser Franz Joseph I.), war sein Großonkel Rudolf IV., dessen Ideen er nicht nur studierte, sondern auch weiter ausbaute. Durch Inanspruchnahme seiner kaiserlichen Machtbefugnisse bestätigte er dessen Privilegium Maius als Reichsrecht und steigerte dadurch die Stellung und das Ansehen seines Hauses. Die Habsburger waren damit zwar nicht zu Kurfürsten geworden, hatten sich diesen aber sehr angenähert.

Heraldik stand für Friedrich III. sowohl als Mittel der Repräsentation als auch für Propagandazwecke im Vordergrund. 1453 ließ er die Wappenwand an der St.-Georgs-Kapelle in Wiener Neustadt gestalten, die ihr Vorbild auch im Reitersiegel Rudolfs IV. hat. Er betrachtete sie als steinernes Denkmal für die Einheit und die Unteilbarkeit des Hauses Österreich. Ein weiteres, schriftliches, Vorbild für die Wappenwand war die „Österreichische Chronik von den 95 Herrschaften", die gegen Ende des 14. Jahrhunderts entstanden war und der das „Wappenbuch der österreichischen Herzöge" nachempfunden wurde. In diesem „Wappenbuch der österreichischen Herzöge" von 1445 erscheint der österreichische rot-weiß-rote Bindenschild paritätisch inmitten der Wappen von Niederösterreich und Oberösterreich. Das Fünfadlerwappen für Niederösterreich ist dort zum ersten Mal farblich richtig dargestellt. Dieses Wappen war im Siegel Rudolfs IV. erstmals gleichrangig an die Seite des Bindenschildes gestellt worden. In fridericianischer Zeit wurde auch erstmals die Bezeichnung des Bindenschildes als „Neu-Österreich" und die Bezeichnung des Fünfadlerwappens als „Alt-Österreich" geprägt. Wie kein anderer Herrscher setzte Friedrich III. das Mittel der Wappenbesserung als Instrument der Belohnung ein. Folgende Städte oder Länder, die ihn unterstützten, erhielten auf diese Weise eine Besserung ihres Wappens: Wiener Neustadt, Krems, Wien, Linz, Prag, Mähren und Krain.

Als Friedrich V. 1440 zum römischen König gewählt wurde, legte er dem einköpfigen Reichsadler zum ersten Mal einen Schild auf die Brust, und zwar den österreichischen Bindenschild. Die Symbolik des Adlers wurde damit unwillkürlich erweitert und mit einem weiteren Element ausgestattet: dem persönlichen Zeichen eines Herrschers, das sein genealogisches Herkommen widerspiegelt.

Neben den vielen Kirchen und Klöstern in der Steiermark und Niederösterreich, die mit Friedrichs Wappen und seiner Devise „AEIOU" geschmückt sind, ist sein Grabmal im Wiener Stephansdom ein symbolisches Monument der besonderen Art. Mit fast 30 Wappenschilden auf dem Deckel des Hochgrabes und an den Seitenwänden dokumentiert es die Grafschafts-, Stadt- und Herrschaftswappen Friedrichs kaiserlicher Besitzungen. Darunter sind auch die älteren habsburgisch-österreichischen Herrschaften zu finden, von denen viele nur noch theoretisch zu seinem Besitz zählten. Sie dienen als Zeugnis seines ausgeprägten Persönlichkeits- und Familienkults und gleichsam als Vermächtnis für seinen Sohn Maximilian I., der ihm in vielem nacheiferte.

Maximilian war es schließlich auch, der das Grabmal im Apostelchor des Stephansdoms fertigstellen ließ – vielleicht nicht so sehr aus Gründen der Pietät, sondern wohl mehr als Propagandist in eigener Sache. Maximilian ließ auch durch seine Gelehrten und Beamten immer neue Möglichkeiten austüfteln, seine politischen Programme mit allen Plänen und Ansprüchen öffentlich in Szene zu setzen. Eine der Sprachen, derer er sich bediente, war neben jenen von Inschriften und Sinnbildern auch die der Heraldik. Viele im Lauf der Zeit abgewandelte Wappenzusammenstellungen sind in seinen Büchern (zum Beispiel „Theuerdank", „Weiskunig" und „Triumphzug"), auf seinen Bauwerken, graphischen Arbeiten, Münzen, Medaillen, Siegeln, Waffen oder Tapisserien zu sehen. So beispielsweise in Innsbruck am Goldenen

Dachl, einem Prunkerker, der 1494–1496 zur Erinnerung an Maximilians Hochzeit mit Maria Bianca Sforza von Mailand errichtet wurde. Ein anderes Bauwerk war der 1499 entstandene Innsbrucker Wappenturm, der sogar 66 Wappenabbildungen aufwies; er wurde allerdings 1768 bei Umbauarbeiten der Hofburg abgerissen.

Maximilian hatte keine Skrupel, auch Wappen von Ländern in seine Sammlung aufzunehmen, die er noch gar nicht besaß, sondern die ihm erst aufgrund von Heiratsplänen und daraus resultierenden Erbansprüchen zufallen sollten. Tatsächlich war das politische Machtgefüge um die Zeitenwende von 1500 stark in Bewegung geraten, und die Habsburger waren durch ihre Heiratspolitik in die erste Liga der europäischen Regenten aufgestiegen. Innerhalb von fünf Jahrzehnten, 1477–1526, legte das Haus Habsburg durch drei Heiraten in drei aufeinanderfolgenden Generationen das Fundament für seine weltpolitische Bedeutung: Die reichen burgundischen Länder, die Königreiche auf der Iberischen Halbinsel mit ihren italienischen und überseeischen Gebieten und schließlich die Königreiche Böhmen und Ungarn mit ihren Nebenländern und Ansprüchen bis weit auf den Balkan zählten alsbald zum habsburgischen Machtbereich. Insofern war der Maximilianische Wappenturm nicht nur Ausdruck eines Wunschdenkens mit heraldischen Mitteln, sondern wurde nach und nach auch in die Wirklichkeit umgesetzt.

In dieser Zeit erreichte die dynastische Heraldik ihren Höhepunkt. In einer Epoche, in der nur wenige Leute lesen und schreiben konnten, waren dynastische Bilder, Zeichen und Symbole, wie sie die Wappen darstellen, eine Möglichkeit der Propaganda und der herrscherlichen Repräsentation. In einer Zeit, als Macht vor Recht galt, kam der Macht der Bilder und ihrer Botschaften eine umso größere Bedeutung zu.

Die heraldische Sammeltätigkeit erfuhr dann im 16. und 17. Jahrhundert eine vorübergehende Unterbrechung. Erst nach der Zurückdrängung der Osmanen Anfang des 18. Jahrhunderts konnte sie wieder aufgenommen werden.

Im Zeichen des Aufstiegs Österreichs zu einer europäischen Großmacht und des Ausbaus von Wien zur Reichshaupt- und Residenzstadt setzte auch eine gewaltige Bautätigkeit ein. Nicht nur die habsburgtreue Aristokratie investierte in barocke Stadtpaläste mit ihren eigenen vielfältigen Wappenverzierungen, sondern auch die neu etablierten Behörden und andere öffentliche Einrichtungen und Denkmäler mussten mit den habsburgischen Emblemen gekennzeichnet werden: der Reichskanzleitrakt der Hofburg, die Böhmisch-Österreichische Hofkanzlei, die Aula der Alten Universität, die k. k. medizinisch-chirurgische Militärakademie „Josephinum", das Allgemeine Krankenhaus oder die Pestsäule am Graben. Überall wurden die großen kaiserlichen Majestätswappen angebracht und demonstrierten die habsburgische Machtvollkommenheit.

Nach dem Spanischen Erbfolgekrieg und der dynastischen Vereinigung der Habsburger mit den Lothringern fanden die italienischen und lothringischen Wappen alsbald Aufnahme in die österreichischen Wappensuiten. In der Zeit Maria Theresias und Josephs II. kam es in kurzen Abständen zu größeren Umgruppierungen, Neuaufnahmen und Streichungen bei den Wappenfeldern der großen kaiserlichen Wappenkategorien. Dazu gehörte auch die Aufnahme des Lothringischen Wappens in einen gemeinsamen Schild mit dem Bindenschild und die Renaissance des eigentlichen habsburgischen Familienwappens, des roten Löwen im goldenen Feld. Dieses Wappen war nämlich seit dem 16. Jahrhundert in den Hintergrund getreten und wurde erst im Zuge der Schaffung eines genealogischen Wappens im 18. Jahrhundert wiederbelebt. 1806, nach dem Ende des Heiligen Römischen Reiches, wurde im Zuge des neuen Österreichischen Kaisertums versucht, das aus Habsburg und Lothringen genealogisch neu zusammengesetzte Herrscherhaus auch heraldisch entsprechend darzustellen. Der Bindenschild als Haus Österreich und der rote Löwe (als Alt-Habsburg) standen ab 1806 an der Seite der drei Lothringischen Adler in einem dreiteiligen Schild. Das Fünfadlerwappen wurde zum alleinigen Wappen des Landes Niederösterreich erklärt.

Die Teilungen Polens, das Ende der Republik Venedig gegen Ende des 18. Jahrhunderts und der Reichsdeputationshauptschluss 1803 bewirkten zusätzliche Ausweitungen des habsburgischen Wappenschildes. Das große Majestätswappen des Kaisertums Österreich 1804 wuchs auf die schier unüberschaubare Anzahl von 68 Feldern an. Damit waren auch die Fachleute der Staatskanzlei etwas überfordert und zeichneten einige neu hinzugekommene Wappen falsch beziehungsweise verwendeten eine falsche Farbe. So erhielt das Herzogtum Auschwitz 1804 irrtümlich einen schwarzen Adler anstelle eines blauen Adlers in Silber. Auch beim Herzogtum Zator wurden Farben verwechselt und statt des richtigen silbernen Adlers in Blau erschien ein blauer Adler in Silber. Aber auch Triest, das zwar schon seit 1382 bei Österreich war und dem sogar schon Kaiser Friedrich III. 1464 ein Wappen verliehen hatte, war erst ab 1806 im habsburgischen Titel- und Wappenreigen vertreten. Dessen Wappen war offenbar nur undeutlich bekannt und man hatte wahrscheinlich gedacht, dass für die Hafenstadt Triest ein Anker die adäquate Schildfigur wäre. Dies war jedoch eine falsche Interpretation der Schildfigur und rief alsbald die Triestiner auf den Plan. 1806 und 1836 wurde die Figur falsch gezeichnet, und es sollte noch bis 1852 dauern, bis Kaiser Franz Joseph schließlich das Wappen in der Version von 1464 mit der richtigen Figur, nämlich der Lanzenspitze des heiligen Sergius, bestätigte.

Nationale Befindlichkeiten, die Autonomie der Volksstämme und territoriale Veränderungen wirkten sich auch auf die habsburgischen Länderwappen im 19. Jahrhundert aus. So erhielt die Bukowina, die schon seit 1775 bei Österreich war, erst 1849 einen eigenen Status als Kronland und 1862 ein eigenes Wappen. Sowohl Mähren als auch Krain wollten 1837 das ihnen bei Wappenbesserungen schon im 15. Jahrhundert zugestandene Gold anstatt der silbernen Wappenfarbe. Im Staatswappen von 1836 waren nämlich ihre Wappen fälschlicherweise „nur" silbern tingiert worden. Als jedoch 1848 zum ersten Mal der politisch auftretende Panslawismus die Farben Weiß-Blau-Rot als die „wahren slawischen Farben" propagierte, schwenkten auch die Krainer Landstände auf die slawische Linie ein und wollten lieber ihre alten silbern-blau-roten-Farben. Mit dem Wegfall des Königreiches Lombardo-Venetien wurde auch dessen Wappen aus den österreichischen Wappensuiten entfernt, und die Steiermark, die bisher ihren Schild mit Kärnten teilen musste, erhielt nunmehr einen eigenen Schild.

So wie mit kriegerischer Stärke oder höfischem Zeremoniell, konkurrierten die Monarchen untereinander auch mit der Größe ihrer Wappen und Majestätssiegel.

Je größer die „Trophäensammlung" war, das heißt je mehr Felder das Staatswappen besaß, umso größer schien die Macht. Da bildeten die Habsburger keine Ausnahme. Das letzte große Staatswappen Österreichs wurde 1836 mit 62 Feldern geschaffen. Danach diskutierte man bis zum Beginn des Ersten Weltkriegs darüber, wie die eingetretenen Verfassungs- und Gebietsänderungen – vor allem der Ausgleich mit Ungarn 1867 – heraldisch in einem gemeinsamen Staatswappen dargestellt werden könnten. Bis 1915 konnte man sich nur auf ein mittleres gemeinsames Staatswappen einigen, ein großes schien nicht mehr opportun zu sein. Der Widerstand Österreichs dagegen, die beiden Reichsteile Österreich und Ungarn in zwei voneinander getrennten Wappenschilden heraldisch darzustellen, war gebrochen und schien den Zerfall der Monarchie schon vorweg anzukündigen. Obwohl das dynastische Wappen der Habsburger die beiden Reichsteile noch heraldisch verband, war seine einigende Kraft am Schwinden, und die sich um die beiden Schilde rankende Devise „Indivisibiliter ac Inseparabiliter" („Unteilbar und Untrennbar") schien ihre Bedeutung als magische Zauberformel verloren zu haben.
Nachdem 1918 der Zusammenbruch der k. u. k. Monarchie besiegelt war, wählte sich das neue Österreich aus politischen Gründen ein Staatssymbol, das unter Ausblendung der habsburgischen Periode auf die österreichische Ur-Dynastie der Babenberger zurückging: den rot-weiß-roten Bindenschild. Damit wollte die junge Republik an die Anfänge ihres territorialen Werdegangs im Mittelalter anknüpfen. Aus dem großen Staatswappen der Monarchie mit seiner schier unüberschaubaren Anzahl an Feldern, das die Weitläufigkeit und Pluralität der habsburgischen Königreiche, Herzog- und Fürstentümer heraldisch widerspiegelte, war nur die Mitte, der Herzschild, übriggeblieben. Das habsburgische Länderkonglomerat hatte in seiner ganzen Geschichte nie einen staatsrechtlichen Gesamtbegriff und ein Gesamtsymbol besessen, was oft bemängelt wurde. Schon Prinz Eugen wies auf die Notwendigkeit hin, aus den weitläufigen und heterogenen Ländern der Monarchia Austriaca ein „Totum", ein „Ganzes" zu formen. Staatskanzler Kaunitz stieß in dasselbe Horn und meinte bei der Schaffung einer gemeinsamen Flagge 1786, dass Österreich das „wahre Centrum Reunionis" sei und am besten durch den rot-weiß-roten Bindenschild symbolisch verkörpert würde.

Alle diese Bestrebungen glückten freilich nicht. Erst der neue Zeitgeist, der von Nationalisierung, dem Selbstbestimmungsrecht der Völker, Vereinfachung und Rationalisierung geprägt war und nach dem Ersten Weltkrieg zum Durchbruch gelangte, ließ nicht nur das österreichische Staatsgebiet, sondern auch das Staatssymbol auf seinen mittelalterlichen Kern schrumpfen und markierte den Anfang einer neuen staatlichen heraldischen Entwicklung.

Die Wappen der habsburgischen Länder

Aargau

Der Aargau bezeichnet heute eine Landschaft und einen Kanton in der Schweiz, der erst 1805 geschaffen wurde. In diesem Gebiet, am Zusammenfluss von Aare, Reuss und Limmat, befindet sich jene Burg, die den Habsburgern ihren Namen gab. Ihr Stammsitz, die um 1020 erbaute Habichtsburg oder Habsburg, 1108 erstmals urkundlich erwähnt als „Havisberch" („Habichtsberg"), lag auf dem Wülpelsberg, einer Erhebung südlich des Zusammenflusses von Reuss und Aare.

Abb. 1: Aargau (M. Göbl)

Nicht weit davon entfernt befinden sich noch zwei weitere Gedächtnisstätten: Muri und Königsfelden. Im Jahre 1027, noch vor Errichtung der Habsburg, wurde Muri als Hauskloster und Grabstätte der Familie errichtet, wo auch die Gebeine der frühesten Habsburger ruhen. Als nach der Ausweisung der Habsburger aus Österreich 1919 eine neue Grabstätte gesucht werden musste, fiel wieder die Wahl auf Muri. Heute befinden sich dort nicht nur die Herzen des letzten österreichischen Kaiserpaares Karl und Zita, sondern auch weiterer Erzherzöge und deren Gemahlinnen. Zur Erinnerung an den 1308 ermordeten König Albrecht I. aus dem Haus Habsburg ließ die Familie am Tatort eine Gedenkstätte errichten. Sie erhielt den Namen Königsfelden (1309, „campus regius"). Daraus entwickelte sich ein Kloster, wobei der Chor der Kirche sich an jenem Ort befindet, wo der König starb.

Das Gebiet, im 8. Jahrhundert erstmals als „Aargau" bezeichnet, wurde kurze Zeit später in den Ober- und Unteraargau geteilt. Der Oberaargau stand zu Anfang des 15. Jahrhunderts unter der Herrschaft von Bern, der Unteraargau unter der Herrschaft der Grafen von Habsburg, die ihn 1264 von den Grafen von Kyburg geerbt hatten. Die Kyburger hatten den Unteraargau ihrerseits von den Grafen von Lenzburg geerbt, die 1172/73 ausgestorben waren.

Als 1415 die schweizerische Eidgenossenschaft den Unteraargau eroberte, ging den Habsburgern ihre Stammburg verloren.

1798 entstanden die beiden Kantone Aargau und Baden der Helvetischen Republik, die 1803 unter Einbeziehung des österreichischen Fricktals vereinigt wurden. Das Wappen des Kantons Aargau wurde erst nach der Gründung des Kantons 1803 eingeführt, in der österreichischen Heraldik kommt es zwar nicht vor, das Territorium hat aber wegen der dort gelegenen Habsburg eine besondere Bedeutung.

Wappen

Gespalten von Schwarz mit drei weißen Wellenbalken und von Blau mit drei fünfstrahligen weißen Sternen. (→ Abb. 1)

Die genaue Bedeutung des Wappens ist ungeklärt. Nach der ältesten Auslegung von 1844 steht das schwarze Feld für den fruchtbaren, schwarzerdigen Berner Aargau, die Wellenbalken stehen für die Flüsse Aare, Reuss und Limmat, das blaue Feld für den Wasserreichtum, die drei Sterne für das Fricktal, die Grafschaft Baden und das Freiamt.

Eine andere Deutung hält die drei Sterne für die drei ehemaligen Kantone Aargau, Baden und das Fricktal, die den heutigen Kanton bilden.

Adelsberg

Abb. 2: Adelsberg (M. Göbl)

(Postojna, Slowenien) 1371 erwarben die Habsburger die auf einer Karsthochfläche südwestlich von Laibach (Ljubljana) gelegene Herrschaft durch Kauf. In seinem Werk zur Geschichte Krains (1689) bezeichnete Johann Weichard von Valvasor Adelsberg als Markt. Die Herrschaft mit dem gleichnamigen Hauptort liegt an der historischen Straßen- und Eisenbahnverbindung Wien–Marburg–Laibach–Triest. Bekannt wurde Adelsberg durch ein mehr als 20 Kilometer langes Grottensystem, das vom Wasser in das Karstgebirge gegraben wurde. Sogar Kaiser Franz Joseph I. besuchte das Höhlensystem zwei Mal. Die Grotte stellt eines der größten Tropfsteinhöhlensysteme der Erde dar, ist seit 1213 bekannt und wird von der Laibach, dort „Poik" genannt, durchströmt.

Bis 1918 lag die Herrschaft Adelsberg mit dem gleichnamigen Markt im Herzogtum Krain, heute in der Republik Slowenien. Am 9. Mai 1909 wurde der Markt zur Stadt erhoben und erhielt im Zuge dessen ein neues Wappen.

Wappen

(Stadtwappen) Von Blau und Rot gespalten, mit einer unten

eingepfropften, ausgebogenen Spitze. Über die Spaltlinie ist ein silberner Adler mit goldenen Fängen und Zunge gelegt, unten erscheint die rosa-fleischfarbige Figur eines Grottenolms (Proteus anguineus), ein Tier, das in den Gewässern der Adelsberger Grotte vielfach vorkommt. (→ Abb. 2)

Agram

(Zagreb, Kroatien) Die Hauptstadt des Königreiches Kroatien entstand aus zwei mittelalterlichen Siedlungen, die sich auf zwei benachbarten Hügeln getrennt entwickelten. Die eine begann sich auf dem Kaptol, dem Sitz des Bischofs, auszubreiten, die andere erwuchs aus Siedlungen um eine Befestigung auf dem Hügel Gradec. Das Bistum wurde zum Sitz der königlichen Gespanschaft (Komitat), wo der vom König bestellte Gespan (Zupan) saß, und war zugleich das wichtigste Zentrum im mittelalterlichen Slawonien.

Abb. 3: Agram (H. G. Ströhl)

Zur Zeit der Regierung König Bélas IV. wurden die Siedlungen von den Tataren schwer in Mitleidenschaft gezogen. Nach dem Rückzug der Tataren wurde die Siedlung am Gradec erweitert und besser befestigt. 1257 findet sich zum ersten Mal eine „Festung Gradec" erwähnt. Auch das bischöfliche Zagreb (Kaptol) dehnte sich räumlich aus und wurde ebenfalls befestigt, da die Gefahr durch die Osmanen in den nächsten Jahrhunderten ein Dauerbrenner wurde.

Ende des 15. Jahrhunderts kam es wegen der Auseinandersetzung zwischen den Bürgern des Gradec und des Kaptol um die Vorherrschaft für längere Zeit zu Stagnation und Rückgang. Pest, Brände, dynastische Streitigkeiten und die Einschränkung der städtischen Freiheiten besonders während der Herrschaft der Grafen von Cilli taten ein Übriges. Vom Rückgang begann sich Gradec erst Anfang des 17. Jahrhunderts zu erholen und zu einer barocken Stadt zu entwickeln.

Unter Maria Theresia erfuhr Zagreb eine Gleichstellung mit allen anderen Freistädten auf kroatischem Boden. Zugleich wurde die Stadt, nachdem der kroatische Sabor (Landtag) schon seit dem 17. Jahrhundert hier getagt hatte, Zentrum des politisch-administrativen Lebens.

Gegen Ende des 18. Jahrhunderts kam es zu einem Zuzug adeliger Stadtbewohner. Dazu zählten Mitglieder aus den Adelsfamilien Drašković, Erdődy, Kulmer, Oršić, Patačić, Rauch, Sermage, Vojković etc. Diese besaßen Herrschaften auf dem Land und bauten für ihren Aufenthalt in Zagreb nun neue Palais in der Oberstadt. Dadurch wurde die Stadt auch attraktiv für neue Bewohner, die aus anderen gesellschaftlichen Schichten stammten und sich hier ansiedelten: Handwerker und Kaufleute, aber auch Beamte und Offiziere.

1868 gingen aus dem Ausgleich mit Ungarn neue Organisationen des politischen Systems hervor, darunter 1869 die Landesregierung, an deren Spitze der Banus stand. Trotzdem gab es nur in der Landwirtschaft Autonomie. Industrie, Gewerbe, Bankwesen, Außen- und Innenhandel, Verkehr, Post und Eisenbahn blieben eine „gemeinsame Angelegenheit" mit Ungarn. 1874 wurde die Universität und 1867 die Südslawische (heute Kroatische) Akademie der Wissenschaften und Künste gegründet. Zahlreiche Schulen, Museen, Archive und Bibliotheken wurden eröffnet und führten zu einem kulturellen Aufschwung.

Wappen

(Stadtwappen) Agram führte nach einem Siegel aus dem 14. Jahrhundert ein etwas einfacheres Wappenbild als heute, nämlich auf einem Felsen eine dreitürmige Burg, rechts von einem achtstrahligen Stern, links von einem steigenden Halbmond beseitet. Die Umschrift lautet „+S: COMUNI: DEMONTEGRACI+".

In einem späteren Siegel erschien die Burg auf einem Hügel stehend, der von einer Mauer mit Zinnen umzogen ist – in der Mitte ein offenes Tor. Die Umschrift lautet: „+POGLAVARSTVO SLOB: IKR: GLVNOGGRADA ZABREBA+".

Die Burg, deren mittlerer Turm drei Spitzdächer trägt, ist von einem sechsstrahligen Stern und einem zunehmenden Mond beseitet. Die Rosen sind eine jüngere Zugabe. Zur weiteren Dekoration des Wappenschildes wurde zur Zeit der Monarchie eine fünfblättrige Laubkrone auf den Schild gesetzt. (→ Abb. 3)

Abb. 4: Siegel von Skanderbeg (ÖStA)

Albanien

Mit der Teilung des Römischen Reiches 395 kam Albanien, das auf dem Westbalkan gelegene Land, unter byzantinische Herrschaft. Im Verlauf des Vierten Kreuzzugs zerfiel das Byzantinische Reich (1204) und in ständigem Wechsel versuchten fremde Mächte (Neapel, Serbien, Venedig), aber auch einheimische Fürsten eine neue Herrschaft zu begründen.

Georg Kastrioti, genannt Skanderbeg (1405–1468), war ein zum Christentum konvertierter albanischer Fürst, der 1443–1468 sein Land vor den Türken heldenhaft verteidigt hatte. Nach seinem Tod wurde Albanien für mehr als vier Jahrhunderte Teil des Osmanischen Reiches – bis 1913. Skanderbeg führte einen Doppeladler und darüber einen sechsstrahligen Stern im Siegel. (→ Abb. 4)

Er berief sich auf eine Legende, wonach die Albaner von einem schwarzen Adler abstammten, allerdings liegt auch der Zusammenhang mit dem byzantinischen Doppeladler auf der Hand.

Kaiser Franz II. griff nicht auf diesen Adler zurück, sondern übernahm in sein großes Wappen von 1804 das von der Republik Venedig übernommene Anspruchswappen auf Albanien. Venedig führte seit alters her allein den Markuslöwen als Wappen. Im 18. Jahrhundert legte es sich nach dem Vorbild der anderen Staaten auch ein großes, vielfeldiges Wappen zu, das in einem Feld das Wappen von Albanien zeigte: in Silber ein roter Löwe. In den nachfolgenden Staatswappen kommt es nicht mehr vor.

Wappen

(Im österreichischen Staatswappen 1804–1806) In Silber ein roter Löwe. (→ Abb. 5)

Abb. 5: Albanien, 1804–1806 (M. Göbl)

Die Staatsgründer von Albanien 1913 griffen aber nicht auf diesen Löwen zurück, sondern auf den Doppeladler, den schon Skanderbeg in seinem Siegel geführt hatte. Bis zum heutigen Tag ist dieser schwarze Doppeladler das albanische Staatssymbol.

Algeciras

Algeciras ist eine Hafenstadt im Süden der heutigen spanischen Provinz Andalusien in der Nähe von Gibraltar. Der Name stammt von der arabischen Ortsbezeichnung al-Dschasira-al-Chadra („grüne Insel").

Hier fassten die Mauren bei ihrem Einfall in Spanien 711 zuerst Fuß und bildeten den Brückenkopf für weitere Eroberungen. Sie behielten die Stadt bis zu ihrer Rückeroberung durch Alfons XI. von Kastilien 1344.

Kaiser Maximilian nahm als Zeichen für den nominellen Besitz das Wappen der Stadt 1499 unter die Wappen seines Innsbrucker Wappenturms auf. Danach kam das Wappen

Abb. 6: Algeciras (M. Göbl)

nicht mehr vor. Es wurde nur noch der Name Algeciras im Titel von Kaiser Karl VI. gebraucht.

Wappen

(Stadtwappen) Geviert; in 1 und 4 ein schwarzer, mit einem silbernen Stirnband geschmückter Mohrenkopf in Silber; 2 und 3 ein natürlicher, gekrönter Kopf in Silber. (→ Abb. 6)

Anjou

Die alte Grafschaft Anjou liegt im Nordwesten von Frankreich mit der Hauptstadt Angers, umflossen von der oberen Loire.

Im 9. Jahrhundert von den Kapetingern regiert, übten seit Mitte des 10. Jahrhunderts die Grafen von Anjou eine selbständige Herrschaft aus. Gottfried V. (1128–1151), mit dem Beinamen Plantagenet, nahm Mitte des 12. Jahrhunderts die Normandie in Besitz, sein Sohn Heinrich Kurzmantel gewann 1152 Aquitanien und wurde 1154 als Heinrich II. englischer König.

Abb. 7: Alt-Anjou (M. Göbl)

1246 wurde Karl, der Sohn des Königs von Frankreich Ludwig VIII., mit der Grafschaft Anjou belehnt. Als Karl I. von Anjou begründete er nicht nur die ältere Linie der Anjou, sondern erwarb auch die Provence und das Königreich Neapel-Sizilien. Diese ältere Linie von Anjou gelangte überdies in Ungarn (1308–1386) und Polen (1370–1386) auf den Thron.

König Johann II. erhob 1360 die Grafschaft Anjou zum Herzogtum und belehnte seinen Sohn Ludwig I. damit, der die jüngere Linie von Anjou begründete, die 1481 ausstarb.

Sein Enkel René I. vereinigte Lothringen mit dem Herzogtum Anjou. In Lothringen folgte ihm ein Verwandter, René II., von dem die Herzöge von Lothringen abstammten.

Wappen

Alt-Anjou

In Blau ein von goldenen Lilien übersätes Feld mit einem fünflätzigen roten Turnierkragen.

Dieses Wappen von Karl I. von Anjou wurde auch das Wappen des Königreiches Neapel, das später noch um Jerusalem und Ungarn erweitert wurde. (→ Anjou-Neapel)

Abb. 8: Neu-Anjou (M. Göbl)

Kaiser Karl VI. führte im 18. Jahrhundert das neapolitanische (Alt-Anjou-) Wappen aufgrund seiner spanischen Ansprüche in den österreichischen Wappenbrauch ein, wobei der fünflätzige Turnierkragen auf Siegeln wegen des dort herrschenden Raummangels auch nur vierlätzig sein konnte. (→ Abb. 7)

Franz Stephan von Lothringen verwendete als Kaiser Franz I. ebenfalls das Alt-Anjou-Wappen ab 1746, jedoch ohne Turnierkragen. So blieb es, bis ab 1804 wieder das frühere Anjou-Wappen mit fünflätzigem Turnierkragen genommen wurde. Beim Turnierkragen handelt es sich um ein Beizeichen, um jüngere Söhne von ihren Vätern heraldisch unterscheiden zu können.

Neu-Anjou

In Blau mit einem roten Schildrand drei goldene Lilien (2:1). (→ Abb. 8)

Anjou-Neapel

Das Haus Anjou-Neapel regierte Ungarn nach dem Aussterben der Arpaden 1308–1386. Der erste König Karl Robert wurde 1310 gekrönt. Er führte zunächst das Doppelkreuz, dann vereinigte er den ungarischen, von Silber und Rot siebenmal geteilten, Schild mit dem des Hauses Frankreich (Lilien in Blau mit Beizeichen). Karl Robert war mit Elisabeth von Polen verheiratet, der Schwester des letzten Piasten-Königs Kasimir des Großen. Ihr Sohn Ludwig I. (der Große) wurde 1342 zum ungarischen, 1370 auch zum polnischen König gekrönt. Sein Sekretsiegel ist in → Abb. 9 zu sehen.

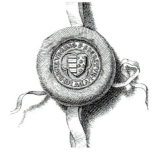

Abb. 9: Sekretsiegel Ludwig I. (ÖStA)

Nach seinem Tod 1382 konnten sich seine Tochter Maria und ihr Mann Sigismund von Luxemburg zunächst nicht behaupten. Die ungarische Königskrone ging an Karl von Durazzo, das letzte männliche Mitglied des Hauses Anjou, der als Karl II. oder Karl der Kleine (1385–1386) den ungarischen Thron bestieg. Seine Herrschaft war jedoch nicht von langer Dauer, da er schon am 39. Tag nach seiner Wahl ermordet wurde. Sein unmündiger Sohn Ladislaus wurde zwar noch zum Thronfolger ernannt, jedoch konnte er sich nicht durchsetzen und schließlich wurde Sigismund von Luxemburg 1387 zum König von Ungarn gekrönt.

Wappen

Das Wappen des Karl II. von Durazzo war zweimal gespalten von Jerusalem, Frankreich und Ungarn, wobei hier beim mittleren Teil (Frankreich) der Turnierkragen fehlt. (→ Abb. 10)

Abb. 10: Anjou-Neapel (ÖStA)

Antwerpen

(früher Antorf genannt; französisch: Anvers) Urkundlich erstmals 726 erwähnt, wurde Antwerpen 1008 Sitz eines Markgrafen, kam Ende des 11. Jahrhunderts zum Herzogtum Brabant und gehörte zum Heiligen Römischen Reich.

1291 zur Stadt erhoben, war Antwerpen ab 1313 Mitglied der Hanse, kam mit Brabant 1430 zu den Burgundischen, dann Habsburgischen Niederlanden und stieg nach der Versandung Brügges zur ersten Handelsstadt Europas auf.

In den Kaisertiteln ist mit „Markgrafschaft des Heiligen Römischen Reiches" immer Antwerpen gemeint. Heraldisch tritt die Stadt erst seit Kaiser Karl V. hervor.

Wappen

Das Wappen zeigt in einem Schildhaupt einen schwarzen Doppeladler mit einem rot-weiß-roten Brustschild; darunter in Rot drei silberne Türme, die durch Mauern zu einer dreieckigen, auf einer Spitze stehenden Befestigung verbunden sind. Dahinter sind zwei Hände zu sehen. (→ Abb. 11)

Das Wappen ist fälschlicherweise von der Gründungslegende der Stadt abgeleitet: Am Ufer der Schelde soll der Riese Druon Antigon von den vorbeifahrenden Schiffern Wegzoll verlangt und ihnen bei Nichtbezahlung die rechte Hand abgehackt haben („Handwerfen"). Der junge Held Silvius Brabo soll diesen Riesen besiegt, ihm selbst die Hand abgehackt und in die Scheldebucht geworfen haben. Tatsächlich aber stammt der Name nicht von dem Begriff „Handwerfen", sondern eher von „an de warp" („an der Warft"), da die ersten Siedler auf Warften lebten; später siedelte man mangels Platz auf höher gelegenen Flächen „an der Warft". Eine Warft ist ein künstlich aus Erde aufgeschütteter Siedlungshügel, der Schutz vor Sturmfluten bieten soll.

Abb. 11: Antwerpen
(M. Göbl)

Aquileia

Das Patriarchat im Isonzo-Delta in Friaul wurde als römische Kolonie 181 vor Christus gegründet und war Ausgangspunkt der Erschließung des Donauraumes. Die Kirche von Aquileia führt ihre Gründung auf den heiligen Markus zurück und sieht in dessen Schüler Hermagoras ihren ersten Bischof. Seit dem 3. Jahrhundert war Aquileia Bischofssitz, ab 558/68 Sitz des Patriarchen mit großer Diözese.

798 verlor es das Bistum Säben, gewann aber die strittige Metropolitangewalt über Istrien.

Karl der Große legte 811 die Drau als Grenze zwischen dem Patriarchat Aquileia und dem Erzbistum Salzburg fest. In Lienz erinnert noch heute der Name „Patriasdorf" oder „Patriarchesdorf" links der Drau (1939 nach Lienz eingemeindet) an die einstmalige Zugehörigkeit zu Aquileia.

Aquileia kam zusammen mit der Grafschaft Friaul 976 zum Herzogtum Kärnten, dann zu Görz.

Kaiser Heinrich IV. übertrug 1077 dem Patriarchen die Grafschaft Friaul zusammen mit den Markgrafschaften Istrien und Krain als Herzogtum und machte ihn damit zum Reichsfürsten.

1420 wurde Aquileia mit seinem Gebiet von Venedig erobert.

1445 trat der Patriarch alle weltliche Herrschaft an Venedig ab, war aber weiterhin geistliches Oberhaupt seiner Diözese. Aquileia besaß für Österreich eine ähnliche kirchliche Stellung wie Salzburg, das auch ein kirchlicher Staat und zugleich eine Erzdiözese der katholischen Kirche war.

1751 wurde das Patriarchat auf Drängen Maria Theresias vom Papst aufgelöst und durch die Erzbistümer Udine und Görz ersetzt.

Abb. 12: Aquileia (M. Göbl)

Wappen

(Patriarchat) In Blau ein goldener Adler. (→ Abb. 12)

Siegel

Das Siegel der Patriarchen zeigt ebenfalls einen Adler. Auf der Abbildung zu sehen: das Siegel des Patriarchen Johann V. (*1332 †1394).

Am 27. November 1387 ernannte Papst Urban VI. Johann Sobieslaus von Luxemburg-Mähren zum Patriarchen von Aquileia. Der geriet schon bald in Auseinandersetzungen und Unruhen, bei denen die Familie Savorgnano eine Hauptrolle spielte und die letztlich dazu führten, dass Sobieslaus am 12. Oktober 1394 ermordet wurde. Sein Leichnam wurde in der Kathedrale von Udine beigesetzt. (→ Abb. 13)

Abb. 13: Siegel des Patriarchen von Aquileia, Johann V. (ÖStA)

Aragonien

Aragonien ist ein historisches Territorium in Nordostspanien, das als Provinz Tarraconensis zum Römischen Reich gehörte und danach von den Ostgoten und dann von den Mauren erobert wurde.

812 kam es als Mark zum Fränkischen Reich, entwickelte sich zur selbständigen Grafschaft und wurde Anfang des 10. Jahrhunderts mit Navarra (bis 1134) vereinigt.

1035 wurde Aragonien unter Ramiro I. zum Königreich und 1089 päpstliches Lehen.

1118 wurden die Mauren weiter zurückgedrängt, Saragossa erobert und zugleich zur Hauptstadt Aragoniens gemacht.

Der Zusammenschluss mit Katalonien (1137) und Valencia (1238) begründete die Vormachtstellung Aragoniens im westlichen Mittelmeer. König Alfons II. (1162–1196) drängte die Mauren bis südlich des Ebro zurück.

1282 kam Sizilien und 1296 auch Sardinien an Aragonien.

Die Heirat des Thronerben Ferdinand II. von Aragon mit der Erbin von Kastilien Isabella (1469) brachte 1479 die Vereinigung der „katholischen Königreiche". Ihr Enkel Carlos, der spätere Kaiser Karl V., wurde zunächst 1516 König von Aragon und damit auch König von Spanien.

Aragon trat im Spanischen Erbfolgekrieg an der Seite Kataloniens vergeblich für das Haus Österreich ein.

Wappen

In Gold vier rote Pfähle. (→ Abb. 14)

Das spätere Wappen, die vier roten Pfähle im goldenen Feld, tauchte im 12. Jahrhundert erstmals als Siegelbild auf, wobei die Anzahl der Pfähle noch nicht fixiert war und zwischen zwei und fünf schwankte.

Der erste authentische Nachweis der Pfähle geht auf ein Siegel von Ramón Berenguer IV. (Raimund Berengar IV., *1113, † 1162) zurück.

Die vermeintliche Bedeutung, dass die roten Pfähle ursprünglich Spuren blutender Finger gewesen sein sollen, ist ins Reich der Legenden zu verweisen, erfunden von einem Geschichtsschreiber im 16. Jahrhundert.

Auf den Rückseiten der Siegel und Münzen war ein anderes Wappen in Gebrauch: In Silber ein rotes Kreuz, bewinkelt von vier Maurenköpfen. Dies ist das eigentliche Wappen des Königreiches Aragonien seit der Mitte des 13. Jahrhunderts. Während dieses Wappen das Territorialemblem des Königreiches darstellt, zeigt das Wappen des Königs immer die Pfähle. (→ Sardinien)

In der österreichischen Heraldik spielt das Wappen von Aragonien schon unter Maximilian I. eine erste Rolle

Abb. 14: Aragon (M. Göbl)

(Wappenturm, Ehrenpforte). Es ist von Karl V. (1522) bis Rudolf II. von größerer Bedeutung. Nach Matthias (1597) tritt es etwas in den Hintergrund und kommt erst wieder unter Karl VI. in den kaiserlichen Siegeln vor. Als Anspruchswappen ist es zum letzten Mal in den großen Reichswappen von 1804, 1806 und 1836 vertreten.

Arpaden

Der Name geht auf den ersten ungarischen Großfürsten Arpád zurück, der 907 starb und die Dynastie der Arpaden begründete.

Die Arpaden waren die erste Herrscherfamilie der Magyaren und regierten 1001–1301 als Könige von Ungarn. Mit dem Tod von König Andreas III. von Ungarn 1301 starb das Geschlecht der Arpaden im Mannesstamm aus.

Als Nachfolger wurde zwar der Sohn König Wenzels II. von Böhmen, Wenzel III., als Ladislaus V. zum König von Ungarn gewählt, er konnte sich aber nicht durchsetzen. Erst das Haus Anjou-Neapel, das 1308–1386 den Königsthron einnahm, brachte wieder eine längere dynastische Kontinuität.

Abb. 15: Siegel von König Emmerich, 1202 (ÖStA)

Die Arpaden prägen auf Siegeln und Münzen verschiedene voneinander unabhängige Zeichen, die sich später zum Wappen von Ungarn entwickeln sollten. (→ Ungarn)

König Emmerich (Imre, 1196–1204) verwendete 1202 als Erster den siebenmal von Rot und Silber geteilten Schild. (→ Abb. 15)

Bei ihm ist allerdings jedes zweite Feld mit einem Schildchen zwischen zwei einander zugekehrten schreitenden Löwen belegt, im Schildfuß ein linksgekehrter rückschauender Löwe. Die Löwen dürften aber nur persönliche Beizeichen gewesen sein, da sie später nicht mehr vorkommen. Sein Nachfolger König Andreas II. (1205–1235) führte ebenfalls dieses Siegel. (→ Abb. 16)

Abb. 16: Siegel von König Andreas II., 1221 (ÖStA)

Ein weiteres Zeichen stellt das weiße Doppelkreuz (Patriarchenkreuz) dar, das auf einem grünen Dreiberg in einem roten Feld steht. Dieses Kreuz, ohne den Dreiberg, taucht erstmals bei König Béla IV. (1235–1270) auf Siegeln auf. (→ Abb. 17)

In der späteren österreichischen Literatur (in Ungarn nicht!) werden diese beiden Wappen oft als Wappen von Alt- und Neu-Ungarn angesprochen, in Analogie zu den Wappen

Abb. 17: Siegel von König Béla, 1242 (ÖStA)

Abb. 18: Alt-Ungarn (ÖStA)

von Alt- und Neu-Österreich beziehungsweise Alt- und Neu-Burgund. Dies ist aber unrichtig.

Die neuere ungarische Forschung behauptet, dass der siebenmal geteilte Schild aus Aragonien (Spanien) stammen könnte, das ein ähnliches Schildbild, nur um 90 Grad gedreht, aufweist. König Imre, bei dem der Schild zum ersten Mal auftaucht, war mit einer Konstanze von Aragon verheiratet. Im Allgemeinen wird der siebenmal geteilte Schild (→ Abb. 18) im 13. Jahrhundert als das Familienwappen der Arpaden angesehen, während das unter König Béla IV. zum ersten Mal erscheinende Doppelkreuz als Symbol der königlichen Macht figurierte. Der mehrfach geteilte Schild kam dann nur noch bei jenen Familienmitgliedern als Siegelbild vor, die den Thron nicht bestiegen, sich aber zur königlichen Familie zählten.

Artois

Das Gebiet um Arras zwischen Picardie und Flandern wurde 1237 zur Grafschaft erhoben und kam 1384/85 an die Herzöge von Burgund.

In Folge der Burgundischen Hochzeit 1477 gelangte Artois an das Haus Österreich. Die Grafschaft blieb aber zwischen Frankreich und Habsburg umstritten.

Nach dem Tod Herzog Karls des Kühnen besetzten französische Truppen Artois. Erst im Frieden von Senlis von 1493 gaben sie das Herzogtum an Kaiser Maximilian I. heraus.

Als Teil der Spanischen Niederlande musste das Gebiet im Pyrenäenfrieden 1659 teilweise und im Frieden von Nimwegen 1678 vollständig an Frankreich überlassen werden.

Das Gebiet des heutigen französischen Départements Pas-de-Calais deckt sich fast vollständig mit der alten Grafschaft Artois.

Wappen

Abb. 19: Artois (M. Göbl)

In Blau ein mit goldenen Lilien besäter Schild, darin ein dreilätziger roter Turnierkragen. (→ Abb. 19)

In der österreichischen Wappenlandschaft kommt das Wappen zuerst am Innsbrucker Wappenturm von 1499 und dann unter Kaiser Karl V. vor. Der Turnierkragen gehört zu den heraldischen Beizeichen (Brisuren) und kennzeichnet die verschiedenen Linien einer Familie.

Auschwitz

(Herzogtum, Stadt; polnisch: Oświęcim) Als Herzogtum war Auschwitz 1327 durch Teilung des Herzogtums Teschen entstanden. Hauptort war die gleichnamige Stadt, nahe der Mündung des Flusses Sola in die Weichsel.

Als Lehen der Böhmischen Krone wurde das Herzogtum gemeinsam mit den anderen schlesischen Herzogtümern 1348 dem Heiligen Römischen Reich Deutscher Nation unterstellt.

Im 15. Jahrhundert wurde Auschwitz an Polen verkauft und gelangte nach der Ersten Teilung Polens 1772 an die Habsburger, die es dem neu geschaffenen Königreich Galizien und Lodomerien bis 1918 inkorporierten.

Um ihre Ansprüche auf das ehemals böhmische Herzogtum anzumelden, titulierte sich Erzherzogin Maria Theresia in ihrer Eigenschaft als Königin von Böhmen unter anderem auch als Herzogin von Auschwitz-Zator.

Wappen

In Silber ein blauer Adler. (→ Abb. 20)

Das Wappen des Herzogtums wurde in den großen Reichswappen von 1804, 1806 und 1836 geführt und teilte sich das Feld mit Zator.

Das Wappen zeigte 1804 irrtümlich einen schwarzen Adler in Silber, das wurde 1806 und 1836 verbessert und im silbernen Feld erschien nun richtigerweise ein blauer Adler.

In den Darstellungen des 18. Jahrhunderts besitzt der Adler auf der Brust zusätzlich den silbernen Buchstaben O (Oświęcim).

Abb. 20: Auschwitz (H. G. Ströhl)

Babenberger

Die älteren Babenberger waren ein im fränkisch-thüringischen Bereich begütertes Adelsgeschlecht, das wegen seiner Leitnamen auch als Popponen bezeichnet wurde (Poppo I. 810–840, Poppo II. 880–892). Die Feste Babenberg (Bamberg) war ihr Hauptsitz, nach dieser wurde die Sippe aber erst im 15. Jahrhundert „Babenberger" genannt. Ob diese mit den jüngeren, in Österreich herrschenden Babenbergern in genealogischem Zusammenhang stehen, ist eher fraglich.

Als erster jüngerer Babenberger wird 976 ein Liutpaldus als „marchio" (Markgraf) der bayerischen Mark an der

Abb. 21: Reitersiegel von Herzog Heinrich II., 1156 (ÖStA)

Abb. 22: Reitersiegel mit Bindenschild von Herzog Friedrich II., 1230 (ÖStA)

Donau (Ostmark) urkundlich erwähnt. Die jüngeren Babenberger stammten aus dem bayerischen Hochadel und hatten bis zur Mitte des 11. Jahrhunderts als Grafen mehrere Gaue und Herrschaftsfunktionen inne. Später konzentrierte sich ihr Herrschaftsbereich auf das Gebiet des heutigen Österreich. Liutpalds Markgrafschaft erstreckte sich beiderseits der Donau zwischen Enns und Tulln, wurde 996 erstmals als „Ostarrichi" bezeichnet und bald nach 1000 bis zu Leitha und March erweitert.

Insbesondere unter Leopold III., der mit der salischen Kaisertochter Agnes (Tochter Kaiser Heinrichs IV.) verheiratet war, wurde die babenbergische Herrschaft flächenmäßig weiter ausgebaut.

1156 wurde die Markgrafschaft der Babenberger unter Heinrich II. Jasomirgott im Privilegium Minus zum Herzogtum erhoben – ein Ausgleich für den Verlust des Herzogtums Bayern, das Leopold IV. von seinem königlichen Halbbruder Konrad III. anvertraut worden war (1139–1156). (→ Abb. 21)

1180 gewann das Geschlecht das Gebiet zwischen Haselgraben und der Großen Mühl und vielleicht Teile des Traungaus. 1192 erfolgte nach dem Gewinn von Teilen Oberösterreichs der Erwerb des Herzogtums Steiermark aufgrund des Erbvertrages von 1186. 1222 wurden Pordenone (Portenau) und 1229 Andechser Güter in Krain erworben.

Der letzte Babenbergerherzog Friedrich II. verfehlte die gemeinsame Erhebung Österreichs und der Steiermark zu einem Königreich (1245) knapp. Ein bis auf den heutigen Tag aktuelles Symbol geht auf ihn zurück: der rot-weiß-rote Bindenschild.

Den Babenbergern war es während ihrer 270 Jahre währenden Herrschaft gelungen, aus der Mark ein Herzogtum und Land im rechtlichen Sinn zu formen. Das Erbe des 1246 in der männlichen Line erloschenen Geschlechts traten nach den Wirren des Interregnums die Habsburger an.

Wappen

Schwarzer Adler (→ Abb. 21), ab 1230 der rot-weiß-rote Bindenschild. (→ Abb. 22) (→ Österreich)

Bar

Das Gebiet an der oberen Maas stand seit etwa 959 unter der Herrschaft der Herzöge von Lothringen.

Das 1355 zum Herzogtum erhobene Bar wurde 1420 mit Lothringen vereinigt. Mit dem Reich war das Herzogtum Bar nur nominell verbunden.

In Verfassung und Sprache neigte es Frankreich zu, von dem es 1634 besetzt wurde. 1659 wurde Bar Lehen Frankreichs.

Am 5. Oktober 1735 kam es für den Verzicht auf Polen an Stanislaus Leszczyński auf Lebenszeit. Nach dessen Tod 1766 fiel es vertragsgemäß auch formell an Frankreich.

Das Gebiet von Bar gehört heute größtenteils zu den Départements Meuse und Meurthe-et-Moselle.

Wappen

Das Wappen zeigt einen blauen, mit goldenen Kreuzchen bestreuten Schild, in dem zwei voneinander abgewendete goldene Barben, mit silbernen Augen und Zähnen, zu sehen sind. (→ Abb. 23)

Das Herzogtum Bar zählte zur Lothringischen Wappensuite und gelangte durch die Heirat Franz Stephans mit Maria Theresia auch in das österreichische Staatswappen.

Abb. 23: Bar (M. Göbl)

Bassano

(Stadtstaat) Die Stadt in der Provinz Vicenza in Norditalien wurde im 2. Jahrhundert von einem Römer namens Bassianus gegründet.

1175 wurde die Stadt von Vicenza erobert.

1368 übernahmen die Visconti aus Mailand die Herrschaft und gaben sie bereits 1404 wieder an Venedig ab.

1815 ging die Stadt im österreichischen Lombardo-Venetianischen Königreich auf und kam 1866 an das Königreich Italien.

Ursprünglich hieß die Stadt Bassano Veneto, 1928 wurde der Name in Bassano del Grappa geändert, um an die tausenden Gefallenen im Ersten Weltkrieg zu erinnern, die am Berg Grappa ihr Leben ließen.

Das Wappen wurde von Kaiser Franz I. am 25. Juli 1826 bestätigt und von Kaiser Franz Joseph I. am 7. November 1854 mit Krone und Doppeladler gebessert, um den Status Bassanos als „königliche Stadt" sichtbar zu machen. Gleichzeitig mit der Wappenbesserung wollte die Stadt für ihre zeremoniellen Gebräuche auch Herolde (→ Abb. 24) mit dem entsprechenden Tappert (Wappenrock) ausstatten und hatte um deren Genehmigung angesucht.

Abb. 24: Herold von Bassano (ÖStA)

Abb. 25: Bassano (ÖStA)

Wappen

In Gold ein mit fünf Stufen versehener roter Turm. Auf der obersten Stufe zu Seiten des Turms zwei aufgerichtete, den Turm mit den Vorderpranken stützende, goldgekrönte rote Löwen. (→ Abb. 25)

Belluno

(Stadtstaat) Die Stadt, die auch der Provinz ihren Namen gegeben hat, liegt von Bergen umgeben am Zusammenfluss von Ardo und Piave in Norditalien und kann auf eine schon in vorrömischer Zeit beginnende Geschichte zurückblicken. Der Name der Stadt leitet sich von dem keltischen „belodonum" ab, was so viel wie „herrlicher Hügel" bedeutet und auf die geografische Lage anspielt.

Dem antiken Belluno am Piave folgte ein langobardischer Herzogssitz. Dieser wurde in fränkischer Zeit zum Mittelpunkt einer Grafschaft, wobei die Bischöfe die Lehensmänner waren.

1404 kam Belluno an Venedig, 1797 an Österreich, 1805 an das von Napoleon gegründete Königreich Italien, 1815 an das österreichische Königreich Lombardo-Venetien und 1861 an das neu konstituierte Königreich Italien.

Während der österreichischen Zeit wurde das Wappen der „königlichen Stadt" von Kaiser Franz I. am 26. Juli 1825 bestätigt und von Kaiser Franz Joseph I. am 7. November 1854 mit der Krone und dem Doppeladler gebessert.

Abb. 26: Belluno (ÖStA)

Wappen

In blauem Schild ein goldenes Kreuz mit je einem einwärts gewendeten, das Kreuz stützenden roten Drachen in den beiden oberen Vierteln. Das Wappen wird im Wesentlichen auch heute noch von der Stadt so geführt. (→ Abb. 26)

Berchtesgaden

(Fürstpropstei) 1101 gründeten Irmgard und Berengar von Sulzbach die Zelle Berchtesgaden.

Sie wurde 1120 erneuert und war seit 1142 ein päpstliches Eigenkloster. Nach und nach erhielt die Propstei Forstfreiheit, Schürffreiheit nach Salz und Metall und somit Landeshoheit beziehungsweise Reichsunmittelbarkeit. Obwohl der

Propst seit 1495 Reichsfürst war, musste das Stift noch bis 1627 mit Salzburg um die Anerkennung der Reichsunmittelbarkeit streiten.

Von 1594–1723 entstammten die Fürstpröpste immer dem Geschlecht der Wittelsbacher.

1803 wurde Berchtesgaden, dem außer Stift und Markt Berchtesgaden der Marktflecken Schellenberg, die Pfarrei Ramsau, die acht „Gnodschaften" (Genossenschaften) Schönau, Ramsau, Bischofwies, Ger, Scheffau, Au, Berg, Ottenberg und bedeutende mittelbare Herrschaften in Österreich, Bayern und Salzburg angehörten, mit insgesamt 14 Quadratmeilen und 18.000 Einwohnern säkularisiert und kam an Erzherzog Ferdinand von Toskana und 1805 an Österreich. 1810/1816 kam es endgültig an Bayern.

Wappen

Das Wappen von Berchtesgaden kommt im großen Reichswappen von 1804 und 1806 vor. Es zeigt in Rot zwei gekreuzte, silberne Schlüssel mit auswärts gekehrten Schließblättern. Das Wappen der Reichsfürsten von Berchtesgaden ist geviert. In 1 und 3 sind ein goldener und ein silberner Schlüssel gekreuzt in Rot dargestellt; in 2 und 4 sechs silberne Lilien (3:2:1) in Blau. Ein Herzschild zeigt in Gold eine blaue Binde. Hinter dem Schild sind Schwert und Pedum gekreuzt. Auf dem Schild saß die Infel (Bischofsmütze). (→ Abb. 27)

Abb. 27: Berchtesgaden (M. Göbl)

Die Gemeinde Berchtesgaden führt dieses Wappen mit einem bayerischen Herzschild noch heute.

Bergamo

(Stadtstaat) Die Stadt ist Hauptstadt der Provinz Bergamo, einer der zwölf Provinzen der Lombardei. Das antike Bergomum war später Mittelpunkt eines langobardischen Herzogtums und einer fränkischen Grafschaft.

Im 12. Jahrhundert schloss sich die unabhängige Stadt dem langobardischen Städtebund an und war in die Kämpfe zwischen Guelfen und Ghibellinen verwickelt.

1333 kam Bergamo an Mailand, 1428 an die Republik Venedig, 1805 zum napoleonischen Königreich Italien, 1815 zum Lombardo-Venetianischen Königreich Österreichs und 1859 an das neu konstituierte Königreich Italien.

Die Stadt erhielt von Kaiser Franz I. am 11. Oktober 1817 eine Wappenbestätigung. Zur Sichtbarmachung ihres Status

Abb. 28: Bergamo (ÖStA)

als „königliche Stadt" erhielt sie von Kaiser Franz Joseph I. am 7. November 1855 eine Besserung ihres Wappens mit Krone und Doppeladler.

Wappen

Ein von Gold und Rot gespaltener Schild. Über dem Schild eine Krone mit einem Doppeladler.

Die Stadt Bergamo führt auch heute noch dieses Wappen ohne den Doppeladler. (→ Abb. 28)

Biskaya

(spanisch: Vizcaya) Gebiet zwischen Nordspanien und Westfrankreich, am Golf von Biskaya und in den Pyrenäen.

Die Bewohner von Vasconien konnten ihre Eigenständigkeit gegen Römer, Westgoten, Mauren und Franken bewahren. Als „Vascones" werden lateinisch die Basken bezeichnet. 580 wanderte ein Teil derselben ins Frankenreich ab (Gascogne – französisch: „Baskenland").

Im Kampf gegen die Mauren und Franken bildeten sich mehrere Grafschaften, die sich gebietsmäßig weitgehend mit dem 905 entstandenen Königreich Navarra deckten. Die Basken behaupteten in den folgenden Jahrhunderten gegenüber den Herrschern von Navarra, Aragonien, Léon und Kastilien ihre Sonderrechte.

Das Wappen der Biskaya fand in Österreich nur wenig Verbreitung. Lediglich Kaiser Maximilian I. ließ es 1499 auf dem Innsbrucker Wappenturm anbringen.

Wappen

Geviert; in 1 und 4 in Rot ein silbernes Kreuz; in 2 und 3 ein schwarzer Adler. (→ Abb. 29)

Abb. 29: Biskaya (M. Göbl)

Bludenz

(Herrschaft) Der Name Bludenz ist keltischen Ursprungs. Urkundlich wird Bludenz um 842 als „Pludeno" erstmals erwähnt. Das nach älteren Vorläufern am Ende des 13. Jahrhunderts durch die Grafen von Werdenberg am Arlbergweg gegründete Bludenz an der Ill bildete den Mittelpunkt einer Herrschaft im inneren Walgau, die am 5. April 1394 zusammen mit dem Montafon durch den letzten Grafen Albrecht III. von

Werdenberg-Heiligenberg-Bludenz an die Habsburger verkauft wurde und nach seinem Ableben 1420 endgültig an sie fiel.

Bludenz wird 1296 erstmals als Stadt („oppidum") genannt. Seit 1329 ist bereits ein Siegel nachweisbar, dessen Wappenbild nicht aus dem Wappen des einstigen Stadtherrn stammt. Vom Stadtherrn, dem Grafen Albrecht III. von Werdenberg-Heiligenberg-Bludenz, sind zwei Wappen parallel überliefert: die schwarze Werdenberger Fahne und die sogenannte „Heiligenberger Stiege" (schwarzer gestufter Schrägbalken in Silber). Für die Herrschaft Bludenz hat sich aber keines dieser beiden Wappen durchgesetzt, sondern das Stadtsiegel mit dem schwarzen Einhorn. Die Herkunft des schwarzen Einhorns ist allerdings ungeklärt.

Abb. 30: Bludenz
(H. G. Ströhl)

Wappen

Ein schwarzes Einhorn in Silber. (→ Abb. 30)

Blumeneck

(Herrschaft, Blumenegg) Burg und Herrschaft liegen am Oberrhein bei Bludenz am Eingang zum Großen Walsertal und gehörten von 1614 bis 1803 zum Reichsstift Weingarten. Im Zuge der Mediatisierung und Säkularisierung geistlicher Fürstentümer (Reichsdeputationshauptschluss) 1803 kam die Herrschaft, die die Gemeinden Bludesch, Ludesch, Thüringen und Thüringerberg umfasst, zunächst an das Haus Oranien-Nassau-Dillenburg und 1804 zu Österreich. Als neue Herrschaft wurde sie in das große Wappen des Kaisertums Österreich integriert. Das Wappensiegel der Herrschaft war ursprünglich geteilt und führte oben das Weingartner Konventswappen (Weinrebe) und unten das erfundene Blumenegger Wolkenfeh.

Während der Oranien-Nassauer-Zeit 1803–1804 zeigte das Wappen der Kanzlei des Abtes einen schreitenden Löwen in einem mit roten Herzen bestreuten blauen Feld.

Das neue Wappen kombiniert nun den Löwen mit der Wolkenfeh zu einer neuen davon abgeleiteten Wellenfigur in der unteren Schildhälfte.

Abb. 31: Blumeneck
(M. Göbl)

Wappen

Das Wappen ist geteilt; oben in Gold ein roter Löwe wachsend; unten achtmal von Silber und Blau wellenweise geteilt. (→ Abb. 31)

Böhmen

(*Herzogtum, Königreich*) Der Name „Böhmen" geht auf den keltischen Stamm der Boier (Bojohaemum) zurück, die im Gebiet zwischen Böhmerwald, Erzgebirge, Sudeten und der Böhmisch-Mährischen Höhe siedelten. Nach Abwanderung der dort seit dem 1. Jahrhundert ansässigen Germanen drangen im 6. Jahrhundert slawische Stämme ein. Sie gerieten später unter fränkischen Einfluss und wurden im 9. Jahrhundert von Bayern aus christianisiert. Im Jahre 973 wurde das Bistum Prag gegründet.

Die ursprünglich an der Moldau um Prag siedelnden Tschechen wurden unter den Přemysliden im 10. Jahrhundert vereinigt.

Obwohl Böhmen 950 die Lehenspflicht gegenüber dem Reich anerkannte, gehörte es nicht in derselben Weise zum Reich und entwickelte sich viel selbständiger als andere Reichsfürstentümer. Es gab hier weder weltliches noch geistliches Reichsgut. Der heilige Herzog Wenzel († 929) wurde nicht nur Gründungsheiliger, sondern auch Identifikationsgestalt, um den sich das böhmische Landesbewusstsein kristallisierte.

1158 wurde Böhmen zum Königreich erhoben, nachdem der Böhmenherzog Vladislav V. schon 1114 erstmals als Inhaber eines Reichserzamtes (Mundschenk) genannt worden war und den höchsten Rang unter den Reichsfürsten eingenommen hatte. Der Mundschenk ist ein Ehrentitel und gehörte im Mittelalter zu den vier Erzämtern des Heiligen Römischen Reiches, aus denen dann die vier weltlichen Kurfürsten erwuchsen.

König Ottokar II. Přemysl (1253–1278), der die letzte Babenbergertochter Margarete geheiratet hatte, erwarb Österreich, Steiermark, Kärnten, Krain und das Egerland (1266). Ottokar fiel jedoch 1278 in der Schlacht gegen den römisch-deutschen König Rudolf I. bei Dürnkrut und Jedenspeigen, und sein bis an die Adria ausgedehntes Königreich zerfiel. 1306 starben die Přemysliden aus, nachdem sie für kurze Zeit auch eine böhmisch-polnische Personalunion gebildet hatten.

Ihnen folgte ab 1311 Johann von Luxemburg, der die Přemyslidin Elisabeth geheiratet hatte und zum König von Böhmen gekrönt wurde. Er gewann auch die Oberlausitz und Schlesien für Böhmen. Sein Sohn Karl IV. (1346–1378) fasste Böhmen, Mähren, Schlesien und die beiden Lausitzen zu

Abb. 32: Altes Wappen von Böhmen, heiliger Wenzel (M. Göbl)

einem staatsrechtlichen Verband als Länder der Böhmischen Krone zusammen und gründete die Universität (1348) sowie das Erzbistum Prag (1344). Die von ihm erlassene Goldene Bulle von 1356 räumte dem König von Böhmen die Kurwürde und den Vorrang unter den weltlichen Kurfürsten ein.

Nach dem Tod der böhmischen Könige Sigismund (1437), seines österreichischen Schwiegersohns Albrecht II. (1439) und der Herrschaft des Georg Podiebrad († 1471) fielen Böhmen, Mähren und Schlesien an die Jagiellonen. Diese polnische Dynastie vereinigte die Königreiche Böhmen, Ungarn und Polen bis 1526 in einer Herrschaft.

1526 trat für die Habsburger der Erbfall ein.

1623 hatte der Kaiser die Lausitzen an den Kurfürsten von Sachsen verpfändet und 1635 endgültig als erbliches Lehen übergeben. Rechtlich gesehen blieben die beiden Markgrafschaften aber Länder der Böhmischen Krone bis 1815. Im Rezess zum Prager Frieden 1635 wurde festgelegt, dass die Habsburger weiterhin Titel und Wappen der Lausitzen führen durften.

1742 musste der größte Teil Schlesiens an Preußen abgetreten werden.

Das übrige Königreich Böhmen mit seinen Nebenländern blieb durch fast 400 Jahre (bis 1918) unter der Herrschaft der Habsburger.

Wappen

Das alte Wappen von Böhmen zeigt einen schwarzen, rotgeflammten Adler in Silber, der als Adler des heiligen Wenzel aufgefasst wurde. Die Attribute des Heiligen sind Szepter, Schwert, Lanze oder Fahne und ein Schild mit einem schwarzen Adler.

Dieser Adler wurde von Johann von Böhmen im Jahre 1339 dem Bistum Trient verliehen, da er meinte, dass „das Wappen des heiligen Märtyrers Wenzeslaus, des glorreichen Patrons unseres Königreiches, gegenwärtig vakant" sei. (→ Abb. 32) (→ Trient)

In der Mitte des 13. Jahrhunderts führte König Ottokar II. Přemysl eine wesentliche Wappenänderung durch. Er übertrug den Adler auf die Fahne, die als Wenzelsfahne bezeichnet wurde, und nahm den doppelgeschwänzten Löwen in seinen Schild auf: einen silbernen, goldgekrönten Löwen mit Doppelschweif im roten Feld. Helmzier ist ein mit goldenen Lindenblättern bestreuter schwarzer Flug (möglicherweise der Rest des Adlerwappens des heiligen Wenzel). Die Helm-

Abb. 33: Böhmen mit Helmzier (H. G. Ströhl)

Abb. 34: Böhmen mit Wenzelskrone (H. G. Ströhl)

decken sind schwarz (mit goldenen Lindenblättern bestreut) und golden. Landesfarben waren bis 1919 Rot und Weiß. (→ Abb. 33)

In der österreichischen Heraldik kommt das Wappen von Böhmen zuerst bei König Albrecht II. (1438), Ladislaus Postumus (1459), Maximilian I. (1499) und Ferdinand I. (1522) bis 1918 vor. Um die staatsrechtliche Stellung Böhmens als Königreich besser darstellen zu können, wurde auf den Schild die Wenzelskrone gelegt. (→ Abb. 34)

Die älteste Wappendarstellung des böhmischen Wappens in Farbe befindet sich in der Gozzo-Burg in Krems in Niederösterreich und datiert in das späte 13. Jahrhundert.

Bosnien

In das im Nordwesten des Balkans gelegene Gebiet waren im 7. Jahrhundert Südslawen eingewandert, die auf die dortige illyrisch-romanische Bevölkerung trafen und sich mit ihr vermischten. Das Land war 395 ins Weströmische und 530 ins Byzantinische Reich eingegliedert worden.

Der Name „Bosnien" ist seit dem 10. Jahrhundert belegt und war ein zwischen Serbien, Kroatien, Byzanz und Dalmatien umstrittenes Gebiet.

Seit dem Beginn des 12. Jahrhunderts beanspruchten auch die ungarischen Könige die Oberhoheit über Bosnien.

Im 14. Jahrhundert gelang es Stefan Tvrtko, ein mächtiges Königreich zu formieren, das auch Serbien und das Land Hum umfasste. Das Land Hum trug ab Ende des 15. Jahrhunderts den Namen Herzegowina. Nach dem Tod Tvrtkos zerfiel das Reich wieder.

1436 wurde Bosnien den Türken tributpflichtig und 1463 schließlich von ihnen besetzt.

1483 wurde die Herzegowina ein Teil des Osmanischen Reiches und 1580 zu einem Paschalik (einer Provinz) vereinigt.

Aufgrund der Beschlüsse des Berliner Kongresses okkupierte Österreich 1878 Bosnien-Herzegowina. Die Annexion der beiden Länder erfolgte 1908.

Ab dem Ersten Weltkrieg gehörte Bosnien samt der Herzegowina zuerst dem Königreich der Serben, Kroaten und Slowenen (umgangssprachlich: SHS-Staat), dann Jugoslawien an.

Nach dem Zerfall Jugoslawiens ging Bosnien-Herzegowina 1992 als selbständiger Staat hervor, mit fast denselben

Grenzen wie in der Österreichisch-Ungarischen Monarchie und derselben Hauptstadt: Sarajewo.

Wappen

Die mittelalterlichen Wappen und Siegel der bosnischen Fürsten zeigen verschiedene Symbole, darunter eine Lilienkrone, einen rechten Schrägbalken, einen goldenen Schwertarm und weitere Zeichen. Das war auch der Grund, weshalb 1878 bei der Okkupation des Landes durch Österreich-Ungarn eine Diskussion um das „echte" Landeswappen entstand.

In Österreich wurde seit dem Mittelalter für Bosnien der Schwertarm verwendet, der schon unter Maximilian I. im Jahre 1499 auf seinem Innsbrucker Wappenturm auftauchte und in weiterer Folge immer wieder auf den großen Kaisersiegeln Verwendung fand.

Bis 1878 wurde dieses Wappen als Anspruchswappen geführt, danach als eigenes Kronlandwappen: ein geharnischter roter Schwertarm, der aus einer silbernen Wolke hervorbricht.

Hugo Gerard Ströhl, der dieses Wappen 1900 malte, trug der Diskussion um das richtige Wappen Rechnung und fügte dem Schild noch eine Lilienkrone als Bekrönung hinzu, wie sie von den mittelalterlichen bosnischen Fürsten geführt wurde. (→ Abb. 35)

Abb. 35: Bosnien (H. G. Ströhl)

Brabant

Der fränkische Gau Bracbantum fiel 870 mit Lothringen an das Ostfränkische Reich und gehörte seit 959 zum Herzogtum Niederlothringen.

Brabant wurde 1191 zum Herzogtum erhoben und die Herzöge von Brabant zählten zu den Reichsfürsten.

1477 kam es durch die burgundische Hochzeit an Kaiser Maximilian I. und damit zum Haus Österreich; Brüssel wurde Residenzstadt.

Während die nördlichen Gebiete Brabants von den holländischen Generalstaaten erobert und seit 1648 als Generalitätsland verwaltet wurden, blieb Südbrabant bei den spanischen, seit 1714 Österreichischen Niederlanden, bis dieses Gebiet im 1. Koalitionskrieg 1794 von Frankreich besetzt wurde.

Das 600 Quadratmeilen große Gebiet ging 1815 im Königreich der Niederlande auf.

Abb. 36: Brabant (M. Göbl)

1830 wurde es Kernland des von den Niederlanden abgespaltenen und neu geschaffenen Königreiches Belgien. Der Kronprinz trägt seit 1840 den Titel Herzog von Brabant.

Wappen

Das Wappen des Herzogtums zeigt einen goldenen, rotbewehrten Löwen in Schwarz. (→ Abb. 36)

Dieses Wappen wurde vom Königreich Belgien 1830 übernommen und ist bis heute in Verwendung. Die heutige Flagge von Belgien (schwarz-gelb-rot) ist ebenfalls von diesen Schildfarben abgeleitet.

Zuerst wurde das Wappen von Kaiser Maximilian I. und zuletzt von Kaiser Leopold II. (1790–1792) geführt.

Bregenz

Auf dem Boden älterer Siedlungen errichteten die vindelikischen Brigantier im Mündungsdelta des Rheines in den Bodensee ihren Zentralort. Den keltischen Namen „Brigantion" übernahm die nachfolgende römische Siedlung (Brigantium).

259/269 wurde Brigantium von den Alemannen zerstört.

In der Mitte des 11. Jahrhunderts wurde Bregenz Sitz der um den Bodensee reich begüterten Grafen von Bregenz, die sich Udalrichinger (Ulriche) nannten. Als sie 1150 ausstarben, kam ihr Besitz über die Grafen von Pfullendorf und die Pfalzgrafen von Tübingen, die die Grafen von Bregenz beerbt hatten, an die Grafen von Montfort, die Bregenz 1451/1523 an Habsburg beziehungsweise Österreich verkauften.

Kurz danach erhielt Bregenz von König Ferdinand I. am 24. Februar 1523 ein Stadtwappen verliehen. Obwohl in der Wappenurkunde auf ein altes Wappen der Grafen von Bregenz, der Ulriche, verwiesen wird, ist die Existenz eines solchen Wappens fraglich. Es dürfte erfunden worden sein, um Anciennität vorzutäuschen. Die Ulriche waren 1150 ausgestorben, als die Entwicklung der Heraldik erst im Entstehen war, überdies stammt die älteste Darstellung eines Bregenzer Wappens erst aus 1340. Auch ist das Pelzwerk, wie es im Wappen in doppelter Weise verwendet wird, in der Wappenkunde sonst unbekannt. Die relative Unbekanntheit der Hermelinschwänzchen hat auch bei den Betrachtern immer wieder zu Irrtümern geführt. Manchmal wurden diese fälschlich als Kleestängel, Groppen (Fische mit großem Kopf und

Mund) oder gar als Blut- oder Rossegel angesehen. In der Beschreibung des großen österreichischen Wappens von 1836 bezeichnete man sie sogar als Feldrüben.

Das Wappen der Grafen von Bregenz wird von der Stadt seit 1529 geführt. Es kommt auch 1790–1836 in den großen Reichswappen und im Vorarlberger Wappen von 1863 vor. Darüber hinaus bildet es bis heute das Stadtwappen von Bregenz.

Wappen

In Kürsch (Feh) ein Hermelinpfahl. Aus dem Pfahl mit den Hermelinschwänzen werden auch die Farben der Stadt (Schwarz-weiß) abgeleitet. (→ Abb. 37)

Abb. 37: Bregenz (H. G. Ströhl)

Breisgau

(Grafschaft, Landgrafschaft) Der aus dem Keltischen kommende Name der Landschaft zwischen Oberrhein und Schwarzwald wird um 400 erstmals genannt. Ab dem 7. Jahrhundert ist der heutige Name in Verwendung. Die Römer nannten die Gegend im Südwesten Deutschlands „Mons Brisiacus".

Ab dem 11. Jahrhundert wurde die Grafschaft von dem schwäbischen Hofadelsgeschlecht der Zähringer beherrscht, die jedoch aus dem alemannisch besiedelten Gebiet kein einheitliches Herzogtum bilden konnten. Die Burg der Zähringer stand bei Freiburg, das sich zum Hauptort der Landschaft entwickelte. (→ Zähringer)

1064 ging die Grafschaft an die mit den Zähringern verwandten Markgrafen von Baden, 1190 an deren Nebenlinie, die Markgrafen von Hachberg.

Nach dem Untergang der Staufer erlangten die Grafen von Habsburg einen Teil der Güter, ebenso 1218, als die Hauptlinie der Zähringer ausstarb. 1269 fielen ihnen weitere Territorien durch das Erlöschen der Grafen von Kyburg zu, die ihrerseits 1218 ebenfalls Güter der Herzöge von Zähringen geerbt hatten.

Während der südliche Teil des Breisgaus bei den Markgrafen von Baden blieb, wurde der nördliche, „niedere" Breisgau als Landgrafschaft 1318 an die Grafen von Freiburg (Urach-Freiburg) verpfändet und kam durch Erwerb der Landgrafschaft und der Schirmherrschaft über Freiburg 1368 von den Grafen von Freiburg zum Großteil an Habsburg.

Abb. 38: Breisgau (M. Göbl)

1478 wurde Habsburg mit der Landgrafschaft Breisgau belehnt. Seit dieser Zeit hatte der Breisgau (mit Freiburg, Breisach, Villingen, Neuenburg, Burgheim, Waldkirch, Fricktal und der Grafschaft Hauenstein) eine eigene Verwaltung in Ensisheim im Elsass und Landstände. Im Westfälischen Frieden wurde das Elsass an Frankreich abgetreten, weshalb die Regierung nach Freiburg verlegt werden musste.

Im Frieden von Lunéville 1801 fiel der Breisgau nominell an den Herzog von Modena, der ihn 1803 seinem Schwiegersohn Erzherzog Ferdinand Karl von Österreich-Este als Erbe überließ. Nach dem Pressburger Frieden 1805 fiel das Gebiet an Baden und Württemberg. 1810 trat Württemberg seinen Teil an Baden ab.

Das Fricktal (die Herrschaften Rheinfelden und Laufenburg) kam 1803 an die Schweiz. Der übrige Breisgau fiel 1951/1952 mit Baden an das deutsche Bundesland Baden-Württemberg.

Wappen

In Silber ein wachsender gekrönter roter Löwe. Der Breisgau kam nur im großen Wappen von 1804 vor. (→ Abb. 38)

Brescia

(Stadtstaat) Brescia ist die größte Provinz in der Lombardei. Das zunächst von Kelten bewohnte Brixia am Ausgang des Val Trompia gelangte ab 218 vor Christus unter römischen Einfluss. 425 wurde es von den Hunnen zerstört und nach Einnahme durch die Langobarden zum Hauptort eines langobardischen Herzogtums.

Im 12. Jahrhundert wurde Brescia Mitglied des lombardischen Städtebundes.

1337 gelangte es bis zur Machtergreifung durch die Venezianer im Jahre 1426 unter die Herrschaft der Visconti.

1797 kam Brescia an die zisalpinische Republik und an das napoleonische Königreich Italien.

1815 ging die Stadt im Lombardo-Venetianischen Königreich Österreichs auf.

1859 wurde Brescia Teil des Königreiches Sardinien-Piemont (Italien).

Kaiser Franz I. bestätigte am 5. April 1815 das Wappen, Kaiser Franz Joseph I. besserte es am 30. September 1854 mit Krone und Doppeladler.

Abb. 39: Brescia (ÖStA)

Wappen

In Silber ein blauer Löwe mit roter Bewehrung und Zunge mit einem roten Schwanz. Über dem Schild eine Krone, aus der ein schwarzer Doppeladler wächst. (→ Abb. 39)

Bretagne

Das Wappen der Bretagne ist in der österreichischen Wappenlandschaft sehr selten. Es gelangte als Folge der Affäre um den „bretonischen Brautraub" in den habsburgischen Bereich.

Nach dem Tod seiner Frau Maria von Burgund wollte Maximilian I. die Erbtochter der Bretagne, Anna, heiraten. Er tat dies per procuram 1490 in der Kathedrale von Rennes. Das gefiel jedoch Frankreich nicht, da es sich dadurch von habsburgischen Territorien eingekreist fühlte und die Bretagne gern selbst geerbt hätte. Der französische König Karl VIII. belagerte deshalb die bretonische Hauptstadt Rennes und zwang Anna, ihn zu heiraten. Gleichzeitig war aber der nämliche König Karl VIII. mit der Tochter Maximilians, Margarete, verlobt, die sogar schon einige Zeit an seinem Hof lebte. Diese verstieß er nun und schickte sie zu ihrem Vater zurück.

Der wegen dieses Brautraubes entstandene Reichskrieg endete im Frieden von Senlis 1493. Bis dahin allerdings führte Maximilian zusätzlich zu seinen bisherigen Titeln auch den eines Herzogs der Bretagne.

Wappen

Der Schild zeigt Hermelin und ist mit einem roten, dreilätzigen Turnierkragen belegt. Auf den Lätzen befinden sich jeweils drei goldene Löwen übereinander. (→ Abb. 40)

Abb. 40: Bretagne (M. Göbl)

Brixen

(*Hochstift; italienisch: Bressanone*) Seit 559/75 ist ein Bischof von Säben für das Eisacktal nördlich von Klausen, das Pustertal, das Wipptal und das Inntal vom Reschen bis zum Ziller nachgewiesen, der 798 dem Erzbischof von Salzburg unterstellt wurde.

Er erhielt 892 von Kaiser Arnulf das Pustertal und 901 von König Ludwig dem Kind den Hof Prichsna (Brixen, 828 "locus Pressene"), an den etwa 960 der Sitz des Bistums verlegt wurde.

Unter den Ottonen erlangten die Bischöfe die Herrschaft Bled (Veldes) in Krain. 1091 erhielten sie die Grafschaftsrechte im Eisacktal und Inntal (Norital, Unterinntal) und im Pustertal, womit sie zu geistlichen Reichsfürsten aufstiegen. Landesherrliche Gewalt entwickelten die Bischöfe in und um Brixen im Pustertal sowie um Veldes.

Seit der Übergabe Tirols an die Habsburger (1363) verlor das Bistum an Selbständigkeit.

1500 kam das Pustertal über Tirol an Österreich.

1803 wurde das 17 Quadratmeilen große Hochstift mit 30.000 Einwohnern säkularisiert, Österreich einverleibt und in die gefürstete Grafschaft Tirol integriert.

Wappen

In Rot ein silbernes Lamm mit goldenem Nimbus, das eine silberne Kirchenfahne mit rotem Kreuz trägt. Das Wappen kommt in den großen österreichischen Reichswappen von 1804 und 1836 vor. (→ Abb. 41)

Das Wappen ist völlig ident mit dem Wappen des Bistums, des Bischofs und der Stadt Brixen. Es wird auch heute noch von der Stadt geführt, die zugleich auch die älteste Stadt Tirols ist.

Abb. 41: Brixen
(H. G. Ströhl)

Brünn

(Brno, Tschechische Republik; von alttschechisch: „brn" – Ton, Lehm) Der Ort liegt an der Mündung der Zittawa in die Schwarzawa und wird 1091 erstmals erwähnt. Die Siedlung bekam ihren Namen von der dort entstandenen Burg.

1243 erhielt Brünn ein eigenes Stadtrecht. Unter Rudolf von Habsburg wurde es sogar zur Reichsstadt erhoben, doch wirkte sich dies faktisch nicht aus.

1277 wird zum ersten Mal die Festung Spielberg (Spilberk) erwähnt, die zur Burg der böhmischen Könige und Sitz des mährischen Markgrafen ausgebaut wurde. Später war darin eine Kaserne untergebracht, ehe sie zu einem berüchtigten Gefängnis für politische Gefangene umgebaut wurde.

1641–1928 war Brünn mährische Landeshauptstadt. Danach verlor die heute zweitgrößte Stadt der Tschechischen Republik durch eine Gebietsreform diesen Status und stellt heute nur noch das historische Zentrum Mährens dar.

Wappen

In Gold der Reichsadler mit einem dreimal von Rot und Silber quergeteilten Schild auf der Brust. Über dem Adler in schwarzen Buchstaben: „F. III." Dies ist das historische Wappen, heute führt die Stadt nur den Brustschild ohne Doppeladler. (→ Abb. 42)

Die Stadt führte in ihrem alten Siegel aus dem 13. Jahrhundert eine von zwei runden Türmen flankierte Stadtmauer mit hohem Torturm. Über dem geschlossenen Tor erscheint in einem Dreiecksschild der böhmische Löwe. Die Legende lautet: „SIGILLUM IUDICIS ET CIVIUM DE BRUNA".

Ein Siegel von 1315 zeigt bloß einen Schild, dreimal quergeteilt mit der Legende: „S IUDICIS et IURATORUM in BRUNNA". Dieser Schild, von Rot und Silber dreimal geteilt (das alte Wappen von Brünn), wurde von Kaiser Ferdinand III. am 3. Februar 1645 für die außerordentlichen Verdienste der Stadt während der Belagerung durch die Schweden mit dem Reichsadler gebessert.

Abb. 42: Brünn
(H. G. Ströhl)

Budapest

Budapest entstand aus den beiden Städten Buda (deutsch: Ofen) und Pest, die sich beiderseits der Donau entwickelten und schon in keltischer und römischer Zeit besiedelt waren (Aquincum). Nach der ungarischen Landnahme wurde Buda 1361 die Hauptstadt Ungarns und erlebte unter König Matthias Corvinus eine erste Blüte.

Während der türkischen Plünderung 1526 und der nachfolgenden Besetzung (1540/41) ging die mittelalterliche Kultur größtenteils verloren. Nach der Rückeroberung der Stadt durch die christlichen Heere (1686) begann der Wiederaufbau praktisch von Neuem.

Nach dem Ausgleich 1867 und dem Beginn der Österreichisch-Ungarischen Monarchie erlebte die Stadt ihre zweite Blüte. 1896 eröffnete Kaiser Franz Joseph I. anlässlich der Millenniumsfeiern zur tausendjährigen Landnahme der Ungarn dort auch die erste U-Bahn auf dem europäischen Festland, die zugleich nach der Londoner U-Bahn die zweitälteste der Welt ist.

Wappen

Budapest (Ofen-Pest) führt seit der Vereinigung der beiden Städte Buda (Ofen) und Pest 1873 als Wappen im roten Feld

Abb. 43: Budapest
(H. G. Ströhl)

einen silbernen Wellenbalken (Donau) zwischen einem einturmigen (Pest) und einem dreitürmigen Kastell (Buda). Auf dem Schild ruht die Stephanskrone und als Schildhalter dienen rechts ein goldener Löwe, links ein ebensolcher Greif, beide auf einem Marmorsockel fußend. (→ Abb. 43)

Das Wappen ist eine Komposition aus den früheren Wappen der beiden Städte. Die Stadt Buda führte vom Beginn des 18. Jahrhunderts bis zur Vereinigung mit Pest 1873 im violetten Feld auf grünem Boden ein silbernes dreitürmiges Kastell als Wappen, das ihr von Kaiser Leopold I. am 23. Oktober 1703 verliehen worden war.

Gleichzeitig war auch Pest ein Wappen gegeben worden, das im blauen Feld ein silbernes eintürmiges Kastell aufweist, den Schild von zwei goldenen Greifen gehalten.

Bukowina

(Buchenland) In der Antike gehörte die Bukowina als Provinz Dacien zum Römischen Reich. Im Mittelalter zählte das Gebiet zu Norddacien und wurde mit den Namen Arborosa, Plonina oder zuletzt Bucowina (1482) bezeichnet.

Bis zum Jahre 1775 gehörte die Bukowina als Oberland („tiara de sus") zum rumänischen Fürstentum Moldau, das unter türkischer Oberherrschaft stand. Nachdem es 1769 von Russland erobert worden war, kam das Territorium (etwas kleiner als das heutige Oberösterreich) 1775 mit der Hauptstadt Czernowitz zu Österreich, um die rasche Expansion des Zarenreiches einzudämmen. Ausgedehnte Buchenwälder, die sich in dem Land zwischen den Karpaten im Südwesten und dem Hauptfluss Dnjestr im Norden erstrecken, sollen für die Namensgebung ausschlaggebend gewesen sein.

Die Bukowina stellte eine ideale Landverbindung zwischen dem Königreich Galizien und dem Großfürstentum Siebenbürgen her. 1786 wurde sie mit dem Königreich Galizien vereinigt, aber erst 1849 zum selbständigen Kronland erhoben.

Heute ist das Gebiet zwischen der Ukraine und Rumänien aufgeteilt.

Wappen

Ein schwarzer Büffelkopf (Auerochs) mit roter Zunge und silbernen Hörnern, begleitet von drei goldenen Sternen, in einem von Blau und Rot gespaltenen Feld. (→ Abb. 44)

Abb. 44: Bukowina (H. G. Ströhl)

Mit der Erhebung zum Herzogtum am 4. März 1849 wurden auch Überlegungen zu einem eigenen Landeswappen angestellt. Der schwarze Büffelkopf im blau-roten Feld war schon seit dem Mittelalter im Fürstentum Moldau verwendet worden. Er soll von der Stadt „caput bovis" an der Donau unterhalb von Galatz herkommen, die der römische Kaiser Trajan erbauen ließ. Während der Herrschaft der Osmanen wurden dem Auerochs die Embleme der Pforte, und zwar Sonne und Mond, beigefügt. Während der Büffelkopf (Auerochs) als Hauptemblem unbestritten war, wollte man zunächst nur einen Stern in der Mitte zwischen die beiden Hörner als Symbol der Kraft und Weisheit setzen. Links auf dem blauen Feld sollte das einfache Kreuz der orientalischen Kirche als Zeichen für die sich überwiegend zur griechisch nicht unierten Religion bekennende Bevölkerung gestellt werden. Rechts sollte der Vogel Phönix als Zeichen des „aufblühenden Glücks der Bukowina unter der österreichischen Regierung" aufgenommen werden.

Die etwas zu romantisch-volkstümlich ausgefallenen Erklärungen kamen jedoch schon aus heraldischen Gründen nicht zum Zug. Am 9. Dezember 1862 erfolgte schließlich die Wappenverleihung, die das oben beschriebene und abgebildete Wappen zur Folge hatte.

Bulgarien

Ab dem 6. Jahrhundert drangen Slawen auf die Balkanhalbinsel, vermischten sich mit der einheimischen Bevölkerung und begründeten das erste bulgarische Reich mit der Hauptstadt Pliska.

864 nahm das Land das orthodoxe Christentum an und gliederte sich in die byzantinische Kirchenorganisation ein.

1018 wurde Bulgarien in das Byzantinische Reich einverleibt.

Im 12. Jahrhundert entstand das zweite bulgarische Reich unter der Dynastie der Asen, mit der neuen Hauptstadt Tarnowo.

Zwischen 1393 und 1396 kam ganz Bulgarien unter die Herrschaft der Osmanen, die fast 500 Jahre andauerte. Während dieser Zeit konvertierten nur wenige Bulgaren zum Islam.

Anfang des 19. Jahrhunderts setzte, so wie bei den anderen Volksstämmen auf der Balkanhalbinsel, eine Art natio-

Abb. 45: Bulgarien
(M. Göbl)

nale Wiedergeburt ein, die beim Berliner Kongress von 1878 in die Schaffung eines neuen Fürstentums Bulgarien mit Sofia als Hauptstadt mündete, das aber noch dem Osmanischen Reich tributpflichtig war.

Die volle Unabhängigkeit erlangte Bulgarien erst 1908.

In der österreichischen Wappenlandschaft kommt Bulgarien als „fabelhaftes" Wappen vor, und zwar zuerst bei Maximilian I. auf dem Wappenturm in Innsbruck 1499, dann in den großen Reichswappen von 1806 und 1836.

Da sich schon die ungarischen Könige im Mittelalter des bulgarischen Königstitels bedient hatten, übernahmen die Habsburger diesen Titel ebenfalls. Zugleich war er ihnen auch deshalb sympathisch, da sie hiermit ihre Schutzrolle über die Balkanchristen demonstrieren konnten.

In ähnlichem Sinn werden auch die Wappen von → Kumanien, → Serbien, → Raszien und → Bosnien verwendet.

Abb. 46: Bulgarien mit drei Wölfen (ÖStA)

Wappen

In Blau vier schmale, silberne Balken. Das Feld zwischen dem zweiten und dritten Balken zeigt in Rot einen silbernen Wolf. (→ Abb. 45)

In älteren Wappenbüchern ist aber noch ein anderes, zweites Wappen überliefert: in Rot drei silberne Wölfe übereinandergestellt. Dieses Wappen wurde von Kaiser Leopold I. als König von Ungarn auf seinen Siegeln gebraucht, später kam nur noch der Schild mit einem Wolf zur Verwendung. (→ Abb. 46)

Das von Bulgarien nach 1878 tatsächlich geführte Wappen zeigt in Purpur einen goldenen grünbewehrten Löwen. Das heutige Wappen von Bulgarien ist dem von 1878 nachempfunden. (→ Abb. 47)

Abb. 47: Bulgarien, großes Wappen (F. Heyer von Rosenfeld)

Burgau

Die Markgrafschaft Burgau, zwischen Donau, Iller und Lech gelegen, war in der Hand der Markgrafen von Berg, die sich ab Mitte des 13. Jahrhunderts durchwegs Markgrafen von Burgau nannten.

Als 1301 mit dem Tod Heinrichs III. die männliche Burgauer Linie ausstarb, gelangte die Markgrafschaft an die Habsburger. Der letzte Markgraf war mit der Tochter Margareta des Grafen Albrecht von Hohenberg, einer Nichte König Rudolfs I. von Habsburg, verheiratet. Die Habsburger übten vor allem in den Orten Günzburg, Scheppach und Hochwang grundherrliche Rechte aus.

Zwischen 1564 und 1665 war Burgau der Tiroler Nebenlinie des Hauses Habsburg zugeordnet, kam aber nach deren Erlöschen wieder an die Hauptlinie zurück. Der Landvogt regierte in Günzburg, wo sich auch eine Münzprägestätte befand.

Im Friedensvertrag von Pressburg im Jahre 1805 trat Österreich Burgau an Bayern ab, das heute im Bezirk Bayerisch-Schwaben liegt.

Wappen

Das Wappen der Markgrafen von Burgau zeigt einen mehrfach schrägrechtsgeteilten Schild. Die Anzahl der Teilungslinien schwankt zwischen fünf und sechs. Die Farbfolge ist teils rot-silbern, teils silbern-rot.

Der goldene Pfahl war ursprünglich im 13. Jahrhundert noch eine goldene Lilie, die als Beizeichen diente. Später wurde daraus ein das ganze Feld überdeckender goldener Pfahl.

Im 15. Jahrhundert begegnet uns die vier-, fünf-, sechs- und achtmalige Teilung rot-silbern.

Abb. 48: Burgau (ÖStA)

Im „Wappenbuch der österreichischen Herzöge" (→ Abb. 48) 1446 erscheint ein fünfmal silbern-rot schrägrechtsgeteilter Schild. Das so überlieferte Wappen war bis 1806 in das große österreichische Wappen eingeordnet. Auf diese Weise ist es auch heute noch im bayerischen Bezirk Schwaben zu sehen.

Burgenland

Das Burgenland entstand aus den deutschbesiedelten Teilen der ehemaligen westungarischen Komitate Pressburg, Wieselburg, Ödenburg und Eisenburg, aus deren Namensendsilben auch 1919 der Name geschaffen wurde.

In der Antike gehörte das Burgenland als Teil Pannoniens zum Römischen Reich.

Im 9. Jahrhundert war das Gebiet ein Teil des Ostfränkischen Reiches, wurde aber um 900 von den Magyaren unterworfen. Zwischen magyarischen Grenzwächterdörfern siedelten sich deutschsprachige Bauern und Handwerker an.

Ein großer Teil westungarischer Herrschaften gelangte 1446–1647 unter habsburgische Verwaltung. Die wirtschaftlichen und kulturellen Bindungen an das benachbarte österreichische Gebiet waren immer sehr stark.

Gemäß dem Friedensvertrag von St. Germain 1919 wurde das Burgenland mit der Hauptstadt Ödenburg von Ungarn abgetrennt und Österreich zugesprochen. Das Land konnte jedoch erst 1921 – gegen den Widerstand ungarischer Freischärler – übernommen werden. Der Raum Ödenburg verblieb mit weiteren acht Gemeinden nach einer Abstimmung bei Ungarn, weshalb eine neue Hauptstadt bestimmt werden musste. 1925 wurde Eisenstadt die neue Hauptstadt.

Wappen

In einem goldenen Schild ein roter, goldgekrönter und -bewehrter, widersehender Adler mit ausgebreiteten Schwingen, auf einem schwarzen Felsen sitzend, die Brust mit einem dreimal von Rot und Kürsch gespaltenen, golden eingefassten Schild belegt, in den Oberecken von je einem schwarzen, geschweiften Prankenkreuz begleitet. (→ Abb. 49)

Abb. 49: Burgenland (ÖStA)

Das Wappen wurde als Kombination aus den Wappen der beiden mächtigsten mittelalterlichen Geschlechter des Landes, der Grafen von Mattersdorf-Forchtenstein und der Grafen von Güssing, neu geschaffen. Die Mattersdorfer führten in einem silbernen Schild auf einem wachsenden roten Felsen stehend einen goldgekrönten und goldbewehrten auffliegenden widersehenden schwarzen Adler, dessen Flügel von je einem breitendigen roten Kreuzchen überhöht sind. Das Wappen der Güssinger Grafen zeigt einen dreimal von Rot und Kürsch gespaltenen Schild. Die beiden Wappen wurden nun so kombiniert, dass der Schild der Güssinger auf die Brust des Mattersdorfer Adlers gelegt wurde.

Am 1. August 1922 wurde dieses Wappen vom burgenländischen Landtag als Landeswappen angenommen, gleichzeitig erklärte man die Farben Rot-Gold zu Landesfarben. Rot und Gold wurden in den Jahren unmittelbar nach dem Ersten Weltkrieg – vergleichbar mit dem „O5" der österreichischen Widerstandskämpfer gegen Nazideutschland mehrere Jahre später – als gemeinsames Zeichen der Anhänger des Anschlusses an Österreich verwendet. Da diese Farbwahl nicht mit den Farben im Schild übereinstimmte, mussten die Farben nach einer Beanstandung des Innenministeriums geändert werden.

Mit Beschluss der Landesregierung vom 17. Oktober 1922 wurde das Wappen wie folgt korrigiert: ein roter statt ein schwarzer Adler, Felsen und Kreuzchen schwarz statt rot (um das Wappen nicht zu eintönig werden zu lassen), die Farbe des Schildes golden statt silbern, der Brustschild von einer goldenen Randeinfassung umgeben, um ihn vom roten Adler abzuheben.

Burgund

(Königreich, Herzogtum, Freigrafschaft) Burgund bezeichnet die Landschaft zwischen Saône und oberer Loire und ist nach dem ostgermanischen Stamm der Burgunder benannt.

Der Landesname Burgund wurde im historischen Verlauf auf unterschiedliche Gebiete bezogen. Beim Zerfall des Fränkischen Reiches entstanden drei burgundische Territorien: das Königreich Hochburgund, das Königreich Niederburgund und das Herzogtum Burgund, das allein den Namen Burgund beibehielt. Die Königreiche wurden 934 unter dem Namen Arelat („regnum Arelatense") vereinigt, benannt nach der Hauptstadt Arles.

In weiterer Folge kristallisierte sich vom 10. Jahrhundert an ein Herzogtum heraus, das auch die Freigrafschaft Burgund, die zum Heiligen Römischen Reich gehörte, (ab 1350 Franche-Comté) umfasste und im Gebiet um Dijon in Ostfrankreich lag.

Der Gründer des Herzogtums Burgund war Richard von Autun († 921). Sein Sohn wurde 923 König von Frankreich, worauf das Herzogtum 1032 an eine Nebenlinie der Kapetinger aus dem Haus „Altburgund" fiel.

Als dieses erlosch, gab König Johann II. der Gute aus dem Haus Valois 1363 das Herzogtum an seinen vierten Sohn Philipp den Kühnen. Dieser begründete einen Seitenzweig der Valois und mit seinen Nachkommen das Haus „Neu-Burgund". Durch Heirat, Erbschaft und militärische Aktionen entstand eine beachtliche Ansammlung von unterschiedlichen Herrschaften: 1384 Flandern, Artois, Freigrafschaft Burgund, 1390 Kauf der Grafschaft Charolais, womit eine gewisse Arrondierung erreicht wurde.

Sein Enkel Philipp der Gute (1419–1467) stiftete nicht nur 1430 den Orden vom Goldenen Vlies, sondern eroberte die Grafschaft Boulogne, erwarb 1428 Namur durch Kauf, 1430 Brabant und Limburg durch Erbschaft sowie 1433 → Hennegau, → Holland und → Zeeland (Seeland) durch Gewalt. 1435 erhielt er Mâcon, Auxerre und einen Teil der Picardie. 1443 das Herzogtum → Luxemburg und Chiny. Sein Sohn Karl der Kühne, der 1473 noch → Geldern und → Zutphen gewinnen konnte, regierte über ein beinahe geschlossenes Territorium das von Mâcon bis nach → Friesland reichte. 1477 fiel er bei Nancy gegen Herzog René von Lothringen, dessen Land er zur Verbindung seiner Länder im Norden und Süden erobern wollte.

Abb. 50: Alt-Burgund
(M. Göbl)

Durch die Hochzeit seiner Erbtochter Maria mit Maximilian I. (1477) gelangten das Herzogtum Burgund und die Freigrafschaft Burgund an das Haus Habsburg. Mit der Übernahme von zwei Dritteln der burgundischen Länder kam Habsburg-Österreich in den Besitz von Ländern mit größtem Reichtum und Kultur. Gleichzeitig entstand dadurch eine Rivalität zwischen Frankreich und Österreich, die bis ins 19. Jahrhundert fortwirken sollte.

Der Sohn Kaiser Maximilians I., Philipp der Schöne, trat 1494 die selbständige Regierung an, 1506 folgte ihm sein Sohn Karl V. Das Haus Österreich behauptete das burgundische Erbe bis auf die Bourgogne (Herzogtum Burgund), die Picardie und Boulogne, die an Frankreich fielen.

Frankreich musste im Frieden von Madrid 1526 auf die Lehenshoheit über → Flandern und → Artois verzichten.

1548 vereinte Karl V. die verbliebenen burgundischen Länder zum burgundischen Reichskreis und übertrug die Regierung 1556 an Philipp von Spanien.

Erst 1714 kamen die Spanischen Niederlande, vermindert um die im Norden abgetrennten „Vereinigten Niederlande", an die österreichischen Habsburger. 1797 gingen sie endgültig verloren.

Wappen

Alt-Burgund

Das Wappen von Alt-Burgund (Pfalzgrafschaft, Freigrafschaft) zeigt einen rot bordierten und fünfmal von Gold und Blau schräggeteilten Schild. (→ Abb. 50)

Dieses Wappen wurde in den österreichischen Erbländern oft verwendet, vor allem auch im Zusammenhang mit dem damit entwickelten genealogischen Schild. (→ Genealogisches Wappen)

Neu-Burgund

Abb. 51: Neu-Burgund
(M. Göbl)

Der Schild von Neu-Burgund ist blau und mit goldenen Lilien übersät; der Schildrand ist rot-silbern gestückt. Dieses Wappen wird in der österreichischen heraldischen Landschaft nur wenig gebraucht. (→ Abb. 51)

Das Burgundische Wappen Karls des Kühnen stellt eine Kombination mit dem französischen Wappen der Nebenlinie des Hauses Valois dar, ergänzt um die erworbenen Wappen: gevierter Schild mit Herzschild: Flandern (in Gold ein schwarzer Löwe); 1 und 4 Neu-Burgund; 2 gespalten von

Alt-Burgund und Brabant (in Schwarz ein goldener Löwe); 3 gespalten von Alt-Burgund und Limburg (in Silber ein roter, goldgekrönter Löwe).

Die französischen Könige und der Kronprinz führten nur drei goldene Lilien in Blau, wobei die jüngere Linie durch eine rot-weiße Einfassung gekennzeichnet wurde. Ursprünglich war der französische blaue Schild mit kleinen goldenen Lilien übersät und wurde erst Anfang des 15. Jahrhunderts auf drei große goldene Lilien, zwei über eine gestellt, abgeändert.

Österreich-Burgund

In der österreichischen Heraldik kommt vor allem das Wappen von Alt-Burgund vor. Kaiser Maximilian I. vereinte die Schilde von Österreich (rot-weiß-roter Bindenschild) und Burgund (von Gold und Blau fünfmal schräggeteilter Schild mit roter Bordüre) erstmals zu einem genealogischen Schild des Hauses Habsburg.

Diese meist als kleiner Brustschild auf dem kaiserlichen Reichsadler platzierte Wappenkreation kommt immer wieder vor, wobei manchmal die rote Bordüre weggelassen wird. (→ Abb. 52)

Zuletzt ist das burgundische Wappen im großen Reichswappen Leopolds II. bis 1792 zu beobachten.

Die Habsburger bevorzugten von Anfang an das Wappen Alt-Burgunds anstatt des lilienbesäten Wappens Neu-Burgunds – begründet wahrscheinlich in der Abneigung Frankreich gegenüber. Das mit Lilien besäte Feld erinnerte wohl zu sehr an das gegnerische Königreich.

Abb. 52: Österreich-Burgund (M. Göbl)

Candien

(Candia; heute: Kreta) Candia ist der italienisierte Name für die heutige griechische Insel Kreta und ihre Hauptstadt zur Zeit der venezianischen Herrschaft; heute heißt die Hauptstadt Iraklio.

Die Römer unterwarfen die Insel 69–67 vor Christus und vereinigten sie mit der Cyrenaika (Nordafrika) zu einer Provinz.

Die Insel gehörte 395–1204 zum Byzantinischen Reich, wobei sie 825–960 vorübergehend von Arabern erobert wurde.

Im Verlauf des Vierten Kreuzzugs (1202–1204) kam Kreta an die Republik Venedig und wurde für fast 500 Jahre ein wichtiger strategischer Stützpunkt in Richtung Levante. Kreta war die einzige Kolonie der Venezianer, wo sie auch größere Siedlungstätigkeit betrieben. Wie Venedig wurde Kreta in sechs Verwaltungsbezirke aufgeteilt und von einem von Venedig eingesetzten Herzog regiert.

Die Türken besetzten Kreta 1669/70 als eine der letzten venezianischen Bastionen.

1897 erlangte die Insel einen Autonomiestatus vom Osmanischen Reich, aber erst 1913 erfolgte ihre Vereinigung mit Griechenland.

Im großen Staatswappen der Republik Venedig war Kreta als Anspruchswappen in einem eigenen Schild vertreten. Als Rechtsnachfolger Venedigs nahm Kaiser Franz II. (I.) dann dieses Wappen in sein großes Reichswappen von 1804 auf. Es blieb dort allerdings nur zwei Jahre; 1806 verschwand es wieder.

Abb. 53: Candien (M. Göbl)

Wappen

Geteilt, oben in Silber ein schwarzer Zeusadler mit dem goldenen Donnerkeil (Blitzbündel); unten in Rot ein silberner Kentaur (aus Pferd und Mensch bestehendes Mischwesen). (→ Abb. 53)

Cattaro

Abb. 54: Cattaro, Fürstentum (H. G. Ströhl)

(Kotor; lateinisch: Acruvium) Cattaro war zur Zeit der Österreichisch-Ungarischen Monarchie eine königliche Kreisstadt, Festung und Hafenstadt an der Grenze zu Albanien an der Südspitze von Dalmatien. Sie liegt am Fuße des Lovćen am Ende der großen gleichnamigen Bucht (Bocche di Cattaro, Boka Kotorska), die das Meer tief in die Berge hineingeschnitten hat und als der südlichste Fjord der Welt gilt.

Cattaro geht auf eine griechische Kolonie zurück, die an der Stelle einer illyrischen Siedlung gegründet wurde. Ab 168 vor Christus gehörte sie als Provinz Dalmatien zum römischen Territorium, ab 476 nach Christus zu Byzanz.

Kotor gehörte seit dem 12. Jahrhundert zum mittelalterlichen Staat der serbischen Könige und wurde deren bedeutendste Hafenstadt.

Ende des 14. Jahrhunderts begab sie sich für einige Zeit unter den Schutz des ungarischen Königs Ludwig. Zwischen 1371 und 1420 erreichte die Stadt für kurze Zeit Selbständigkeit, danach kam sie unter die Oberhoheit von Venedig, wo sie bis 1797 verblieb.

Endgültig gelangte sie 1814 an Österreich. Die Habsburger nahmen deshalb den Titel „Herr von Cattaro" auch in ihren Titel auf. Die weitverzweigte Bucht war ein wichtiger Stützpunkt am südlichsten Außenposten der Monarchie. 1918 kam sie als Teil von Montenegro zum Königreich Jugoslawien.

Seit 2006 gehört sie zur Republik Montenegro.

Wappen

Das Wappen des Fürstentums Cattaro findet sich im großen Reichswappen von 1836: in Silber ein roter Löwe. (→ Abb. 54)

Ursprünglich war der rote Löwe von der Republik Venedig als Wappen für Albanien geschaffen worden, da angenommen wurde, dass dieses Fürstentum zum Königreich Albanien gehörte. Die venezianische Wappenschöpfung war dann von Österreich übernommen worden. Die Stadt selbst führt auch heute noch in einem Feld ihres Wappens einen roten Löwen.

Das Stadtwappen ist sehr alt und datiert in die Zeit der kroatisch-ungarischen Herrschaft Ende des 14. Jahrhunderts. Das Wappen der Stadt ist halbgespalten und geteilt. Oben rechts in Silber die Gestalt des heiligen Tryphon (Schutzpatron der Stadt) mit einem Olivenzweig in der rechten und einer Fackel in der linken Hand; links oben in Blau auf grünem Boden ein silbernes Kastell mit einem Zinnenturm und offenem Tor; unten in Silber ein schreitender roter Löwe. (→ Abb. 55)

In Wien kann man das dreifeldige Wappen der Stadt aktuell noch am Gebäude der Generaldirektion der Österreichischen Bundesforste, Marxergasse 2 (bis 1918 Marinesektion des k. u. k. Kriegsministeriums) sehen.

Abb. 55: Cattaro, Stadt (H. G. Ströhl)

Charolais

Das Gebiet um die Stadt Charolles entwickelte sich im 9. Jahrhundert zur Grafschaft Charolais. Diese fiel 1390 an das Herzogtum Burgund, 1477 aber an Frankreich.

Erst 1493 wurde Charolais österreichisch und gelangte 1559 an die spanischen Habsburger.

Unter Ludwig XIV. war Charolais ein Zankapfel zwischen Spanien und Frankreich. Im Jahre 1684 kam es an das französische Haus Condé, 1771 an die Krone Frankreichs.

Die Grafschaft Charolais ist eine Landschaft in Frankreich im heutigen Département Saône-et-Loire.

Abb. 56: Charolais (M. Göbl)

Wappen

Das Wappen der Grafschaft zeigt einen goldenen Löwen in Rot. Es kommt nur unter Kaiser Maximilian I. vor. (→ Abb. 56)

Cilli

(Celje, Slowenien) Cilli ging aus dem römischen Claudia Celaia hervor und wurde am Ende des 6. Jahrhunderts von Slawen erobert.

Ab dem 9. Jahrhundert war Cilli eine Grenzfestung, die die Herren von Sanneck 1323 an sich gebracht hatten. Die Grafen von Cilli waren die Erben jener Freiherren von Sanneck und hatten 1322 auch die Grafen von Heunburg mit ihrem gewaltigen Güterbesitz beerbt. 1341 wurden sie von Kaiser Ludwig dem Bayern in den Grafenstand erhoben, mit der Grafschaft Cilli belehnt und führten ab nun diesen Namen. Ihre Besitzungen erstreckten sich von Oberkärnten über Krain und Südsteiermark bis weit nach Kroatien hinein. Der bedeutendste Vertreter des Hauses war Hermann II. Dieser rettete König Sigismund in der Schlacht von Nikopolis 1396 das Leben und befreite ihn 1401 aus ungarischer Gefangenschaft. Barbara, Hermanns Tochter, wurde Sigismunds zweite Gemahlin. 1420 erbte Hermann II. die Grafschaft Ortenburg. Er starb 1435. Sein Sohn Friedrich und sein Enkel Ulrich II. wurden 1436 in den Reichsfürstenstand erhoben. Ulrich, der letzte männliche Nachkomme der Familie, fiel 1456 in Belgrad einem Anschlag von Ladislaus Hunyadi zum Opfer.

Aufgrund eines Erbvertrages, den Friedrich III. 1443 abgeschlossen hatte, erbten die Habsburger den größten Teil der Territorien der Cillier.

Abb. 57: Grafen von Cilli (ÖStA)

Abb. 58: Sanneck und Heunburg/Cilli (ÖStA)

Abb. 59 Cilli, Stadt (M. Göbl)

Wappen

(Cilli, Grafen) Das Wappen übernahmen die Grafen von Cilli von ihren Vorfahren, den Herren von Sanneck. (→ Abb. 57)

Deren ursprüngliches Wappen waren die zwei roten Balken auf silbernem Grund. Im Jahre 1322 fügten sie diesem die drei Sterne auf blauem Grund hinzu, die ursprünglich das Wappen der Grafen von Heunburg waren. (→ Abb. 58)

Die Stadt Cilli führte zunächst als Siegelbild eine Burg, erst nach dem Aussterben der Grafen von Cilli nahm die Stadt das Wappen der Grafen, die drei Sterne, in Gebrauch. (→ Abb. 59)

Heute befinden sich die drei Sterne auf blauem Grund auch im Staatswappen der Republik Slowenien.

Czernowitz

Die Stadt Czernowitz befindet sich im Karpatenvorland beiderseits des Flusses Pruth.

Seit dem Mittelalter gehörten der Ort und seine Umgebung zum Fürstentum Moldau. 1774 wurden Ort und Umgebung im Zuge der Eingliederung der Bukowina von österreichischen Truppen besetzt. Zwei Jahre später entstanden erste deutsche Dörfer, aber auch Armenier, Lipowaner, Ruthenen, Rumänen, Magyaren, Juden und Polen kamen als neue Siedler ins Land.

1786 erhielt Czernowitz eine Stadtordnung und die Militärverwaltung wurde aufgehoben. Die österreichische Verwaltung förderte die Errichtung von Schulen, Gymnasien und Kirchen verschiedener Konfessionen, sodass 1832 Czernowitz die 10.000-Einwohner-Grenze erreichte. 1863 wurde mit dem Bau der neuen orthodoxen Bischofsresidenz (heute Universität) begonnen. 1875 wurde die neu gegründete Franz-Josephs-Universität mit deutscher Unterrichtssprache eröffnet.

Nach dem Ersten Weltkrieg gehörte Czernowitz zu Rumänien, 1945 wurde die Stadt Gebietshauptstadt der Sowjetrepublik Ukraine.

Da sich die Ukraine 1990 für unabhängig erklärte und ein Jahr später eine souveräne Republik wurde, ist Czernowitz heute Hauptstadt des Bezirks Westliche Ukraine (Oblast Tscherniwzi).

Wappen

Ein roter Schild mit einem offenen, oben mit sieben Zinnen bekrönten aus silberfarbenen Quadern erbauten frei schwebenden Stadttor. Oberhalb der Zinnen sind acht frei schwebende silberfarbene Quadern in zwei Reihen zu je vier verteilt, die Quadern der oberen Reihe sind etwas kleiner als die der unteren. In der Toröffnung erscheint ein schwarzer, rotbezungter, goldbewehrter und auf beiden Köpfen mit goldenen Bügelkronen bekrönter Doppeladler, der im rechten Fang Schwert und Zepter, in der linken den Reichsapfel hält. Auf der Brust des Doppeladlers, über dem die kaiserliche Krone schwebt, ruht ein rotes, von einem silbernen

Abb. 60: Czernowitz (ÖStA)

Querbalken durchzogenes und von der Kette des Ordens vom Goldenen Vlies umschlungenes Schildlein. Unterhalb des Stadttores verschränken sich zwei natürliche, mit einem rot-weißen Bande zusammengebundene Lorbeerzweige. Auf dem Hauptrand des von einer ornamentalen bronzefarbenen Randeinfassung umgebenen Schildes ruht eine silberne Mauerkrone mit fünf sichtbaren Zinnen. (→ Abb. 60)

Dalmatien

(Landschaft, Königreich) Der schmale Küstenstreifen an der Adria wurde im Jahre 9 nach Christus eine römische Provinz.

Bei der Reichsteilung von 395 kam Dalmatien an das Weströmische Reich, schon 535 aber an Byzanz.

Seit dem 7. Jahrhundert wurde es zunehmend von einwandernden Slawen und Awaren besetzt.

Im 10. Jahrhundert versuchten die kroatischen Könige die Städte → Zadar (Zara), Trau (Trogir), Spalato (Split), → Ragusa (Dubrovnik), → Cattaro (Kotor) und die Inseln Krk, Cres und Rab in ihre Gewalt zu bekommen. Auch Venedig, Ungarn, Bosnien und Serbien griffen in die Auseinandersetzung um die festen Küstenplätze ein.

1409 verkaufte der ungarische König aus dem Haus Neapel-Anjou für 100.000 Dukaten alle Rechte auf Dalmatien, die Insel Pag (Pago) sowie die Städte Zadar, Novigrad und Vrana an die Republik Venedig. König Sigismund trat seinerseits gegen 10.000 Dukaten seine Ansprüche auf Dalmatien ab. Somit waren die Venezianer als Sieger aus dieser Auseinandersetzung hervorgegangen, mussten aber einen kleinen Teil an Ungarn abtreten (Fiume/Rijeka).

Im 16. Jahrhundert verloren sie Dalmatien an die Türken, konnten aber im 17. Jahrhundert einige Städte wieder zurückerobern.

Im Frieden von Campo Formio von 1797 wurde Österreich zum Nachfolger der Venezianischen Besitzungen in Dalmatien bestimmt.

Nachdem Dalmatien 1809 an Italien angegliedert worden war, kam es 1815 wieder an Österreich zurück. Zusammen mit Dubrovnik (→ Ragusa) und dem sogenannten „Österreichisch-Albanien" wurde es zum Königreich Dalmatien erhoben.

1920 ging Dalmatien durch den Vertrag von Rapallo an Jugoslawien.

Heute ist das Gebiet dieses ehemaligen Kronlandes auf Kroatien, Montenegro und Bosnien-Herzegowina aufgeteilt.

Wappen

In der österreichischen Heraldik erscheint das Wappen von Dalmatien zuerst 1438 unter König Albrecht II. Ab 1531 ist es in den österreichischen Siegeln zum ersten Mal feststellbar.

Das Wappen zeigt in blauem Schild drei (2:1) goldene, gekrönte Löwenköpfe. (→ Abb. 61) Es gehört zu den ältesten heraldischen Zeichen dieser Region und ist bereits im 14. Jahrhundert bekannt. Seine erste Darstellung ist im Wappenbuch Gelre (1370–1414) zusammen mit zirka 1800 anderen Wappen von Spanien über Norwegen, Polen und Ungarn zu sehen.

Abb. 61: Dalmatien (H. G. Ströhl)

Es wird angenommen, dass das dalmatinische Wappen unter der Herrschaft von Ludwig von Anjou (1342–1382) über Ungarn entstanden ist. Während der Zeit der Österreichisch-Ungarischen Monarchie war das Wappen in beiden Reichshälften vertreten, da es sich um ein Gebiet handelte, das sowohl von Ungarn, als auch von Österreich beansprucht wurde. Die Krone über dem Schild stellt eine heraldische Rangkrone dar. Da das Territorium innerhalb des österreichischen Kaisertums den Rang eines Königreiches einnahm und keine historische Krone zur Verfügung stand, verwendete man als Rangabzeichen eine solche Krone mit fünf Spangen. Die Landesfarben waren bis 1918 Rot-Silber-Blau.

Deutscher Orden

Der Deutsche Orden (Deutschherren- oder Deutschritterorden) gehört neben dem Templer- und Johanniterorden zu den drei großen Ritterorden, die zur Zeit der Kreuzzüge im 12. Jahrhundert gegründet wurden.

Ursprünglich zuständig für die medizinische Versorgung der Pilger und Kaufleute auf ihrer Reise nach Palästina, bekam er später auch Aufgaben zur Verteidigung und Verbreitung des Christentums zugewiesen. Als 1244 Jerusalem verloren ging, zog sich der Orden nach Venedig zurück, bis er 1309 seinen Sitz auf die Marienburg im heutigen Polen verlegte. Der Orden hatte Anfang des 13. Jahrhunderts bei der Ostkolonisation im Baltikum das heidnische Pruzzenland unterworfen und einen eigenen Staat mit der Marienburg als Hauptort gegründet.

Abb. 62: Deutscher Orden (M. Göbl)

1410 erfolgte eine schwere Niederlage bei Tannenberg/ Grunwald gegen die Polnisch-Litauische Union, die den Niedergang des Ordens einleitete. Nach seiner Vertreibung aus Preußen hatte er seinen Sitz in Mergentheim (Herzogtum Franken) aufgeschlagen.

Der Orden war seit Beginn des 13. Jahrhunderts auch nach Wien berufen worden. Weitere Niederlassungen (Kommenden) folgten in Wiener Neustadt, Linz, Graz, Friesach, Bozen und Sterzing.

Immer wieder waren auch Habsburger an die Spitze des Ordens als Hoch- und Deutschmeister berufen worden: Erzherzog Maximilian III. (1590–1618), Karl II. von Innerösterreich (1619–1624) oder Erzherzog Leopold Wilhelm (1641-1662), der das Generalat der kaiserlichen Truppen im Dreißigjährigen Krieg bekleidete. Erzherzog Leopold Wilhelm war es auch, dem das Kunsthistorische Museum in Wien den Grundstock seiner Sammlungen verdankt.

Eine letzte echte ritterliche Bewährungsprobe erfuhr der Orden im Kampf gegen die Türken, wobei insbesondere der Verteidiger von Wien 1683, Rüdiger Graf Starhemberg, als Ordensritter hervortrat. Kaiser Leopold I. benannte ein Regiment der kaiserlichen Armee 1696 als k. k. Infanterieregiment Nr. 4 „Hoch- und Deutschmeister".

1805 erklärte Napoleon I. den Orden für erloschen, Kaiser Franz I. ließ ihn in seinem Kaiserreich jedoch weiterbestehen, führte den Titel „Fürst von Mergentheim" (den Namen der früheren hochmeisterlichen Residenz und Herrschaft Mergentheim) und erneuerte ihn 1834 als katholische Adelsgemeinschaft.

1780–1923 wurden nur Erzherzöge als Hoch- und Deutschmeister ernannt: Maximilian Franz (1780–1801), Karl (1801–1804), Anton Viktor (1804–1835), Maximilian Josef Österreich-Este (1835–1863), Wilhelm (1863–1894) und als Letzter Eugen (1894–1923).

1929 erfolgte die Umwandlung in einen geistlichen Orden. Unter dem NS-Regime verboten, erstand der Orden 1945 wieder in Österreich. Er besteht heute nur noch in Deutschland, Österreich und Südtirol.

Wappen

Das Wappen des Deutschen Ordens besteht aus einem schwarzen Tatzenkreuz mit einer silbernen Bordüre auf silbernem Grund. Belegt in der Mitte mit einem goldenen Schild mit einem schwarzen, rotbewehrten Adler. Das Kreuz

Abb. 63: Erzherzog Wilhelm als Deutschmeister (H. G. Ströhl)

des Hochmeisters ist zusätzlich mit einem goldenen Lilienkreuz belegt. (→ Abb. 62)

Die Erzherzöge als Hoch- und Deutschmeister hatten immer eine Kombination mit ihrem eigenen erzherzoglichen Wappen in Gebrauch. (→ Abb. 63)

Zu den Intentionen der Politik des österreichischen Kaisers Franz I. gehörte es, den Orden näher an sein Haus zu binden, weshalb er das Deutschordenswappen auch in seinem Reichswappen 1806–1814 verwendete.

In seinem kleinen kaiserlichen Wappen platzierte er sein genealogisches Wappen in der Mitte eines Deutschordenskreuzes. Im großen Reichswappen von 1806 kommt ebenfalls das Deutschordenswappen vor. Der zugehörige Helm trägt fünf Straußenfedern: silbern, schwarz, silbern, schwarz, silbern.

Dubrovnik

→ Ragusa

Duino

(Tibein, Tybein) Der Stammsitz der Herren von Duino (Tybein) war ihre gleichnamige Burg in der Triester Bucht, von wo aus sie die von Monfalcone entlang des Meeres nach Istrien führende Straße beherrschten. Sie waren zugleich Ministerialen der Patriarchen von Aquileia sowie der Grafen von Görz und erlangten auf diese Weise ihre Machtstellung. Die Burg entstand im Auftrag des mächtigen Grafen Ugone VI. Als im 14. Jahrhundert die Macht von Görz und Aquileia schwand, schlossen sie sich 1366 den Herzögen von Österreich an und erkannten sie als Landesherren an.

Nach dem Aussterben der Herren von Duino gelangte die Burg über die Familie Waldsee (Walsee) 1472 in den Besitz von Kaiser Friedrich III., der sie Burgvögten unterstellte. Damit konnten die Habsburger jedenfalls ihren Herrschafts- und Einflussbereich bis an die Adria ausdehnen. Einer der Burgvögte, Mathias Hofer, ließ die Burg nach Zerstörungen im Krieg zwischen Venedig und der Liga von Cambrai (1509–1517) wieder neu aufbauen, und zwar als Adelsschloss, nicht als Festung, wie der Auftrag des Kaisers lautete.

Im 18. Jahrhundert ging Duino an die Familie Thurn über, bis sie über die Fürsten Hohenlohe an einen Zweig der

Abb. 64: Duino (ÖStA)

Familie Thurn und Taxis fiel. Damals heiratete die Erbtochter Therese Thurn-Hofer einen Prinzen Hohenlohe; deren Tochter Marie heiratete 1875 Alexander Thurn und Taxis, der aus einem Zweig der Regensburger Postmeister-Dynastie stammte. Prinzessin Marie führte im Schloss einen kunstfördernden Salon und hatte bedeutende Musiker, Literaten und Dichter zu Gast. Darunter waren Franz Liszt ebenso wie der österreichische Dichter Rainer Maria Rilke, der hier 1911/12 mit der Niederschrift von Gedichten begann, die als „Duineser Elegien" bekannt wurden.

Die Burg von Duino rückte noch einmal, und zwar nach dem Zweiten Weltkrieg, ins Licht der Öffentlichkeit, als die Regierung des Freien Territoriums Triest 1947–1954 dort ihren Sitz aufschlug.

Wappen

In Rot ein gestufter silberner Balken. (→ Abb. 64)

1399 starben die Herren von Duino mit Hugo IX. in männlicher Linie aus. Die sie beerbenden Waldseer führten ab 1399 ebenfalls den Schild der Duino in ihrem nunmehr gevierten Wappen im ersten und vierten Feld. Die Waldseer, die aus dem schwäbischen Uradel stammten, waren später auch in Ober- und Niederösterreich, Steiermark, Kärnten, Krain und Istrien begütert und bekleideten hohe Positionen in der habsburgischen Verwaltung.

Eichstätt

Abb. 65: Eichstätt (M. Göbl)

Heute ist die große Kreisstadt Eichstätt Universitätsstadt und Bischofssitz in Oberbayern.

Um 740 wurde das Kloster Eichstätt vom heiligen Bonifatius gegründet, aus dem später das gleichnamige Bistum hervorging.

908 wurde dem im Altmühltal gelegenen Kloster das Markt-, Münz- und Zollrecht gemeinsam mit dem Recht, eine Burg zu bauen, von König Ludwig IV. verliehen. Die Grafen von Hirschberg übten die Vogteirechte über das Bistum aus. Als diese 1305 ausstarben, erweiterten die Bischöfe ihr Territorium um die Herrschaft Hirschberg. Die Bischöfe führten den Reichsfürstentitel und saßen im Reichsfürstenrat zwischen den Bischöfen von Worms und Speyer.

Im Dreißigjährigen Krieg wurde die katholische Stadt von den Schweden geplündert und großteils zerstört. Bis zum

Ende des 18. Jahrhunderts wurde Eichstätt im Barockstil wiederaufgebaut.

1803 wurde das im Fränkischen Reichskreis gelegene Fürstbistum säkularisiert und an Bayern abgetreten. Durch die Pariser Konvention vom 26. Dezember 1802 kam es an den Großherzog Ferdinand III. von Toskana, der als Kurfürst von Salzburg vorgesehen war, und wurde ein Bestandteil des Kurfürstentums Salzburg. Da die Einkünfte von Salzburg allein zu gering erschienen, wurde mit Hilfe der säkularisierten Propstei Berchtesgaden, des Bistums Eichstätt und von Teilen des Bistums Passau ein neuer Staat geschaffen. Eichstätt war dann 1804 vorübergehend teilweise in den Händen Preußens und kam 1805 durch den Frieden von Pressburg wieder an Bayern.

Wappen

In Rot ein silberner Bischofsstab. (→ Abb. 65)

Das Wappen des Bistums Eichstätt wurde 1803 in das Wappen des neu geschaffenen Kurfürstentums Salzburg aufgenommen, wo es bis 1805 bestand. (→ Salzburg)

Eisenstadt

Die heutige Hauptstadt des Landes Burgenland erstreckt sich von den Abhängen des Leithagebirges in südliche Richtung. Ihre erste urkundliche Erwähnung stammt aus dem Jahre 1264 mit der Nennung des Ortes Kleinmartinsdorf, was auf das Patrozinium des heiligen Martin („capelle S. Martini de minore Mortin") deutet.

Der Name Eisenstadt taucht im 14. Jahrhundert auf und dürfte mit einem sogenannten Wunschnamen zu tun zu haben, der mit „eisern", mittelhochdeutsch „îsenîn", die „eiserne" (befestigte) Stadt bezeichnet. Deshalb nannten auch die in der Umgebung im 16. Jahrhundert angesiedelten Kroaten die Stadt „Zelezno" („Eiserne"). Während sich der deutsche Stadtnamen veränderte, blieb die ungarische Namensversion „Kismarton" bis 1921 unverändert erhalten.

1388 wurde dem Ort das Marktrecht verliehen.

1445 erwarb Herzog Albrecht VI. den Ort. 200 Jahre blieb Eisenstadt in habsburgischem Besitz.

In der frühen Neuzeit wurde die Stadt durch Weinhandel mit Böhmen und Schlesien sowie durch Aufträge des Esterházyschen Hofes an das lokale Gewerbe reich.

Abb. 66: Eisenstadt (H. G. Ströhl)

1648 erwarben die Fürsten Esterházy die Herrschaft Eisenstadt. Auf Bitten der Bürgerschaft wurde Eisenstadt von Kaiser Ferdinand III. zur königlichen Freistadt erhoben, um der drohenden Eingliederung in die Esterházysche Herrschaft zu entgehen. Die Familie Esterházy war eine der reichsten Fürstenfamilien Mitteleuropas und veränderte nicht nur das Eisenstädter Stadtbild nachhaltig, sondern baute auch das dortige Schloss zu ihrem repräsentativen Hauptsitz aus.

Nach dem Anschluss des Burgenlandes an Österreich avancierte Eisenstadt 1925 zur Landeshauptstadt.

Seit 1960 ist die Stadt auch Bischofssitz.

Wappen

(1926 amtlich festgelegt) In Rot ein silberner Quaderturm mit drei sichtbaren Zinnen. Der Turm enthält ein schwarzes Fenster und ein schwarzes offenes Tor mit silberfarbenem Fallgitter. Auf dem Turm ein schwarzer, rotbezungter und goldbewehrter Adler mit den Insignien „F III" auf der Brust. (→ Abb. 66)

Der Adler mit den Insignien „F III" weist auf die Erhebung zur Königlichen Freistadt durch Kaiser Ferdinand III. hin.

Elsass

Das Elsass erstreckt sich im westlichen Teil der oberrheinischen Ebene und gehörte nach dem Ende des Fränkischen Reiches dem Herzogtum Schwaben an. In diesem Gebiet sind mit großer Wahrscheinlichkeit die Anfänge des Hauses Habsburg zu suchen. Ausgehend von ihren elsässischen Grafenrechten dehnten sie ihren dortigen Landbesitz ständig weiter aus. Schon gegen Ende des 12. Jahrhunderts führten sie den Titel Landgraf im Elsass („Lantgravius Alsacie"), jedoch führten sie kein dieser Würde entsprechendes Wappen. Ihre Besitzungen bestanden aus vier großen Einheiten: Im Oberelsass (Sundgau) waren es die Ämter Landser und Ensisheim, im Unterelsass die im Norden gelegenen Herrschaften Hohlandsburg und Ortenberg Das gesamte Gebiet stand unter der Leitung eines Landvogtes, der seit 1256 seinen Sitz in Ensisheim hatte.

1324 vermählte sich Herzog Albrecht II. (1298–1358) mit der Tochter des letzten Grafen von Pfirt, Johanna von Pfirt, welche die Herrschaften Thann, Altkirch und Pfirt, das heißt den wichtigsten Teil des Sundgaus, in die Ehe mitbrachte. Es glückte allerdings nicht, eine stabile Landbrücke zu den übrigen vorderösterreichischen Besitzungen wie dem Breisgau herzustellen.

Im Westfälischen Frieden 1648 fielen die österreichischen Besitzungen im Elsass an Frankreich und der Titel eines Landgrafen im Elsass sowie das Wappen wurden nur noch sporadisch geführt.

Wappen

In Rot ein goldener Schrägbalken, den oben und unten je drei goldene Kronen begleiten. (→ Abb. 67)

Das Wappen des Elsass erschien zuerst auf dem Siegel eines Habsburgers, der mit dem Elsass nicht direkt verbunden war, nämlich auf dem Reitersiegel von Herzog Ernst des Eisernen von 1418. Die Farben waren noch nicht ganz klar, denn im „Wappenbuch der österreichischen Herzöge" war der Balken noch silbern dargestellt. In Conrad Grünenbergs „Wappenbuch" (1483) ist das Schildfeld rot, die Figuren sind golden.

Abb. 67: Elsass (ÖStA)

Eine Helmzier fand sich erstmals 1438 auf dem Münzsiegel Herzog Friedrichs V. Sie besteht aus einem oben und unten von je drei Kronen nebeneinander besetzten Stabbalken, wobei auch Abweichungen vorkommen können. Im „Wappenbuch der österreichischen Herzöge" besteht die Helmzier aus einem Schirmbrett mit einer Wiederholung des Wappenschildes und sechs Quasten.

Das elsässische Wappen erschien dann auf fast allen weiteren königlichen und kaiserlichen Wappen, wobei vor allem der mit den sechs Kronen beseitete Schrägbalken konstant verwendet wurde.

Noch Karl VI. nannte sich Landgraf im Elsass. Anfangs verwendete auch Maria Theresia das Wappen, nach 1766 fand es jedoch in ihr großes Wappen keine Aufnahme mehr.

England

England kommt in der österreichischen Heraldik eine eher periphere Rolle zu. Das Wappen kommt als heraldisches Anspruchswappen unter Kaiser Maximilian I. vor, der mehrmals versuchte, mit dem englischen Königshaus eine familiäre Verbindung herzustellen. Begründet wurde dies auch mit dem Großvater seiner Mutter Eleonore, Johann I. von Portugal, der mit Philippine von Lancaster verheiratet war. Außerdem hatte ihm ein Abenteurer namens Peter Warbeck, der sich Richard von England nannte und behauptete, ein Sohn von Edward IV. aus dem Haus York zu sein, fingierte Ansprüche abgetreten.

Das Wappen erschien auf der „Lauerpfeif" (Prunkkanone Maximilians, 1507), der Ehrenpforte (1515) beziehungsweise auf einer großen Glocke, der sogenannten „Maria Maximiliana", die 1503 für die Pfarrkirche von Schwaz gegossen wurde.

Wappen

Geviert; in 1 und 4 in Blau drei 2:1 gestellte goldene Lilien (Frankreich); in 2 und 3 in Rot drei goldene Löwen übereinandergestellt (England). (→ Abb. 68)

Abb. 68: England (M. Göbl)

Die englischen Löwen werden als Leoparden bezeichnet, da sie den Kopf zum Betrachter wenden. Nach der Eroberung Englands durch die Normannen wurde das Wappen der normannischen Dynastie, zwei goldene Löwen in Rot, übernommen.

Richard Löwenherz fügte als Erster einen dritten Löwen hinzu.

Um den Anspruch Englands auf den französischen Thron zu symbolisieren, wurden die drei Löwen ab 1340 mit den französischen Lilien in einem gevierten Schild kombiniert. Diese Form existierte bis 1603, dem Jahr der Vereinigung mit Schottland, danach wurde ein Lilienfeld durch das schottische Wappen, in Gold in einem roten doppelten Lilienbord ein steigender roter Löwe, abgelöst.

Ein Lilienfeld verblieb aber dennoch bis 1801 im englischen Königswappen, erst danach wurde es durch das Wappen von Irland, die goldene Harfe, abgelöst.

Falkenstein

Der Name der ehemaligen Grafschaft Falkenstein leitet sich von einer im 12. Jahrhundert erbauten gleichnamigen Reichsburg ab, die im Besitz der Herren von Bolanden, Dienstmannen des Erzbischofs von Mainz, war.

Nach deren Aussterben kam die in der Pfalz gelegene Grafschaft über verschiedene Besitzerwechsel an die Herzöge von Lothringen. Lothringen war 1737 aufgrund des Polnischen Erbfolgekrieges zunächst an den aus Polen vertriebenen König Stanislaus Leszczyński abgetreten worden und nach dessen Tod 1766 an Frankreich gefallen – mit Ausnahme der Grafschaft Falkenstein. Joseph II. unternahm sowohl als deutscher Kaiser als auch als Mitregent in den österreichischen Erblanden etliche Reisen durch seine Länder unter dem Inkognito-Namen „Graf von Falkenstein" („Comte de Falckenstein").

Diese etwa 125 Quadratkilometer große Grafschaft wurde gegen Ende des 18. Jahrhunderts in die Vorderösterreichische Verwaltung eingegliedert. 1792–1814 war sie von Frankreich besetzt, bis sie in Folge des Wiener Kongresses an das Königreich Bayern fiel.

Heute befindet sie sich im Norden des deutschen Bundeslandes Rheinland-Pfalz.

Wappen

In Blau ein silbernes achtspeichiges Rad. (→ Abb. 69)

Abb. 69: Falkenstein (M. Göbl)

Das Wappen wurde von Kaiser Franz I. Stephan im Siegel geführt und blieb bis Leopold II. (1792) im großen kaiserlichen Wappen und in den Siegeln.

Die Rad-Figur leitet sich aus dem Wappen der Herren von Bolanden ab, die ein rotes Rad in Gold führten. Die Bolanden waren Reichsministeriale und Dienstmannen der Mainzer Erzbischöfe. Das Bistum Mainz führte das Rad als Wappenfigur.

Sowohl die Stadt als auch viele Kommunen, die mit dem Bistum historisch verbunden sind, haben dieses Rad als Wappenfigur übernommen, auch das heutige deutsche Bundesland Rheinland-Pfalz.

Feldkirch

Feldkirch am Fluss Ill geht auf eine in der Nähe vermutete römische Siedlung namens Clunia zurück, die um 1190/1200 von den Grafen von Montfort als Stadt an günstigerer Stelle neu gegründet wurde. Um 842 wurde sie als „Feldchirichun" erstmals erwähnt.

Die Grafschaft (mit Burg und Stadt) Feldkirch wurde von den Habsburgern 1375/1390 durch Kauf von den Grafen von Montfort erworben. Von da an zählte man sie als Grafschaft zu den sogenannten „vier Arlbergischen Herrschaften" (Feldkirch, Bregenz, Bludenz und Sonnenberg). Sie gehörte damit dem österreichischen Reichskreis an.

Abb. 70: Feldkirch, Grafschaft (H. G. Ströhl)

Wappen

(Grafschaft) In Silber eine rote dreilätzige Kirchenfahne.

Helmzier: rote Bischofsmütze („Infel"), deren zwei Zipfel mit weißen Kugeln versehen sind. Helmdecke: rot-weiß. (→ Abb. 70)

Die rote Fahne war das eigentliche Symbol der Grafen von Montfort, in deren Hand sich das Land Vorarlberg erstmals zu einem Territorium ausbildete. Dieses Wappen ist ident mit dem heutigen Vorarlberger Landeswappen.

Der Hauptort der Grafschaft, die Stadt Feldkirch, hingegen, führte ab 1311/12 ein redendes Wappen: eine Kirche und die daneben gestellte Fahne der Montforter, die die Stadtherren waren. Die Farbgebung war jedoch eine andere, nämlich eine schwarze Fahne in Silber. Dieses Feldkircher Wappen erschien auch so im alten Vorarlberger Landeswappen 1864–1918.

Am 22. Jänner 1930 verlieh die Vorarlberger Landesregierung jedoch der Stadt Feldkirch das reduzierte alte Wappen als neues Wappen, wobei die Kirche wegfiel und nur die schwarze Kirchenfahne im silbernen Schild übrig blieb. Mit dieser Wappenänderung ging man allerdings das Risiko der Verwechslung mit dem Landeswappen ein, denn in schwarz-weißen Darstellungen kann man die Montforter Fahne von der Feldkircher Fahne nicht unterscheiden. (→ Abb. 71)

Abb. 71: Feldkirch, Stadt (H. G. Ströhl)

Fiume

(Rijeka, St. Veit am Pflaum) Die Stadt Fiume hat im Laufe ihrer Geschichte schon mehrere Namen erhalten, die die ethnische Besiedelung widerspiegeln.

Den Anfang machte sie als römische Hafenstadt Tarsatica, die 802 bei Kämpfen des Fränkischen Reiches mit Byzanz zerstört wurde. Benannt wurde sie nach einer Burg und Kirche am Fluss Recina, an dessen Mündung ins Meer die Stadt liegt. Die lateinische Bezeichnung „fanum sancti viti ad flumen" wurde im Deutschen zu „St. Veit am Pflaum". Der ungarische Name „Szentvit" verweist ebenfalls darauf. Auch italienische, kroatische und slowenische Bezeichnungen beziehen sich auf den Fluss.

Im 13. und 14. Jahrhundert gehörte die Stadt nacheinander den Herren von Duino, den kroatischen Fürsten Frangipani und ab 1399 den österreichischen Herren von Wallsee. Von diesen kaufte Kaiser Friedrich III. 1465 die Stadt, benannte sie mit dem deutschen Namen und verleibte sie Innerösterreich ein. 1509 wurde die Stadt von den Venezianern teilweise zerstört. 1520 erhielt sie ein eigenes Statut, wurde 1717 von Karl VI. zum Freihafen erklärt und war nach Triest der zweitbedeutendste Seehafen der Monarchie.

Maria Theresia erklärte 1779 Stadt und Gebiet von Fiume zum „corpus separatum" der Ungarischen Krone, das heißt Stadt und Gebiet von Fiume waren ein eigenes Kronland: das ungarische Litorale (Küstenland) bis 1918.

Nach dem Ersten Weltkrieg wurde es zum Zankapfel zwischen Italien und Jugoslawien. Im Vertrag von Rapallo (1920) wurde Fiume zum Freistaat erklärt, der Vertrag von Rom (1924) sprach die Stadt Italien zu.

Nach dem Zweiten Weltkrieg gelangte Fiume unter dem Namen Rijeka an Jugoslawien, seit 1991 ist es der Haupthafen von Kroatien.

Wappen

In Rot ein nach links gekehrter, goldbewehrter schwarzer Doppeladler, auf einer Insel stehend, der mit einem Fuß einen liegenden Krug hält, aus dem sich Wasser ins Meer ergießt. Über dem Doppeladler schwebt eine blau gefütterte Kaiserkrone, von der blaue Bänder abfliegen. Schildhalter dieses Wappens sind der heiligen Veit und der heilige Modestus. Zu diesem Wappen gehört die Devise „Indeficienter" („Unaufhörlich"). (→ Abb. 72)

Abb. 72: Fiume (H. G. Ströhl)

Fiume bekam dieses Wappen 1659 von Kaiser Leopold I. verliehen. Nach 1918 wurde der Doppeladler im Wappen durch einen einköpfigen ersetzt.

In Wien kann man das Wappen auch heute noch am Gebäude der Generaldirektion der Österreichischen Bundesforste, Marxergasse 2 (bis 1918 Marinesektion des k. u. k. Kriegsministeriums), sehen.

Flandern

Der Name „Flandern" („Flachland") ist erstmals im 8. Jahrhundert belegt und bezeichnet eine Grafschaft zwischen Schelde, Canche und der Nordseeküste. Diese historische Grafschaft, die zwischen dem Heiligen Römischen Reich und Frankreich umstritten war, ist heute zwischen Belgien und den Niederlanden aufgeteilt und reicht auch weit nach Frankreich hinein.

1394 fiel die wegen ihrer Wollindustrie und ihres Handels wirtschaftlich reiche Provinz Flandern an das burgundische Herzogshaus.

Maria von Burgund, die 1477 Maximilian I. heiratete, nannte sich bevorzugt Gräfin von Flandern und führte auch immer den schwarzen Löwen als Stammwappen an zentraler Stelle in ihrem Schild. Über sie kam Flandern an das Haus Habsburg.

1556 fiel Flandern an die spanische Linie der Habsburger.

Der Norden der Grafschaft schloss sich 1648 an die Vereinigten Niederlande (Generalstaaten) an. Ein südlicher Teil des Territoriums (Artois) musste an Frankreich abgetreten werden, der große Rest wurde 1714 von den Spanischen zu den Österreichischen Niederlanden (bis 1797) und ist seit 1830 belgisch.

Wappen

In Gold ein schwarzer Löwe mit einer goldenen Krone. (→ Abb. 73)

Abb. 73: Flandern (M. Göbl)

Dieser flandrische Löwe war zusammen mit dem Tiroler Adler für Jahrhunderte ein dynastisches Kennzeichen des Hauses Österreich. Vereint in einem gemeinsamen Schild (gespalten von Flandern und Tirol), erreichte das Wappen einen immensen Verbreitungsgrad über alle habsburgischen Erbländer. Der von Österreich und Burgund gespaltene Schild wurde abwechselnd mit dem von Flandern und Tirol gespaltenen Herzschild verwendet. (→ Abb. 74) Beide Wappen erschienen ab Kaiser Maximilian I. oft an der vornehmsten Stelle als Herzschild in den kaiserlichen Wappen aller Kategorien bis zum Ende des 18. Jahrhunderts. Danach wurde er immer mehr von dem von Habsburg, Österreich und Lothringen gespaltenen Herzschild – als neues genealogisches Wappen – abgelöst.

Heute führt die belgische Provinz Ostflandern den flandrischen Löwen als Landessymbol. (→ Genealogisches Wappen)

Abb. 74 Flandern-Tirol (M. Göbl)

Franken

(Herzogtum) Im historischen Herzogtum Franken, das sich zwischen Neckar und Eder, Thüringer Wald und Rhein erstreckte, konnten sich nach dem Interregnum des 13. Jahrhunderts im Westen verschiedene kleinere Herrschaften eta-

blieren: Pfalz, Nassau, Hessen, Katzenellenbogen, Hanau, Mainz, Worms und Speyer. Im Osten erwarben die Hochstifte Würzburg, Eichstätt, Bamberg und Fulda Hoheitsrechte. Weltliche Territorialgewalt übten die Grafen von Castell, Hohenlohe und Henneberg, aber auch die Burggrafschaft Nürnberg, andere Reichsstädte und Reichsdörfer aus.

Der Reichsdeputationshauptschluss 1803 und das Ende des Heiligen Römischen Reiches 1806 beendeten diese Zersplitterung und die Herrschaften kamen überwiegend an Bayern. Würzburg war 1803 säkularisiert und wurde kurze Zeit, 1805–1814, von einer Sekundogenitur der Habsburger mit Ferdinand III. von Habsburg-Toskana regiert. Kaiser Franz I. von Österreich führte 1806–1815 den Titel „Herzog zu Würzburg und in Franken" und nahm auch das Wappen dieses Herzogtums in sein großes Wappen auf.

Abb. 75: Franken (M. Göbl)

Wappen

In Blau ein von Rot und Silber schräggestelltes geviertes Banner (Standarte) mit zwei Einkerbungen an einer goldenen Stange. Dies ist das alte Würzburger Bischofswappen. (→ Abb. 75)

Die Stadt Würzburg verwendet ein ähnliches Symbol: In Schwarz ein schräggestelltes geviertes Banner mit den Farben Rot und Gold. Diese als Rennfähnlein bezeichnete Fahne taucht ab dem 16. Jahrhundert auf. Es handelte sich um die Fahne des alten Herzogtums Franken, jedoch in anderer Farbgebung (statt schwarz blaue, statt golden silberne Tingierung), anstelle des Lanzenschaftes ist eine Turnierlanze zu sehen. Ferner war die Fahne des Herzogtums nicht geviert. Der Name ist aus dem Belehnungsritual abgeleitet, wobei der zu belehnende Fürstbischof den Lehensherrn (Kaiser) mit diesem Rennfähnlein dreimal zu umreiten hatte.

Friaul

(Herzogtum) Der Name dieses Gebietes im östlichen Norditalien, zwischen Pordenone, Udine, Görz, Triest, den Karnischen und Julischen Alpen und der Adria gelegen, geht auf die römische Stadt „Forum Julia" („zu Ehren Julius Cäsars") zurück. Die römische Stadt selbst heißt heute Cividale/Čedad (abgeleitet von „civitas" (Stadt)).
Hier gründeten im 6. Jahrhundert die Langobarden auf ihrer Wanderung von Pannonien nach Italien ihr erstes und

anfangs bedeutendstes Herzogtum. 776 wurde Friaul eine fränkische Markgrafschaft.

976 vereinigte Kaiser Otto I. einen Teil Friauls (das Gebiet von Cividale) mit dem Herzogtum Kärnten. Das übrige Friaul kam mit Krain und Istrien 1077 unter die Herrschaft des Patriarchen von Aquileia, die bis ins 15. Jahrhundert andauerte.

1420 eroberten die Venezianer den westlichen Teil der Mark; der Osten blieb bis 1500 bei den Grafen von Görz und kam danach an das Haus Habsburg.

Das venezianische Friaul kam 1797 an Österreich und ging im Lombardo-Venetianischen Königreich auf, nach 1866 wurde es an das Königreich Italien abgetreten.

Die Grafschaft Görz fiel erst 1919 an Italien.

1947 wurde der östliche, von Slowenen besiedelte Teil von Friaul an Jugoslawien abgetreten, der nach 1990 in der neuen Republik Slowenien aufging. Heute befindet sich der größte Teil von Friaul in der italienischen autonomen Region Friaul-Julisch-Venetien.

Wappen

Das Wappen zeigt in Blau einen goldenen gekrönten Adler. (→ Abb. 76)

Die symbolischen Anklänge an das Patriarchat von Aquileia sind unverkennbar. Das Wappen kommt als Herzogtum Friaul in den großen Reichswappen des Kaisertums Österreich von 1804, 1806 und 1836 vor. (→ Aquileia)

Abb. 76: Friaul (H. G. Ströhl)

Friesland

Mit Friesland wird eine Landschaft bezeichnet, die das Küstengebiet der Nordsee von Brügge (Belgien) bis zur unteren Weser (Deutschland) umfasst und von Friesen bewohnt war. Es war dem karolingischen Frankenreich eingegliedert und ging später nach dessen Teilung im Ostreich auf, wobei die Friesen zunehmend unabhängiger wurden.

1289 unterwarfen die Grafen von Holland das westfriesische Gebiet zwischen Zuidersee und Laubach, das Land zwischen Laubach und Ems war von der Stadt Groningen abhängig.

Das Gebiet westlich der Ems kam 1524 durch Kauf an Karl V. und damit an die Habsburgischen Niederlande. Kaiser Karl V. nannte sich seit 1516 auch Graf und Herr von Friesland.

Abb. 77: Friesland (M. Göbl)

Wappen

In Blau zwei goldene Löwen übereinandergestellt. (→ Abb. 77)

Das Wappen kommt 1522 zum ersten Mal in einem österreichischen Siegel vor. Obwohl Friesland als Teil der Generalstaaten ab 1581 aus dem Reich ausschied, blieb das friesische Wappen auch noch unter Maria Theresia im österreichischen Staatswappen als Anspruchswappen in Gebrauch.

Galizien und Lodomerien

Galizien und Lodomerien waren ursprünglich zwei Fürstentümer, die terrassenförmig an der Nordseite der Karpaten lagen. Ihre Namen stammen von der alten, am Dnjesterfluss gelegenen Burg und Stadt Halicz. Das Land wurde Hilizien (Galizien) genannt. Das Fürstentum Lodomerien erhielt seinen Namen nach dem Fürsten Wladimir.

Beide Länder kamen 1772 bei der Ersten Polnischen Teilung an Österreich. Maria Theresia erhob die Länder zu einem gemeinsamen Königreich Galizien und Lodomerien, kurz Galizien, mit der Hauptstadt Lemberg.

Bei der Dritten Teilung Polens 1795 erhielt Österreich einen Teil der Wojwodschaft Krakau mit der Stadt Krakau selbst, die Wojwodschaften Sandomir und Lublin und einige kleinere Territorien unter dem Namen „Westgalizien".
1809 musste dieses Westgalizien an das neue Herzogtum Warschau abgetreten werden. Auf dem Wiener Kongress wurde eine Neuordnung durchgeführt, bei der Österreich Westgalizien Russland überließ und im Gegenzug den Tarnopoler Kreis und das Salzbergwerk Wielicka bekam. Zusammen mit Russland und Preußen übernahm Österreich den Schutz des neu gebildeten Freistaates Krakau.

Nach dem Krakauer Aufstand 1846 wurde der Freistaat mit Österreich zu einem Großherzogtum vereinigt und schließlich 1849 dem Königreich Galizien und Lodomerien inkorporiert.

Nach dem Ersten Weltkrieg kam Galizien an Polen.

1939 brachte die Angliederung Ostgaliziens an die Sowjetunion. Heute gehört Ostgalizien mit der Hauptstadt Lemberg (Lwow, Lviv) zur Ukraine, der westliche Teil zu Polen.

Wappen

Das alte Wappen von Galizien zeigt zwei goldene Kronen. So führte es bereits Matthias Corvinus und so wurde es auch

Abb. 78: Galizien (H. G. Ströhl)

von den Habsburgern zuerst als Anspruchswappen übernommen. Nachdem Galizien 1772 real zu Österreich gekommen war, wurden drei goldene Kronen in Blau verwendet. Nach der Titelregulierung von 1804 wurde diesem Wappen eine rote Binde mit einer darauf schreitenden schwarzen Dohle hinzugefügt. Auf dem Schild liegt eine Königskrone. (→ Abb. 78)

Das Wappen von Lodomerien zeigt zwei von Silber und Rot sechsfach geschachte Zwillingsbalken in Blau. (→ Abb. 79)

In diesen Formen führten auch die ungarischen Könige seit Jahrhunderten das Wappen als Anspruchswappen. In der mittelalterlichen ungarischen Königstitulatur war bereits der Titel „rex galiciae et lodomeriae" gebräuchlich.

Das Wappen von Lodomerien kam in der zweiten Hälfte des 19. Jahrhunderts aus Gründen der Vereinfachung immer mehr außer Gebrauch und wurde dann nur noch im 1896 regulierten Wappen der Erzherzöge verwendet.

Bei der letzten Wappenregulierung der Donaumonarchie 1915/16 stand für das Königreich Galizien und Lodomerien nur noch das Wappen von Galizien allein.

Abb. 79: Lodomerien (H. G. Ströhl)

Geldern

Die Grafschaft Geldern wurde nach der Stadt Geldern in Kleve benannt und bezeichnet ein Gebiet zwischen Maas und Roer bis zur Zuidersee.

Das Territorium war im 12. und 13. Jahrhundert durch Vereinigung der Grafschaft Zutphen sowie der Herrschaften Arnheim und Roermond entstanden.

1339 wurde Geldern Herzogtum. Als die Grafen von Geldern 1372 im Mannesstamm ausstarben, wurden die Grafen (ab 1393 Herzöge) von Jülich deren Nachfolger.

1473 belehnte Kaiser Friedrich III. Karl den Kühnen von Burgund mit Geldern und Zutphen. Infolge der Burgundischen Heirat kam das Gebiet letztlich im Erbwege an die Habsburger.

1543 wurde Geldern den Spanischen Niederlanden einverleibt, wobei sich Niedergeldern (Nimwegen, Zutphen, Arnheim) 1579 als Provinz Gelderland den Vereinigten Niederlanden (Generalstaaten) anschloss. Obergeldern blieb spanisch.

1713 fiel ein großer Teil des spanischen Geldern (Kleve) an Preußen und gehört heute zum deutschen Bundesland Nordrhein-Westfalen.

Abb. 80: Geldern (M. Göbl)

Wappen

In Blau ein rot gekrönter rotbezungter und rotbewehrter goldener Löwe. (→ Abb. 80)

Das Wappen kommt zuerst unter Karl V. (zirka 1506) und dann bis zu Kaiser Franz II. vor. Im großen Reichswappen und auch in Siegeln erscheint es zuletzt unter Leopold II. 1790.

In den österreichischen Staatswappen werden die Wappen von Geldern und Jülich in einem Schild kombiniert. Das Wappen von Jülich: schwarzer Löwe in Gold, und das Wappen von Geldern: goldener Löwe in Blau. (→ Abb. 81)

In gleicher Weise führten es die Herzöge von Jülich, die ab 1393 auch Geldern regierten.

Abb. 81: Geldern-Jülich (ÖStA)

Genealogisches Wappen

Das Genealogische Wappen stellt eine Erweiterung des Stammwappens dar und setzt sich in der Regel aus mehreren ursprünglich einzelnen Stammwappen zusammen. Auf diese Weise sollten dynastische Verflechtungen optisch besser zur Geltung gebracht werden. Das Stammwappen ist das älteste Wappen einer Familie, das diese entweder eigenmächtig angenommen oder durch Verleihung erhalten hat.

Im späten Mittelalter kam der Brauch auf, die Verbindung zweier Familien durch Heirat in einem gemeinsamen Schild darzustellen. Das konnte auf unterschiedliche Weise geschehen: durch Übereinanderschieben von zwei Schilden (zum Beispiel Portugal-Kastilien → Portugal), durch Vierteilung (zum Beispiel Kastilien-León) oder durch Zusammensetzen zweier Schilde in einem gespaltenen Schild.

Bei den Habsburgern ist dieser Wappengebrauch erstmals bei Kaiser Maximilian zu beobachten, der infolge seiner Heirat mit Maria von Burgund zwei Stammwappen in einem Schild kombinierte. Mit dieser Heirat waren zwei weit voneinander entfernte Machtbereiche miteinander verbunden worden; auf der einen Seite die von Maximilian ererbten althabsburgischen Territorien im Südosten des Reiches und auf der anderen Seite der Großteil der burgundischen Länder an der romanisch-germanischen Sprachgrenze im Nordwesten. Erstmals fasste er die althabsburgischen Länder unter dem als ranghöchstem empfundenen rot-weiß-roten Bindenschild des Erzherzogtums Österreich zusammen, für die burgundische Ländergruppe wählte er das Wappen von Altbur-

Abb. 82: Österreich-Burgund (M. Göbl)

gund. Beide Schilde fügte er in einem nunmehr gespaltenen Schild zu einem neuen zusammen und platzierte diesen auf der Brust des kaiserlichen Reichsadlers. Somit waren beide bedeutsamen Familien genealogisch in einem Wappen vereint, die Habsburger als das „Haus Österreich" auf der einen Seite, und die im Mannesstamm erloschene Familie der Herzöge von Burgund auf der anderen Seite. (→ Abb. 82)

Die gleiche Vorgangsweise wiederholte sich in der folgenden Generation nochmals, als der Sohn Maximilians, Philipp der Schöne, durch seine Heirat mit der spanischen Thronerbin Juana im Jahre 1496 seine beiden Länderkomplexe (Österreich-Burgund) noch um das spanische Königreich erweiterte. Damit dehnte sich der Besitz der Familie nicht nur auf die Iberische Halbinsel und Süditalien, sondern auch auf die spanischen Besitzungen in der „Neuen Welt" aus.

Kaiser Karl V., in dessen Reich „die Sonne nicht unterging", weil er sowohl römisch-deutscher Kaiser als auch König in Spanien und den überseeischen Territorien war, führte den genealogischen Schild nicht. Er versuchte hingegen, alle wichtigen Länderwappen in einen Schild zu pressen.

Sein jüngerer Bruder Ferdinand I., der die österreichischen Erbländer regierte und schließlich sein Nachfolger als Kaiser wurde, prägte einen neuen genealogischen Schild, wobei er größeres Augenmerk auf sein spanisches Erbe legte. Unter Weglassung des burgundischen Wappens wurde der Turm von Kastilien nunmehr dem österreichischen Bindenschild an die Seite gestellt. In der Reichskanzleiordnung von 1559, durch welche drei Siegelkategorien eingeführt wurden, entsprach das kleine Siegel diesem genealogischen Schild. Bei den anderen beiden Siegel- beziehungsweise Wappenkategorien (mittel und groß) wurde dieser Schild meistens dem größeren zusammengesetzten Wappen aufgelegt.

Die Nachkommen der „deutschen Linie" der Habsburger verwendeten im 16. und 17. Jahrhundert abwechselnd beide Typen, also entweder den Bindenschild mit dem kastilischen Turm oder mit Burgund. Bei den größeren Wappenkategorien, wo mehr Platz zur Verfügung stand, tauchte auch die Verwendung des von Kastilien und León gevierten Schildes auf. Daneben war aber gelegentlich ebenso der rot-weiß-rote Bindenschild allein zu beobachten: Gespalten von Rot-Weiß-Rot und dem goldenen Turm mit einem blauen Tor und Fenstern im roten Feld. (→ Abb. 83)

Wird in der österreichischen Heraldik das kastilische Wappenelement verwendet, ist stets nur eine reduzierte

Abb. 83: Österreich-Kastilien (M. Göbl)

Figur, nämlich ein Turm mit drei Zinnen, zu beobachten, während in Spanien eine ganze Burg als Wappenfigur erscheint. Schon aus Gründen der Vereinfachung und Verkleinerung wählte man einen Turm anstatt der viel breiteren Burgendarstellung. Diese Kombination war Zeichen der österreichischen Linie des Hauses Habsburg. Die spanische Linie bevorzugte die umgekehrte Variante, also den von Kastilien und Österreich gespaltenen Schild.

Praktisch als Verbindungsachse zwischen Burgund und den südöstlichen Erbländern fungierte die Grafschaft Tirol, in der Maximilian ab 1490 auch Landesfürst war. Schon bald nach seiner 1477 erfolgten Heirat mit der Gräfin von Flandern, wie sich Maria von Burgund mit Vorliebe nannte, führte er den von Flandern und Tirol gespaltenen Schild als Herzschild in seinen verschiedenen Wappen. (→ Abb. 84) Obwohl beide Länder nur Grafschaften waren, spielten sie dynastisch dennoch eine große Rolle. Maximilian verwendete diese Wappenkombination von Anfang an in all seinen Wappendarstellungen, weil er diesen beiden Ländern eine Schlüsselrolle in seinem Machtspektrum zumaß. Diese beiden reichsten und dadurch wichtigsten Grafschaften waren offenbar dazu auserkoren, den Kern zu bilden, um den herum das zukünftige Imperium gebaut werden sollte. Maximilian ließ in seinen heraldischen Überlegungen auch gerne der Fantasie freien Lauf, deshalb könnte eine Überlegung gewesen sein, dass die beiden Wappenfiguren, der aufgerichtete Löwe und der rote Adler, optisch besonders gut zueinander passen – gleichsam als Gegensatzpaar zum eher abstrakten „balkenreichen" Österreich-Burgundischen Wappen. Auch Maximilians Nachfolger verwendeten den von Flandern und Tirol gespaltenen Schild bis zum Verlust der Österreichischen Niederlande Ende des 18. Jahrhunderts immer wieder, um das Haus Österreich heraldisch-genealogisch darzustellen.

Als nach dem Spanischen Erbfolgekrieg das Haus Bourbon auf den spanischen Thron gelangte und König Philipp V. (1700–1746) ein neues Wappen kreierte, platzierte er in der oberen Schildhälfte bewusst den von Flandern und Tirol gespaltenen Schild, um sich als legitimer Nachfolger der erloschenen spanischen Habsburger zu präsentieren. Wenn auch im heutigen Wappen des spanischen Königs Juan Carlos I. nichts mehr heraldisch an dieses einstige Vermächtnis erinnert, so enthält der große Titel jedoch weiterhin die historischen Bezeichnungen: Erzherzog von Österreich, Graf von Flandern und Tirol etc.

Abb. 84: Flandern-Tirol (M. Göbl)

Abb. 85: Lothringen-Toskana (M. Göbl)

Abb. 86: Österreich-Lothringen (M. Göbl)

Abb. 87: Lothringen-Österreich-Toskana (M. Göbl)

Im Jahre 1740, als die Habsburger mit Kaiser Karl VI. in der männlichen Linie erloschen, trat eine neue dynastische Situation ein, die auch ein neues genealogisches Wappen erforderlich machte. Da überdies auch erstmals seit langer Zeit die Kaiserwürde nicht mehr in den Händen der Habsburger lag, war das ein doppelter Verlust. Unsicherheit machte sich breit, welches Wappen nun verwendet werden sollte.

Franz Stephan, der Prinzgemahl Maria Theresias, führte zwar den Titel und das Wappen von Lothringen, das Land selbst hatte er aber 1735 Stanislaus Leszczyński, dem Schwiegervater des französischen Königs, mit der Auflage, dass es nach dessen Tod an Frankreich fallen sollte, überlassen müssen. Zum Ausgleich für diesen Verlust hatte er die Toskana, ein von der Habsburgermonarchie unabhängiges Territorium, erhalten. Der genealogische Schild Franz Stephans war daher der von Lothringen-Toskana gespaltene Schild, den er auch, nachdem er 1745 die Kaiserwürde erlangt hatte, dem Reichsadler auf die Brust setzte. (→ Abb. 85)

Für seine Kaisergemahlin Maria Theresia war klar, dass sie in ihren Erbländern den rot-weiß-roten Bindenschild allein führen würde, in vielen Fällen verwendete sie jedoch auch den von Österreich und Burgund gespaltenen Schild. Darin trat auch keine Änderung ein, als sie Franz Stephan von Lothringen 1736 heiratete und das Haus Österreich in der Familie Habsburg-Lothringen fortsetzte.

Ihr 1741 geborener Sohn Joseph II., für den schon 1748 ein Hofstaat und dadurch auch ein neues Wappen gestaltet worden war, führte den von Österreich und Lothringen gespaltenen Schild. (→ Abb. 86)

Da er keine Nachkommen hatte, kam die in der Toskana begründete Nebenlinie der Habsburger zum Zug. Sowohl Leopold II. als auch Franz II. zeigten dies durch einen neuen genealogischen Schild an. Dieses Wappen hatten sie übrigens schon zurzeit ihrer Regentschaft in der Toskana geführt. Der Schild wurde nun zweimal, statt wie bisher nur einmal, gespalten und bestand daher aus drei relativ schmalen Feldern nebeneinander. Das rechte Feld enthielt das lothringische Stammwappen, das mittlere den österreichischen Bindenschild und das linke das mediceische Toskanawappen. Die Toskana-Linie des Hauses Habsburg-Lothringen führt das in dieser Form beschriebene Wappen bis heute. (→ Abb. 87)

Eine Besonderheit der habsburgischen Sekundogenitur in der Toskana ist deren Namensgebung, die auf Großherzog Leopold II. (1797–1870), der in zweiter Ehe mit Maria Antonia von Neapel-Sizilien verheiratet war, zurückgeht. Es war der Wunsch der Eltern, dass ihre Söhne als zweiten Taufnamen den Linienbeinamen „Salvator" bekommen sollten. Es gab damals mehrere habsburgische Linien und Leopold II. war der Auffassung, dass man sie so besser unterscheiden könnte. Auch dürfte seine pietistische Haltung bei der Auswahl des Namens eine Rolle gespielt haben. Dem erstgeborenen Sohn Ferdinand IV. (1835–1908) wurde der zweite Taufname Salvator gegeben. Diese Tradition wird bis heute beibehalten.

Für eine kurze Zeitspanne, nach der Proklamierung des Kaisertums Österreich 1804, kam allein das rot-weiß-rote österreichische Wappen als Gesamtwappen aller österreichischen Länder in Gebrauch. (→ Abb. 88) Als Kaiser Franz II. die Krone des Heiligen Römischen Reiches Deutscher Nation am 6. August des Jahres 1806 niederlegte, musste neuerlich ein „Staatswappen" der österreichischen Länder festgesetzt werden. Dies beinhaltete auch ein neues genealogisches Wappen. Das toskanische Feld wurde entfernt, da dieses Großherzogtum nicht mehr zum Kaisertum Österreich gehörte und zu einem eigenen Staat geworden war. Das neue Stammwappen wurde wiederum zweimal gespalten, wobei das Feld mit dem österreichischen Wappen weiterhin in der Mitte blieb, jedoch das lothringische Feld von der rechten auf die linke Seite des Schildes versetzt wurde. Als „neues" Feld kam nunmehr der habsburgische Löwe ins Spiel, der Jahrhunderte nahezu keine Rolle gespielt hatte und erst unter Maria Theresia in ihrem großen Wappen wiederbelebt worden war. Mit dieser Wappenkonstellation, dem von Habsburg, Österreich und Burgund gespaltenen Schild, wurde eine neue Form der dynastischen Repräsentation gefunden, die in der staatlichen Heraldik der Österreichisch-Ungarischen Monarchie bis 1918 verwendet wurde und von der Hauptlinie der Familie noch bis heute geführt wird. (→ Abb. 89)

Abb. 88: Österreich, 1804–1806 (ÖStA)

Abb. 89: Habsburg-Österreich-Lothringen (M. Göbl)

Görlitz

Die Stadt Görlitz liegt in der Oberlausitz am Fluss Neiße und entstand an der Kreuzung der Verkehrswege von Stettin nach Frankfurt und von Prag nach Leipzig.

1071 wurde die Siedlung als „Gorelic" erstmals urkundlich erwähnt.

1378 wurde Görlitz unter Karl IV. zum Herzogtum und gehörte zum Königreich Böhmen.

1636 fiel das Herzogtum mit den beiden Lausitzen an Sachsen.

Wappen

(*Herzogtum*) Von Rot über Silber geteilt, oben ein silberner zweischwänziger gekrönter Löwe (Böhmen).

Dieses Wappen wurde von König Ferdinand I. (1528) und von Maria Theresia (1745) geführt. (→ Abb. 90)

Das Wappen der Stadt selbst, das 1536 verliehen wurde, ist geviert, in 1 und 4 in Gold ein schwarzer Doppeladler, in 2 und 3 in Rot ein silberner böhmischer Löwe, belegt mit einem rot-weiß-roten Herzschild, der mit einer Kaiserkrone belegt ist.

Abb. 90: Görlitz (M. Göbl)

Görz und Gradisca

Die Grafschaft Görz (slawisch: „Gorizia") entstand aus Besitzungen der Vögte des Patriarchen von Aquileia, die sich entlang des Isonzo erstreckten.

Die Grafen von Lurngau, die diese Gebiete mit ihren Besitzungen zwischen Lienz und Villach vereinigten, nannten sich seit 1120 Grafen von Görz. Der Aufstieg des Geschlechts gelang durch die enge Verbindung zum Patriarchat von Aquileia, dessen Vögte sie waren. Sie erlangten große Lehensgüter in Friaul und Istrien, aber ein geschlossenes Gebiet konnten sie nur im Umkreis der Stadt Görz behaupten, die ihnen 1202 zufiel. Den Höhepunkt ihrer Macht erreichten sie durch Verschwägerung mit den Grafen von Tirol. Auf diese Weise brachten sie zeitweilig ganz Tirol, Kärnten und ihre engeren görzischen Besitzungen in eine Hand.

Durch Herrschaftsteilungen und Erlöschen von Linien im Mannesstamm schrumpfte das Territorium schließlich wieder zusammen. Als die ältere Linie 1500 mit Graf Leonhard ausstarb, konnten die Habsburger die schwer verschuldeten Besitzungen gemeinsam mit Flitsch und Tolmein an sich bringen.

Gradisca geht als Name ebenfalls auf slawische Wurzeln zurück und bedeutet so viel wie „befestigter Ort". Von den Venezianern gegen die drohende Türkengefahr 1471–1481 erbaut, lag die Burg nicht weit von Görz entfernt. Als Maximilian I. Görz erbte, wollte er auch Gradisca mitübernehmen, das gelang jedoch erst 1516, 16 Jahre später.

1647 erhob Kaiser Ferdinand III. die Stadt und das Umland zur gefürsteten Grafschaft und belehnte Hans Anton von Eggenberg gegen die Bezahlung einer hohen Summe Geldes damit.

Als 1717 die Eggenberger ausstarben, fiel Gradisca wieder an Habsburg zurück.

1754 einigten sich die Stände von Görz und Gradisca auf ein gemeinsames Gebiet.

1815–1918 bildete die gefürstete Grafschaft unter dem neuen Doppelnamen ein österreichisches Kronland.

Wappen

Görz

Abb. 91: Görz (H. G. Ströhl)

Schrägrechtsgeteilt, oben in blauem Feld ein schreitender goldener Löwe, unten von Silber und Rot fünfmal schräglinks geteilt (manchmal auch nur dreimal geteilt). (→ Abb. 91)

Am Anfang des 13. Jahrhunderts führten die Grafen von Görz nur den Löwen allein. Die blaue Farbe stammt von der Schildfarbe des Herzogtums Friaul und erinnert an die Lehenshoheit der Patriarchen von Aquileia, die Herzöge von Friaul und deren Vögte die Görzer Grafen waren.

Erst an einem Siegel des Grafen Meinhard III. von Görz an einer Urkunde von 1258 ist die seither übliche Schrägrechtsteilung des Schildes und die dreifache schräglinke Teilung des unteren Feldes zu sehen. Diese Silber-Rot-Teilung wird vom Belehnungsritual abgeleitet. Bei der Belehnungszeremonie des Patriarchen Bertrand für Graf Albert IV. und seine zwei Brüder von 1338 soll nämlich eine rot-weiße Lehensfahne verwendet worden sein.

Als Helmzier kommen verschiedene Figuren vor. Die Söhne Meinhards III. († 1258), die Brüder Meinhard IV. und Albert II. († 1304), verwendeten auf ihren Reitersiegeln einen breit aufgefächerten Pfauenstoß. Das um 1410 entstandene Arlberger Bruderschaftsbuch zeigt jedoch einen aus der Helmkrone aufsteigenden hohen, spitzkegelförmigen grauen Hut, dessen Spitze mit einem Straußenfedernbusch geziert ist. Die Helmdecken sind dort ebenfalls grau. Dieser Version hat sich auch Ströhl 1890 angeschlossen.

Das Wappen von Görz kommt in der österreichischen Heraldik seit Ferdinand I. (1522), das von Gradisca erst seit

Abb. 92: Gradisca (H. G. Ströhl)

Maria Theresia (1754) vor. Das vereinigte Wappen Görz-Gradisca wird in den Wappen des Österreichischen Kaisertums ebenso wie auch in den 1915 zuletzt regulierten gemeinsamen Staatswappen der mittleren Wappen der österreichischen Länder verwendet.

Gradisca

Der von Blau und Gold geteilte Schild ist belegt mit einem silbernen Ankerkreuz. (→ Abb. 92)

Granada

Granada, seit 1238 ein selbständiges maurisches Königreich im Süden der Iberischen Halbinsel, wurde 1492 von den Spaniern erobert und dem Königreich Kastilien eingegliedert.

Das Wappen Granadas wurde in den Schild der Katholischen Könige als eingepfropfte Spitze eingefügt und ist als historisch-politisches Signal sowohl des Endes der Reconquista der Iberischen Halbinsel, als auch der Vereinigung der zwei großen Königreiche Kastilien und León zu werten.

Wappen

In Silber ein naturfarbener beblätterter geöffneter Granatapfel, sodass seine roten Kerne sichtbar sind. (→ Abb. 93)

Abb. 93: Granada (M. Göbl)

Der Granatapfel ist ein redendes Wappen, das auf den Namen von Granada anspielt. Er erscheint auch in der Heraldik ehemaliger spanischer Kolonien Südamerikas, beispielsweise im Wappen der Stadt Bogotá (Kolumbien).

Kolumbien war ein Teil des spanischen Vizekönigreiches Neu-Granada. Der Granatapfel stellte eines der bevorzugten Embleme Kaiser Maximilians I. dar, der vom Ende der muslimischen Herrschaft in Spanien tief beeindruckt und außerdem seit 1496 mit dem spanischen Königshaus Kastilien und León verwandt war.

Der Granatapfel hat seit der Antike die Bedeutung besonderer Fruchtbarkeit und Unsterblichkeit. Man sah in ihm auch ein Symbol der Barmherzigkeit, weshalb er das Wappenbild des Ordens der Barmherzigen Brüder ziert.

Das Wappen von Granada kommt zumeist in Form einer eingepfropften Spitze in den Schilden der Katholischen Könige und auch in den österreichischen Wappensuiten von Kaiser Karl V. bis Maria Theresia vor.

Graz

Graz, am Ostrand der Alpen und zu beiden Seiten der Mur gelegen, ist nicht nur die Landeshauptstadt der Steiermark, sondern auch die zweitgrößte Stadt Österreichs.

1128 findet sich die Siedlung erstmals urkundlich erwähnt. Der Name Graz leitet sich vom slowenischen „gradec" („kleine Burg") ab.

1172 wird Graz als Markt, 1189 als „civitas" und 1268 als „oppidum" genannt.

Graz – bis ins 19. Jahrhundert auch oftmals als „Grätz" bezeichnet – war zweimal habsburgische Residenzstadt. Zuerst unter Friedrich III., der die heutige Burg als Stadtresidenz erbaute, und nach der Länderteilung ab 1564, als Graz Sitz der Innerösterreichischen Länder unter Erzherzog Karl II. und Ferdinand II. war. Letzterer verlegte als Kaiser 1619 den Hof nach Wien. Ferdinand II. ließ in Graz 1618–1638 ein Mausoleum errichten.

Wappen

In Grün ein aufrecht nach rechts schreitender, silberner, goldbewehrter Panther ohne Hörner, gekrönt mit einer goldenen Laubkrone. Aus den Leibesöffnungen schlagen rote Flammen. (→ Abb. 94)

Abb. 94: Graz (H. G. Ströhl)

Das heutige Siegel der Stadt enthält das beschriebene Stadtwappen mit der Umschrift „Landeshauptstadt Graz". Die Flagge zeigt weiß-grüne Farben, belegt mit dem Wappen der Stadt.

Das Stadtwappen stimmt in seinen Farben mit dem Landeswappen der Steiermark überein. Der Unterschied der beiden Wappen besteht jedoch darin, dass der Grazer Panther, wie die Stadtsiegel seit der Mitte des 13. Jahrhundert zeigen, keine Bewehrung mit Hörnern und statt der roten Krallen goldene besitzt, dafür aber mit einer goldenen Laubkrone versehen ist. Außerdem speit der Panther der Hauptstadt aus allen Leibesöffnungen Feuer, während der „Landespanther" nur seinen Rachen als Flammenwerfer benutzt.

Guastalla

(Quastalla) Das Herzogtum am Po in Oberitalien, zwischen Mantua und Parma gelegen, wurde 1428 zur eigenständigen Grafschaft erhoben und kam 1539 durch Verkauf an die Familie Gonzaga, die als Herzöge Mantua regierten.

Abb. 95: Guastalla
(H. G. Ströhl)

1621 wurde Guastalla zum Herzogtum erhoben und von einer Nebenlinie der Herzöge von Mantua regiert.

1708 verleibten sich die Gonzaga auch die beiden an der linken Seite des Po liegenden kleineren Fürstentümer Sabbionetta und Bozzolo ein. Nach dem Aussterben der Gonzaga zog Maria Theresia 1746 Guastalla als erledigtes Lehen ein und gliederte es 1748 dem Herzogtum Parma und Piacenza ein.

Die Beschlüsse des Wiener Kongresses übertrugen Parma und Piacenza an Marie Louise, die Tochter Kaiser Franz II. (I.) und Exgemahlin des gestürzten Napoleon I. Nach ihrem Tod (1847) gingen Parma und Piacenza an Ludwig von Bourbon-Parma, der sein Herzogtum Lucca gleichzeitig an die Toskana und Guastalla an Modena abtrat.

1860 ging das Herzogtum im Königreich Italien auf.

Wappen

In Silber ein rotes Tatzenkreuz, welches von vier gegeneinander gekehrten schwarzen Adlern begleitet wird. (→ Abb. 95)

Das Wappen kommt lediglich im großen Reichswappen von 1836 vor. Da in Guastalla die Herzöge von Mantua, eine Nebenlinie der Gonzaga, regierten, ist dieses Wappen zugleich auch das mantuanische. Das Kreuz mit den vier Reichsadlern wurde 1432 von Kaiser Sigismund anlässlich der Erhebung von Mantua zur Markgrafschaft verliehen und Guastalla der Familie Gonzaga-Mantua als erbliches Lehen gesichert.

Habsburg

Die habsburgischen Anfänge liegen mit dem oberrheinischen Grafen Guntram dem Reichen, der um die Mitte des 10. Jahrhunderts wirkte, im schweizerischen Aargau und im Elsass. Durch umsichtige Erwerbspolitik gelang es seinen Nachfolgern, in den folgenden Jahrhunderten ein ansehnliches, einigermaßen zusammenhängendes Territorium, das vom Elsass über Straßburg zum Breisgau und von dort zum Thurgau, Aargau und Zürichgau hinüberreichte, zu schaffen.

Um 1020 hatten die Grafen am Zusammenfluss der drei schiffbaren Flüsse Aare, Reuß und Limmat ihren später namengebenden Stammsitz errichtet, die „Habichtsburg" (Habsburg).

1273 wählten die Kurfürsten des Reiches den Grafen Rudolf I. zum König und es begann ein in der europäischen Geschichte beispielloser Aufstieg einer Dynastie, deren

Bedeutung kontinuierlich bis 1918 währen sollte. Als Rudolf zum König gewählt wurde, war er kein „armer Graf", sondern einer der mächtigsten Männer im deutschen Südwesten. Da er aber kein Reichslehen besaß, war er kein Reichsfürst. Durch geschickte Diplomatie und auch Kriegsglück gelang es ihm, den König von Böhmen, Ottokar II. Přemysl, seinen Gegenspieler im Kampf um die römisch-deutsche Krone und zu diesem Zeitpunkt Herzog von Österreich, 1278 in der Schlacht von Dürnkrut und Jedenspeigen auszuschalten. Danach sollten aber noch vier Jahre vergehen, ehe er seine beiden Söhne Albrecht und Rudolf mit den beiden Herzogtümern Österreich und Steiermark 1282 „zur gesamten Hand" belehnen und sie so als erste Habsburger zu Reichsfürsten machen konnte. Diese nannten sich selbstverständlich nach dem ranghöheren der beiden Herzogtümer „von Österreich".

In der österreichischen Geschichtsschreibung setzte sich der Name „Habsburger" erst um 1450 durch. In dem Maße, wie die Dynastie im Osten stärker wurde, wurde sie umso schwächer im urheimatlichen Westen. Die Grafschaft Habsburg hatte das Geschlecht bis 1450 inne. Die Burg selbst kam 1415 an Bern und wurde zerstört. 1469 kam der Burgbereich an Königsfelden. 1804 ging dieser im Kanton Aargau auf.

Als die Stammburg 1415 an die Eidgenossen verloren gegangen war, war die Nennung „von Habsburg" eine Zeitlang eher mit Spott belegt und galt nicht als ehrenvoller Name einer Dynastie.

Die Benennung nach den ranghöheren Herzogtümern und der Verlust der eigenen Stammburg mögen mitgespielt haben, dass dem habsburgischen Stammwappen (Löwe) nur eine untergeordnete Rolle in der österreichischen Heraldik zukommt. In den Titeln der Könige und Kaiser bis 1918 wurde zwar stets der Titel eines Grafen von Habsburg angeführt, Bestandteil eines genealogischen Wappens wurde er aber erst 1806, als man ein neues Stammwappen, das die Dynastie selbst repräsentierte, schuf.

Wappen

In Gold ein blaubewehrter und blaugekrönter roter Löwe. Aus dem Helm wächst der gekrönte rote Löwe wie im Schild. Helmdecken: rot-golden. (→ Abb. 96)

Der habsburgische Löwe war 1186 zuerst auf einem Siegel zu sehen, noch ungekrönt und auch ohne Helmzier.

Albrecht I., der Sohn König Rudolfs I., führte als Erster 1282 das ganze habsburgische Wappen in seinem Rei-

Abb. 96: Habsburg, 19. Jh. (H. G. Ströhl)

Abb. 97: Siegel Habsburg, 1282 (ÖStA)

Abb. 98: Habsburg, 15. Jh. (ÖStA)

terschild. Albrecht hält den Schild mit dem habsburgischen (ungekrönten) Löwen in seiner Linken, während die Rechte das Schwert schwingt. Auf dem Topfhelm befindet sich als Kleinod der wachsende Löwe des Schildes mit einem großen Pfauenfederkamm auf dem Rücken. (→ Abb. 97)

Im Rahmen der von ihm initiierten Freiheitsbriefe versah Rudolf IV. den habsburgischen Löwen mit einer Krone. Dieses Siegel gebrauchte er nur für die Diplome der Jahre 1359–1360, danach wurde es ihm verboten. Trotzdem tauchten immer wieder Darstellungen mit dem bekrönten Löwen auf.

Erst im 15. Jahrhundert erhielt der Löwe dauerhaft eine Krone. Diese war zunächst goldfarbig, da das Gold der Krone aber mit dem goldenen Feld zu wenig kontrastierte, wurde die Krone, wie auch die Waffen, blau eingefärbt.

Ebenso wie die Krone des Löwen wurde auch die Helmzier der Habsburger variiert. In einigen Wappenkodices des 15. Jahrhunderts ist der wachsende Löwe mit Pfauenfederkamm auf dem Rücken gezeichnet, so, wie er auch im Siegel von 1282 vorkommt. Im „Wappenbuch der österreichischen Herzöge" von 1445 fehlt beim habsburgischen Wappen der Pfauenfederkamm und es zeigt nur einen wachsenden Löwen. (→ Abb. 98)

Der Wappenmaler Hugo G. Ströhl versah in seinen 1890–1900 herausgegebenen Wappenrollen den habsburgischen Löwen in der Helmzier mit einem Kamm mit Pfauenspiegeln. Die Habsburger hatten jedenfalls eine Neigung zu Pfauenfedern, da sie beim österreichischen Bindenschild den Pfauenstoß als Helmzier bevorzugten. (→ Österreich)

Mehr noch als in Österreich fand der habsburgische rote Löwe, entweder als ganze Figur oder in etwas abgewandelter Form, in der Schweiz als Wappenfigur folgender Städte Verbreitung: Laufenburg, Frauenfeld, Reinach, Aesch, Herlisberg, Sempach (um 1220 von den Habsburgern gegründet), Amt Willisau, Fällanden, Grüningen, Kloten, Pfäffikon, Bremgarten, Arni-Islisberg, Mellingen, Sursee, Rudolfstetten-Friedlisberg, Umiken, Windisch, Dürrenäsch, Mettau, Will, Fahrwangen, Diessenhofen, Andelfingen, Kyburg und Winterthur.

Hennegau

Die Grafschaft Hennegau, benannt nach dem Flüsschen Haine, fiel im Verlauf der karolingischen Reichsteilungen im 9. Jahrhundert an Lothringen.

1299 wurde die Grafschaft Holland und 1323 auch Seeland dem Hennegau angegliedert.

Die an der Westgrenze des Heiligen Römischen Reiches gelegene Grafschaft gelangte infolge der burgundischen Hochzeit Kaiser Maximilians I. 1477 an das Haus Österreich.

1556–1713 blieb sie bei der spanischen Linie, danach bis 1797 bei der österreichischen Linie dieses Hauses, war zwischen 1815 und 1830 eine niederländische Provinz und gehörte anschließend zum Königreich Belgien.

Wappen

Geviert, in 1 und 4 in Gold ein rotbewehrter schwarzer Löwe (Hennegau), in 2 und 3 in Gold ein blaubewehrter roter Löwe (Holland). Das Wappen des Hennegaus zeigt einen schwarzen Löwen und seit der Vereinigung mit der Grafschaft Holland 1299 auch den holländischen Löwen im gevierten Schild. (→ Abb. 99)

Abb. 99: Hennegau (M. Göbl)

Herzegowina

Das Gebiet der Herzegowina wird immer in einem Atemzug mit Bosnien genannt, da beide Länder schon seit der türkischen Besetzung verwaltungsmäßig vereint waren. Das in der Frühzeit von den Illyrern besiedelte Land gehörte im Römischen Reich zur Provinz Dalmatien.

Die im 7. Jahrhundert eingedrungenen südslawischen Stämme unterstanden zunächst Byzanz, ab dem 12. Jahrhundert stand die Herzegowina unter serbischer und ab dem 14. Jahrhundert unter bosnischer Herrschaft.

Als der Wojwode Stjepan Vukčić († 1466) 1448 den Herzogstitel annahm, wurde aus dem Lande „Hum" die Herzegowina („Herzogsland"). Lateinisch führte er den Titel „dux sancti Savae".

Die Herzegowina wurde 1482 von den Türken erobert und bildete das türkische Verwaltungsgebiet „Hersek".

1580 wurde es mit Bosnien zu einem Paschalik vereint. Die Stadt Mostar war das Zentrum der Herzegowina und ist nach der berühmten alten Brücke („most") über den Fluss Neretva benannt, erbaut zur Zeit der Osmanen im 16. Jahrhundert.

1878 wurde die Herzegowina zusammen mit Bosnien von Österreich-Ungarn okkupiert und 1908 annektiert. Nach 1918 kam das Gebiet zu Jugoslawien. Nach dessen Auflösung bildet das Doppelterritorium heute einen eigenen Staat.

Abb. 100 Herzegowina (M. Göbl)

Wappen

In Rot ein nackter Arm, der eine abgebrochene Turnierlanze hält. (→ Abb. 100)

Dieses Wappen hatte in der österreichischen Heraldik keine Bedeutung.

Hofen

Um 1089 wird das Kloster Hofen als Stiftung einer Gräfin Berta von Buchhorn erstmals erwähnt. Nach ihrem Tod wurde es der Benediktinerabtei Weingarten unterstellt, die es bis zur Säkularisierung 1803 innehatte.

1804 kam es für zwei Jahre zu Österreich und fiel, nachdem Württemberg 1806 zum Königreich erhoben worden war, an dieses. 1811 entstand aus der Vereinigung der Reichsstadt Buchhorn und der Abtei Hofen die Stadt Friedrichshafen am Bodensee.

Wappen

In Silber der heilige Pantaleon mit auf den Kopf genagelten Händen, im Hintergrund ein Schiff. (→ Abb. 101)

Das Wappen der „Grafschaft" Hofen kommt lediglich im großen Reichswappen des Kaisertums Österreich 1804 vor.

Abb. 101 Hofen (M. Göbl)

Hohenberg

(*Grafschaft*) Hauptort der Grafschaft Hohenberg in Württemberg war die Stadt Rottenburg am Neckar, die von den Grafen von Hohenberg 1280 gegründet und zum Mittelpunkt ihrer Grafschaft gemacht wurde.

1381 verkaufte Graf Rudolf III. († 1389) die Herrschaft an den Habsburger Herzog Leopold III., der sie dem Haus Österreich einverleibte.

1806 kam die Grafschaft wieder an Württemberg zurück.

Wappen

Ein von Silber und Rot geteilter Schild. (→ Abb. 102)

Der Schild kommt nur im großen Wappen von 1804 vor. Er enthält dort noch zusätzlich in der Mitte zwei gegeneinander stehende Jagdhörner mit goldener Schnur.

Abb. 102: Hohenberg, Grafschaft (M. Göbl)

Hohenberg

(Herzogswürde) Kaiser Franz Joseph I. verlieh der Gemahlin des Thronfolgers Erzherzog Franz Ferdinand, der Gräfin Sophie Chotek von Chotkowa und Wognin, 1909 den Titel einer „Herzogin von Hohenberg". (→ Abb. 103) Erzherzog Franz Ferdinand benutzte für Reisen ins Ausland selbst öfter den Titel als Inkognito. Sophie, die für die Habsburger nicht genug ebenbürtig war, wurde mit dem althabsburgischen Titel so nahe an die Habsburger herangeführt, wie nur möglich. Alle Mitglieder der Hohenbergs, die bisher mit „Fürstliche Gnaden" angeredet wurden, besaßen ab nun das Recht, mit „Hoheit" angesprochen zu werden.

Die Kinder des beim Attentat von Sarajewo (28. Juni 1914) umgekommenen Ehepaares erhielten von Kaiser Karl I. 1917 nicht nur die erbliche Herzogswürde, sondern auch ein neues Wappen.

Abb. 103: Hohenberg, Herzogswürde (M. Göbl)

Wappen

Ein dreimal von Silber und Rot geteilter Schild mit zwei Helmen, auf dem rechten der altösterreichische Pfauenstoß, auf dem linken die silber-rot-geteilten Büffelhörner der Grafen von Hohenberg. (→ Abb. 104)

Abb. 104: Hohenberg, 1917 (ÖStA)

Hohenems

Bei der ursprünglich in Ems bei Dornbirn in Vorarlberg gelegenen Siedlung wurde von den Herren von Ems um 1170 eine Reichsburg namens Hohenems errichtet, die sie zu einem reichslehenbaren Territorium entwickelten.

1560 erlangten die Herren von Ems die Reichsgrafschaft.

Von den Grafen von Sulz erwarben sie 1613–1669 zusätzlich die Herrschaften Vaduz und Schellenberg. Die Reichsgrafen von Hohenems bauten die Herrschaft zu einer blühenden Residenz aus.

Schließlich mussten die Grafen von Hohenems Vaduz und Schellenberg aus finanziellen Gründen an die Fürsten von Liechtenstein verkaufen. Nach dem Aussterben der Hohenemser kam die Reichsgrafschaft 1765 an das Haus Österreich. Maria Theresia ließ sich von ihrem Gatten Kaiser Franz I. Stephan mit der Grafschaft belehnen. Diese wurde jedoch nicht in den Österreichischen Reichskreis integriert, sondern verblieb beim Schwäbischen.

Abb. 105: Hohenems (H. G. Ströhl)

1765–1918 wurde im kaiserlichen Titel der „Graf von Hohenems" inkludiert; in der lateinischen Version: „comes terrarum Hohenems". Kaiserin Elisabeth benutzte auf ihren Reisen gerne das Inkognito „Gräfin von Hohenems", so auch bei ihrer tragischen letzten Reise 1898 an den Genfer See, wo sie einem Attentäter zum Opfer fiel.

Wappen

In Blau ein goldener schwarz gewaffneter und rotbezungter Steinbock. Helmzier: ein wachsender Steinbock. Helmdecken: blau-golden. (→ Abb. 105)

Das Wappen der Herrschaft Hohenems kommt in den Reichswappen von 1804 und 1836 beziehungsweise im großen Wappen Vorarlbergs von 1863 vor.

Heute repräsentiert dieses Wappen die Marktgemeinde Hohenems, die zwar schon 1333 das Stadtrecht erhielt, sich jedoch nie zur Stadt entwickeln konnte.

Holland

Der Name Holland leitet sich von „Holtland", „Houtland" („Holzland") ab und geht auf das häufig in der Region um die Stadt Haarlem vorkommende Weidenholz zurück. Holland umfasst den Westteil der heutigen niederländischen Provinzen Nord- und Südholland. Dieses Gebiet entspricht ungefähr der alten Grafschaft Holland, die ab dem 10. Jahrhundert im Gebiet der Maasmündungen um Dordrecht entstand.

Das 1299 erloschene Geschlecht der Grafen von Holland wurde durch das Haus Hennegau beerbt.

Holland kam 1345 unter die Herrschaft der Wittelsbacher, fiel 1433 an Burgund und 1477 an die Habsburger (1555 an deren spanische Linie), die es bis 1579 regierten.

Unter dem Statthalter Wilhelm von Oranien wurde es zum Zentrum des Widerstandes gegen die spanische Krone: Es entstand die Vereinigte Republik der Niederlande, auch Holland bezeichnet.

Wappen

In Gold ein roter Löwe. (→ Abb. 106)

Der Schild von Holland wurde von Karl V. bis zu Joseph II. in den österreichischen Staatswappen geführt.

Abb. 106: Holland (M. Göbl)

Illyrien

(Königreich) Das antike Illyrien erstreckte sich entlang der Adria bis nach Süddalmatien. Ab 169 gab es eine römische Provinz unter dem Namen Illyricum. Danach kam es unter ostgotische Herrschaft und 537 an Byzanz.

Ab dem 7. Jahrhundert wanderten südslawische Stämme ein, die auf diesem Gebiet ihre Königreiche Dalmatien und Kroatien errichteten und sich von Byzanz unabhängig machten. Illyrien als territorialer Begriff ging unter.

In den folgenden Jahrhunderten geriet das Gebiet des ehemaligen Illyrien in die Auseinandersetzungen zwischen Venedig, Ungarn und den Osmanen.

Im Frieden von Schönbrunn 1809 musste Österreich Osttirol (Lienz), Oberkärnten (Bezirk Villach), Krain, das österreichische und venezianische Istrien, Görz östlich des Isonzo, Triest, Kroatien südlich der Save, das ehemalige venezianische Dalmatien, die Republik Ragusa (Dubrovnik) und die Bucht von Kotor an Napoleon I. abtreten, der diese Gebiete als Illyrische Provinzen Frankreich einverleibte und somit den Territorialbegriff Illyrien wiederaufleben ließ. Zentrum der Provinzen war Laibach (Ljubljana). Als am 15. August 1813 der letzte Gouverneur die Stadt verließ, fielen die Provinzen wieder an Österreich zurück.

Kärnten, Krain, Görz, Triest und Istrien waren ab 1816 zu einem Königreich Illyrien zusammengeschlossen, das 1849 wieder in die Kronländer Kärnten, Krain und Küstenland aufgeteilt wurde.

1822 schieden die kroatischen Landesteile und das ehemalige ungarische Küstenland aus Illyrien aus.

Während Kärnten bei Österreich verblieb, kam das übrige Gebiet 1918 weitgehend zu Jugoslawien.

Heute ist das Gebiet zwischen den Staaten Italien, Slowenien und Kroatien aufgeteilt.

Wappen

In Blau eine antike goldene Galeere, die an das antike Illyrien erinnern soll. (→ Abb. 107)

Das Wappen ist eine Neuschöpfung des 19. Jahrhunderts, als das Königreich nach dem Wiener Kongress an Österreich kam. Die Darstellung des Schiffes geht auf Münzen zurück, die im antiken Illyrien verwendet wurden und das Bild eines Ruderschiffes zeigen.

Abb. 107: Illyrien (ÖStA)

Da 1815 kein großes kaiserliches Wappen geschaffen wurde, kam das Königreich Illyrien erst im mittleren und großen Wappen des Kaisertums Österreich ab 1836 vor.

Indien

Als Christoph Columbus den Seeweg nach Indien erforschen wollte, war er auf einer der Bahamainseln, Kuba und Haiti gelandet, die er selbst für Indien vorgelagerte Inseln hielt und für die Krone Spaniens in Besitz nahm. Tatsächlich hatte er 1492 Amerika entdeckt.

Mit der Hochzeit der Erbtochter der Katholischen Könige Johanna mit dem Habsburgersohn Philipp dem Schönen 1496 wurden die amerikanischen Kolonien Spaniens auch zu österreichischen. Spanien war damit in unmittelbare Konkurrenz zu Portugal um die Expansion nach Übersee getreten. Bald darauf wurden ganz Südamerika (ohne Brasilien), Mittelamerika mit Mexiko und das südliche Nordamerika spanisch.

Schon vor den Entdeckungsreisen hatten mittelalterliche Heraldiker Fabelwappen für exotische Länder kreiert. Einer von ihnen war Ulrich Richental, der in seiner Chronik, gedruckt 1483, die Teilnehmer des Konzils von Konstanz 1414–1418 mit ihren Wappen wiedergab. Er brachte das Wappen eines Königreiches Indien, das mit der Figur eines Löwen mit Kreuz gezeichnet wurde. Es soll sich um das Wappen eines „honorandus dominus et princeps, dominus presbiter Johannes de Yndia maiori et minori" handeln. Dieses erfundene Wappen eines Fürstpriesters Johannes wurde dann später in die Realität umgesetzt und fand sich auf Wappen von Karl V. und ab dem 18. Jahrhundert unter Karl VI. wieder. Auf einem Schildchen aus der Zeit Kaiser Franz Stephans I. ist es am Gitter des Grabdenkmals Kaiser Maximilians I. in der Hofkirche zu Innsbruck ebenso wie letztmals im großen Reichswappen von 1836 zu sehen.

Wappen

In Blau ein silberner, goldgekrönter und rotbezungter Löwe, der in der rechten Vorderpranke ein goldenes Kreuz hält. (→ Abb. 108)

Die Wappenabbildung zeigt die Variante aus dem großen Reichswappen 1836.

Abb. 108: Indien (M. Göbl)

Innsbruck

Die Landeshauptstadt von Tirol liegt am Schnittpunkt der wichtigen Verkehrswege von Deutschland nach Italien und von der Schweiz nach Ostösterreich. Daher kommt es nicht von ungefähr, dass sich auch ihr Name von einer Flussquerung ableitet, der „Brücke über den Inn".

Die Grafen von Andechs hatten maßgeblichen Anteil an der Entwicklung des Ortes, indem sie am nördlichen Innufer eine erste Marktsiedlung anlegten. Die Grafen stammten von Ammersee in Bayern und ihre Grafschaft reichte im Inntal vom Ziller bis zur Melach. 1180 wurden sie zu Herzögen von Meranien erhoben. Auf die von ihnen zuerst betriebene Fährverbindung zwischen dem nördlichen und südlichen Innufer, die dann in weiterer Folge zu einer festen Brücke (um 1170) umgewandelt wurde, geht der 1187 erstmals verwendete Name „Inspruke" zurück.

1239 verlieh Herzog Otto von Andechs dem Markt das Stadtrecht. Nach dem Aussterben der Andechser fiel die Stadt an Graf Albert von Tirol (1248) und nach dessen Tod (1253) an die Grafen von Görz-Tirol, von denen sie die Habsburger 1363 erwarben.

Innsbruck war zirka 1420–1665 die Residenzstadt der Landesfürsten der Ober- und Vorderösterreichischen Lande aus der tirolischen Linie der Habsburger.

Abb. 109: Innsbruck (H. G. Ströhl)

Wappen

In Rot eine silberne, auf zwei Steinkästen lagernde hölzerne Brücke. (→ Abb. 109)

Das Innsbrucker Stadtwappen gehört zur Kategorie der sprechenden Wappen, wobei als Motiv die Innbrücke fungiert, von der auch der Name abgeleitet ist.

Istrien

Istrien, die Halbinsel an der nördlichen Adria, war eine Grafschaft, die zur Markgrafschaft Krain gehörte und meist gemeinsam mit Krain als Lehen vergeben wurde. Daher bezeichnete man sie mitunter ebenfalls mit dem höherrangigen Titel einer Markgrafschaft.

1077 wurde das Gebiet gemeinsam mit Krain dem Patriarchen von Aquileia verliehen, der die Verwaltung der Mark durch Markgrafen durchführen ließ. Später kam die Grafschaft mit dem Hauptort Capo d'Istria in den Besitz der Grafen von Görz.

1374 brachten die österreichischen Herzöge aufgrund eines Erbvertrages mit dem letzten Görzer Grafen, Albert, das Land an sich. Die Küstenstädte waren jedoch fest in venezianischer Hand und kamen erst 1797 beziehungsweise nach dem Wiener Kongress 1815 an Österreich und wurden dem Königreich Illyrien einverleibt. An der Südspitze der Halbinsel, in Pola (Pula), wurde der Haupthafen der k. u. k. Kriegsmarine errichtet. 1919/20 gelangten sie an Italien und 1947/54 bis zu dessen Zerfall an Jugoslawien.

Seit 1991/92 ist das Gebiet zwischen Kroatien und Slowenien aufgeteilt.

Abb. 110: Istrien (H. G. Ströhl)

Wappen

In Blau eine goldene, rotbewehrte Ziege. Auf dem markgräflichen Schild ruht ein Fürstenhut. (→ Abb. 110)

Istrien erschien im späten Mittelalter nie als selbständiges Land mit eigenem Wappen. Blau-Gold sind die alten Farben der Patriarchen von Aquileia. Die Ziege kommt in den Wappen mehrerer istrischer Orte vor und scheint von den Namen der Orte abgeleitet zu sein, es handelt sich dabei also um ein sprechendes Wappen.

Die Hauptstadt (Caprea, Capodistria, Koper) hieß bei den Griechen „Aigida", das die Römer mit „Caprea" übersetzten, wovon sich wohl das volkssprachliche „Koper" ableitet, was soviel wie „Ziegenland" heißt.

Das Wappen von Istrien befindet sich in den großen Reichswappen 1804–1836 und kommt auch in den neuen gemeinsamen Wappen 1915/16 vor.

Jerusalem

Die Bedeutung Jerusalems liegt in den dortigen heiligen Stätten begründet, die für Juden, Christen und Muslime gleichermaßen religiöse, nationale, emotionale und geschichtliche Symbole darstellen. Jerusalem war unter dem römischen Kaiser Konstantin dem Großen zu einer christlichen Stadt geworden. Als Stadt des Leidens und Sterbens Christi war sie schon frühzeitig Ziel von Pilgerreisen. Es entstand deshalb in der mittelalterlichen Christenheit großer Unmut, als Jerusalem 637 von den Arabern besetzt wurde. Diese Empörung mündete schließlich in die Kreuzzugsbewegung, die zu einer

Rückeroberung der Heiligen Stadt führte. Als Ergebnis des Ersten Kreuzzugs wurde die Stadt vom niederlothringischen Herzog Gottfried von Bouillon 1099 erobert. Dieser trug noch nicht den Königstitel, sondern nannte sich lediglich Vogt des Heiligen Grabes („advocatus Sancti Sepulcri"). Nach seinem Tod erhob sein Bruder und Nachfolger Balduin I. Jerusalem zu einem Königreich.

Obwohl in der Folge eine rege Zuwanderung von Rittern und Bürgern einsetzte, hatte das Königreich keinen langen Bestand. Es existierte nur bis zum Jahre 1187 beziehungsweise 1229–1244. Während dieser Zeit konnte das Jerusalemer Königshaus jedoch seine dynastischen Beziehungen zu den europäischen Monarchien auf vielfältige Weise entwickeln. Schon allein deshalb, weil die Kreuzfahrer aus den unterschiedlichsten Nationen stammten.

Das Zeichen des Königreiches war das Kruckenkreuz, in dessen Winkeln gleicharmige Kreuzchen erscheinen. Dieses fünffache Kreuzeszeichen war auch in den Wappen der Königreiche beziehungsweise Fürstentümer von Aragon, Sardinien, Montferrat, Lothringen, Neapel, Spanien, Zypern, Savoyen und Portugal präsent.

In die österreichische Heraldik fand es über mehrere Wege Eingang: einerseits über die spanischen, andererseits über die lothringischen Wappen. Der Titel eines Königs von Jerusalem, der ab 1244 Anspruchstitel und später nur noch Ehrentitel war, wurde im Haus Habsburg bis zu Kaiser Karl I. weitervererbt.

Wappen

In Silber ein goldenes Kruckenkreuz, in dessen Winkeln sich vier goldene Kreuze befinden. (→ Abb. 111)

Die Farbkombination besteht nur aus den beiden Metallfarben Silber und Gold und stellt daher eine Ausnahme von den heraldischen Farbregeln dar.

Dieses Wappen war Vorbild für das Ordenszeichen des wahrscheinlich von Papst Alexander VI. (1492–1503) um 1496 gestifteten Ordens des Heiligen Grabes zu Jerusalem.

Darüber hinaus hatte das Kruckenkreuz als Symbol bis ins 20. Jahrhundert weitverbreitete Bedeutung. Es war beispielsweise das zentrale Symbol für das 1923–1924 geschaffene Ehrenzeichen für Verdienste um die Republik Österreich.

Die ersten sieben Grade des Ordens erhielten als zentrales Zeichen das Kruckenkreuz. Wir finden es auch am Revers der österreichischen 200-Kronen-Münze und nach 1924,

Abb. 111: Jerusalem (H. G. Ströhl)

nach Einführung der Schillingwährung, auf den Zwei- und Fünf-Groschen-Münzen. Das Kruckenkreuz wurde auch das Hauptsymbol der im Jahre 1933 gegründeten Vaterländischen Front.

Über die symbolische Bedeutung des Wappens ist schon viel spekuliert worden. Unbestritten ist, dass mit dem Kreuz die Reliquie des Wahren Kreuzes gemeint ist. Ein Stück des Wahren Kreuzes wurde im Sommer 1099 nach der Eroberung Jerusalems aufgefunden und avancierte rasch zum Symbol des Königreiches schlechthin. Ob mit den fünf Kreuzen nun die fünf Wunden Christi symbolisiert werden sollten, oder ob, nach anderer Ansicht, das große Kruckenkreuz Christi selbst darstellen sollte und die vier kleinen Kreuze die vier Evangelisten repräsentieren, wird wohl nie eindeutig zu klären sein.

Jülich

Abb. 112: Jülich (M. Göbl)

Das Herzogtum Jülich entwickelte sich nach dem Verfall des Herzogtums Niederlothringen im 12. Jahrhundert.

1336 wurde Graf Wilhelm V. die Reichsstandschaft bestätigt und die Markgrafenwürde verliehen. Aus der Markgrafschaft wurde 1356 ein Herzogtum.

1423 vereinigte man Berg (ohne Geldern) mit Jülich, 1511 ging das Herzogtum im Erbwege an die Herzöge von Kleve-Mark-Ravenstein.

Nach gemeinsamer sächsisch-brandenburgisch-pfalzneuenburgischer Verwaltung (1609) erlangte Brandenburg 1614 Kleve, Mark, Ravensberg, Ravenstein, Pfalz-Neuburg, Jülich und Berg.

1742 gelangte Jülich an Pfalz-Sulzbach (nachmals Kurbayern), 1801 an Frankreich, 1814 im Wesentlichen an Preußen.

Wappen

In Gold ein schwarzer, goldgekrönter Löwe. (→ Abb. 112)

Das Wappen von Jülich gehört zu den lothringischen Anspruchswappen, die mit Franz I. Stephan in die österreichische Wappenlandschaft eingeführt wurden. Es ist 1746 zum ersten Mal nachweisbar und wurde noch unter Kaiser Franz II. geführt. Im großen Reichswappen erscheint es 1804 zum letzten Mal.

Das Wappen kommt als Vereinigungswappen in Verbindung mit dem Herzogtum Geldern vor. (→ Geldern)

Kärnten

In der Antike war Kärnten ein Teil der Provinz Noricum. Im 6. Jahrhundert besiedelten Slawen das Land und errichteten ein eigenes Fürstentum, Karantanien, mit dem Hauptort in Karnburg. Bayerische und fränkische Herzöge, die zur Abwehr der Awaren ins Land kamen, gewannen an Einfluss, und schließlich wurde Kärnten ein Teil des Herzogtums Bayern.

976 wurde Kärnten von Bayern abgetrennt und in ein eigenes Herzogtum umgewandelt.

1286 kam Kärnten an die Grafen von Görz-Tirol und 1335 zusammen mit Krain an die Habsburger. 1518 wurde Klagenfurt Landeshauptstadt.

1809–1813 gehörte der Villacher Kreis zu den Illyrischen Provinzen Napoleons. 1816–1849 war er Teil des österreichischen Königreiches Illyrien, bis er 1849 einen eigenen Kronlandstatus erreichte.

Abb. 113: Kärnten, 15. Jh. (ÖStA)

Wappen

In einem von Gold und Rot gespaltenen Schild vorne drei übereinandergestellte schwarze, rotbezungte und -bewehrte schreitende Löwen, hinten ein silberner Balken. Auf dem Schild ein gekrönter Turnierhelm mit rot-goldenen Decken, der zwei goldene Büffelhörner trägt, die außen mit je fünf goldenen Stäbchen besteckt sind, von denen rechts je drei schwarze, links je drei rote Lindenblätter herunterhängen. (→ Abb. 113)

Das Kärntner Landeswappen ist damit das einzige der Republik Österreich, das ein Vollwappen, also Schild, Helm, Helmzier und Helmdecken, aufweist. Die Flagge von Kärnten zeigt als einzige eines österreichischen Bundeslandes drei Farben: Gelb-Rot-Weiß.

Das Wappen der Herzöge von Kärnten zeigte bis zum Aussterben des Geschlechts der Sponheimer (1269) einen schwarzen Panther in Silber.

Bereits Ulrich III. aber führte als Sohn des regierenden Herzogs 1237 das heutige Kärntner Wappen im Siegel; ihm folgte 1269 sein Bruder Philipp in diesem Brauch. Als der König von Böhmen Ottokar II. Přemysl ebenfalls 1269 durch einen Erbvertrag mit dem kinderlosen Herzog Ulrich III. in Kärnten an die Regierung kam, griff er auf dieses jüngere Kärntner Wappen zurück. Die Habsburger folgten 1335 seinem Beispiel und übernahmen das Wappen unverändert bis zum Ende der Monarchie. (→ Abb. 114)

Abb. 114: Kärnten, 19. Jh. (H. G. Ströhl)

Abb. 115: Kärnten, 1930 (ÖStA)

Das oben beschriebene Landeswappen wurde durch ein Landesverfassungsgesetz von 1930 festgelegt, das 1996 neugefasst wurde. Die Landesfarben sind Gelb, Rot und Weiß. (→ Abb. 115)

Kalabrien

Kalabrien (italienisch: „Calabria") ist eine Region in Süditalien zwischen der Straße von Messina und dem Golf von Tarent. In der Antike hieß der südliche Vorsprung der Apenninenhalbinsel Bruttium. Manchmal auch als Stiefelabsatz Italiens bezeichnet, war Kalabrien vom 6. bis zum 11. Jahrhundert Teil des Byzantinischen Reiches.

Ab 1130 gehörte Kalabrien zusammen mit anderen süditalienischen Gebieten zum normannischen Königreich Sizilien.

1282 gelangte das Herzogtum unter der Anjou-Dynastie an das Königreich Neapel.

Ab 1442 regierte hier das spanische Königreich Aragon, später zuerst die spanischen und 1720–1734 die österreichischen Habsburger.

Wappen

In Schwarz ein silbernes Kreuz. (→ Abb. 116)

Abb. 116: Kalabrien (M. Göbl)

Das Wappen gehört zur Gruppe der „spanischen" Anspruchswappen und kommt in den großen Reichswappen von 1806 und zuletzt 1836 vor.

Kastilien

Kastilien (spanisch: „Castilla"), die spanische Zentrallandschaft am oberen Ebro, wurde schon in römischer Zeit Castella genannt.

Im 8. Jahrhundert bildete das Gebiet ein Grenzland zwischen Asturien-León und dem arabisch besetzten Territorium im Süden.

Nachdem es 930 zur Großgrafschaft mit der Hauptstadt Burgos erhoben worden war, kam es 1026 an Navarra und wurde unter Ferdinand I. ein selbständiges Königreich.

1230 erfolgte die Vereinigung mit León. Nach und nach gelang die Rückeroberung ganz Spaniens von den Arabern: 1236 von Cordoba, 1243 von Murcia und 1248 von Sevilla. Granada unterstellte sich 1246 dem König von Kastilien.

Die politische Bedeutung wuchs 1257 mit der Wahl des Alfons von Kastilien zum römischen König. Sein Hof galt als kultureller Mittelpunkt Spaniens.

Die größte Machtentfaltung erlangte Spanien aber mit der Heirat der Thronerben Isabella von Kastilien und Ferdinand von Aragon 1469, die sich ab 1479 als „Katholische Könige" titulierten.

1492 wurde mit der Einverleibung von Granada der Schlusspunkt der Reconquista, der Vertreibung der Mauren, gesetzt.

1512 kam Navarra unter die Herrschaft von Kastilien und 1516 das neu entdeckte spanische Amerika.

Die „spanische Heirat" führte die Erbtochter Johanna von Kastilien-Aragon (Juana la Loca, Johanna die Wahnsinnige) mit Philipp dem Schönen von Österreich 1496 zusammen; ihr gemeinsamer Sohn Karl V. wurde 1516, nach dem Tod des Vaters, Erbe von Kastilien und damit spanischer König.

Wappen

Kastilien

In Rot eine goldene Burg mit blauem Tor und blauen Fenstern. (→ Abb. 117)

Abb. 117: Kastilien (M. Göbl)

Die älteste Darstellung führte Alfons VIII. (1159–1214) auf der Rückseite seines Siegels von 1175: eine Burg mit drei Türmen (ein redendes Wappen).

Die häufigsten Vorkommen sind in der Kombination des Bindenschildes mit Kastilien oder der Verwendung des von Kastilien und León gevierten Schildes zu beobachten.

Kastilien-León

Gevierter Schild, in 1 und 4 in Rot eine goldene Burg, in 2 und 3 in Silber ein roter Löwe. (→ Abb. 118)

Den von Kastilien und León gevierten Schild hat König Ferdinand III. 1230 angenommen. Er ist als Zeichen der Territorialgewalt anzusehen und nicht nur als einfache Kombination des mütterlichen und väterlichen Familienwappens. Das ergibt sich auch aus der Zusammensetzung und Wertung der einzelnen Felder. Das vornehmere und wichtigere Feld ist das heraldisch gesehen rechte obere. Daraus ist ersichtlich, dass das Königreich Kastilien mit Toledo damals weit bedeutender als das Königreich León mit Galizien war. Diese Form der Wappenkombination war vorbildhaft und setzte sich alsbald in ganz Europa durch. (→ León, Abb. 133)

Abb. 118: Kastilien-León (M. Göbl)

Katalonien

Katalonien ist ein Territorium im Nordosten der Iberischen Halbinsel, zwischen den Pyrenäen und der Mittelmeerküste, mit der Hauptstadt Barcelona.

Im Römischen Reich hieß die Provinz „Hispania Tarraconensis"; sie wurde während der Völkerwanderung von den Westgoten besetzt.

Karl der Große errichtete 778 die Spanische Mark, deren Grafen sich am Ende des 9. Jahrhunderts aus der Lehensherrschaft lösten und eine selbständige Grafschaft bildeten.

Die Grafschaft Barcelona, weitgehend ident mit Katalonien, wurde 1137 mit Aragon vereinigt. Dadurch entstand ein kulturelles und wirtschaftliches Zentrum im westlichen Mittelmeerraum. Die Katalanen konnten ihre Sonderrechte lange Zeit bewahren, erst der Spanische Erbfolgekrieg, in dessen Verlauf sie sich auf die Seite des Habsburger Königs Karl III. (VI.) stellten und verloren, machte diesen Privilegien ein Ende. Das katalanische Autonomiestreben besteht allerdings noch bis heute.

Wappen

Geviert, in 1 und 4 in Silber ein rotes Kreuz, in 2 und 3 viermal von Gold und Rot gespalten. (→ Abb. 119)

Dieser Schild wird lediglich unter Kaiser Karl VI. im Wappen geführt. Es ist noch heute das Stadtwappen von Barcelona und wirkt auch im Emblem des Fußballklubs FC Barcelona weiter fort.

Abb. 119: Katalonien (M. Göbl)

Klagenfurt

Die heutige Landeshauptstadt von Kärnten entstand als Gründung der Kärntner Herzöge, der Spanheimer, vor 1193/99, als Markt an der Glan.

Mitte des 13. Jahrhunderts wurde die Siedlung an die heutige Stelle verlegt. Im Ortsnamen ist die Erinnerung an den Flussübergang erhalten: Furt der Klagen.

Nachdem Klagenfurt 1514 durch einen Brand fast vollkommen zerstört worden war, schenkte Kaiser Maximilian I. 1518 die Stadt den Ständen (Prälaten, Adel). Diese bauten sie nicht nur wieder auf, sondern auch zur ständischen Residenz und Hauptstadt des Landes aus.

1850 erhielt die Stadt ein eigenes Statut und erfuhr 1893 mit der Eingemeindung umliegender Orte einen beträchtlichen Gebietsgewinn.

Wappen

In Rot über einem grünen Schildfuß ein dreizinniger, gequaderter, silberner Stadtturm mit rundem Tor, vor dem in halber Höhe ein grüner Drache (Lindwurm) mit zwei Beinen und zwei Flügeln nach rechts schwebt. (→ Abb. 120)

Das Wappen zeigt die typische Figur einer Stadt, den Stadtturm, der Symbol der Selbstverteidigung und auch der eigenständigen Verwaltung war. Der davor schwebende grüne Drache wird als Anspielung auf den Ortsnamen („Furt der Klage") oder die unwegsamen Verhältnisse der bis in die Neuzeit sumpfigen Umgebung (→ Laibach/Ljubljana) angesehen.

Ob der Drache die Stadt vor den Moorgeistern beschützen sollte oder selbst ein Symbol der Bedrohung beziehungsweise Klage ist, wird wohl nie ganz geklärt werden können.

Die Darstellungsweise des grünen Fabeltiers wechselt im Lauf der Jahrhunderte. Während das Stadtsiegel von 1512 noch einen zweibeinigen Drachen zeigt, verändert sich die Gestalt in weiterer Folge zu einem vierbeinigen Lindwurm, wie er auch als Skulptur auf dem Brunnen auf dem Neuen Platz zum Wahrzeichen der Stadt wurde. Im 20. Jahrhundert entschloss man sich im Stadtwappen der ältesten Überlieferung den Vorzug zu geben und entschied sich für den zweibeinigen Drachen.

Abb. 120: Klagenfurt (H. G. Ströhl)

Krain

Das Gebiet von Krain umfasste die Landschaft zwischen Karawanken, oberer Kulpa, Ternovaner Wald und Uskokengebirge. Der Name ist vom slowenischen „Krajina" abgeleitet, was soviel wie „Grenzland" bedeutet.

Ab dem 6. Jahrhundert wurde Krain von Slawen besiedelt, die der Drau entlang bis ins Pustertal vordrangen und von den Bayern in wechselvollen Kämpfen zurückgedrängt wurden.

Karl der Große richtete im 8. Jahrhundert einen Markengürtel neu ein und unterstellte die südlichen Abschnitte von Karantanien mit Krain und Istrien sowie Kroatien und Slawonien dem Markgraf von Friaul.

976 wurde Krain zugleich mit Kärnten von Bayern abgetrennt.

Im 11. Jahrhundert übertrug Kaiser Heinrich IV. die Markgrafenwürde in Krain dem Patriarchen von Aquileia. Als geistliche Fürsten verwalteten sie das Land jedoch nicht selbst, sondern verliehen es an verschiedene einheimische Adelige. Zu den bedeutendsten gehörten die Grafen von Andechs-Meranien, die die Mark 1173/80–1228 innehatten. Hauptsitz der Markgrafen war Krainburg.

1282–1335 besaßen die Grafen von Görz die Mark, bis sie schließlich 1335 zusammen mit Kärnten an die Habsburger gelangte. Unter diesen Landesherrn wurde sie 1394 zu einem Herzogtum erhoben und gehörte bis 1806 zum Heiligen Römischen Reich, 1809–1814 zu den Illyrischen Provinzen Napoleons und 1815–1849 zum österreichischen Königreich Illyrien.

Von 1849 bis zum Ende der Monarchie war Krain ein eigenes österreichisches Kronland und fiel 1918/19 an Jugoslawien (Slowenien).

Das westliche Innerkrain gehörte 1918/19–1947 zu Italien. Mit der Souveränität Sloweniens 1991 ging es in dieser Republik auf, ohne eine eigene Verwaltungseinheit zu bilden.

Der Adler im Krainer Wappen geht möglicherweise auf ein Heerbannzeichen der Andechs-Meranier zurück, da Berthold IV., ein Vertreter dieses Geschlechts, bereits am Ende des 12. Jahrhunderts einen Adlerschild in einem Reitersiegel führte. Die Farben werden im „Clipearius Teutonicorum" des Konrad von Mure als „weißer Adler in Blau" beschrieben, wobei die Spange auf der Adlerbrust als Unterscheidungszeichen der Linien des Geschlechts gedient haben dürfte.

Auch Ottokar II. Přemysl führte als „Herr von Krain" („dominus Carniole") 1269 in seinem Reitersiegel nicht nur einen Adler, sondern es ist auch eine Spange auf dessen Brust angedeutet. Die Spange wird manchmal auch als Mond bezeichnet.

Als die Habsburger das Landeswappen übernahmen, war es in seiner figürlichen Erscheinung weitgehend gefestigt, doch kam es in der Folge immer wieder zu verschiedenen Variationen, die sich vor allem auf das Krönlein auf dem Kopf des Adlers und auf die Farbkombinationen auswirkten. Bei keinem anderen Wappen spielt die Farbgebung eine so große Rolle. Mit den wechselnden Farben wurden immer wieder vermeintliche Gunsterweisungen des Herrschers

Abb. 121: Krain, 19. Jh. (H. G. Ströhl)

und nationale Gefühle verquickt, weshalb über die Jahrhunderte ständige Änderungen der Farben erfolgten. Während der Adler immer seine blaue Farbe behielt und nur manchmal eine Krone auf dem Haupt trug, wechselten der Schild, die Bewehrungen des Adlers und die Spange auf der Brust immer wieder ihre Farben.

Eine erste urkundlich nachweisbare Besserung führte Kaiser Friedrich III. 1463 durch, der als Dank für die militärische Hilfe, die ihm Krain zuteil werden ließ, die Brustspange von silbern auf golden änderte. Dazu setzte er dem Adler sowohl im Schild als auch im Oberwappen ein Kaiserkrönlein auf. Da im Urkundentext die Schildfarbe mit keinem Wort erwähnt wurde, nahmen die Zeitgenossen an, dass auch der Schild mit in die Besserung miteinbezogen worden sei und malten ihn oft in Gold. Später kam man davon wieder ab, und viele Wappenbücher, auch das mit der weitesten Verbreitung, der „Siebmacher", zeigen einen silbernen Schild und eine rot-weiß-geschachte Spange.

Bei der amtlichen Festsetzung des Wappens für das Kaisertum Österreich 1804 griff man auf das in den vergangenen zwei Jahrhunderten gängige Krainer Wappen zurück: in einem silbernen Feld ein gekrönter, rechts sehender blauer Adler, auf seiner Brust ein von Rot und Silber zehnmal geschachter Mond (= Spange).

Erst 1837 versuchten die Krainer Landstände eine Änderung des Wappens zu erreichen und die Variante von 1463, also anstatt eines silbernen nun einen goldenen Schildgrund, durchzusetzen. Als der 1848 zum ersten Mal politisch auftretende Panslawismus jedoch die Farben Weiß, Blau und Rot als die „wahren" slawischen Farben propagierte, schwenkten die Krainer Landstände auf diese Farbkombination um und wollten sie übernehmen. Eine Änderung des Landeswappens war damals jedoch nicht opportun und so wurde lediglich eine Änderung der Landesfarben in Gold-Blau-Rot durchgesetzt. Obwohl die Vorarbeiten für ein neues Staatswappen in der zweiten Hälfte des 19. Jahrhunderts schon weit gediehen waren, gelang es erst mitten im Ersten Weltkrieg, 1915/16, ein neues gemeinsames Staatswappen zu beschließen.

Abb. 122: Krain, 15. Jh. (ÖStA)

Wappen

In Silber ein mit einer Kaiserkrone bekrönter, rotbewehrter blauer Adler, der über Brust und Flügel mit einer mondsichelförmigen, in zwei Reihen zu je sieben Plätzen von Gold und Rot geschachten Spange belegt ist. Helmzier: der wachsende Adler, wie im Schild. Helmdecken: silbern-blau. (→ Abb. 121)

Die aus diesem Wappen abgeleiteten Landesfarben wurden 1916 mit Weiß-Blau-Rot offiziell eingeführt. Das Wappen von Krain ist mit Ende der Donaumonarchie ebenfalls untergegangen. Lediglich die Farben sind auch heute noch im aktuellen Wappen der Republik Slowenien zu finden.

Das ursprüngliche Wappen, wie es vor der Besserung aussah, also ohne Krone und mit weiß-blauer Brustspange (Mond), zeigt → Abb. 122.

Krakau

(*Krákow*) Der Name und die Gründung der Stadt gehen der Legende nach auf einen sagenhaften „Krakus", einen Drachentöter, zurück, der in einer unterirdischen Höhle unter dem „Wawel" gelebt haben soll. Der Wawel ist der Hügel, auf dem um die erste Jahrtausendwende eine Burg errichtet wurde, zu deren Füßen die Besiedlung ihren Ausgang nahm.

1320–1610 war die Stadt die offizielle Residenz der polnischen Könige, die auch dort bis 1764 gekrönt wurden und von welchen fast alle in dem neben der Burg errichteten Dom begraben sind. 1364 wurde in Krakau die zweitälteste Universität Mitteleuropas nach Prag (1348) und vor Wien (1365) gegründet.

Die an der oberen Weichsel gelegene Stadt kam bei der Dritten Teilung Polens 1795 an Österreich, gehörte 1809–1814 zu dem von Napoleon errichteten Großherzogtum Warschau und wurde 1815–1846 am Wiener Kongress zur selbständigen Republik.

Nach dem Krakauer Aufstand 1846 wurde die Stadt von Österreich annektiert und dem österreichischen Kronland Galizien einverleibt.

Heute ist Krakau die Hauptstadt der Woiwodschaft Kleinpolen in der Republik Polen.

Wappen

In Rot ein silberner, einköpfiger, goldgekrönter und -bewehrter Adler, dessen Brust mit einem blauen Herzschild belegt ist, der eine silberne Burg mit geöffnetem Tor zeigt. (→ Abb. 123)

Abb. 123: Krakau (H. G. Ströhl)

Kroatien

(Hrvatska) Das Gebiet östlich des Adriatischen Meeres und südlich der Ungarischen Tiefebene gehörte in römischer Zeit zur Provinz Pannonien. Im 7. Jahrhundert wanderten die südslawischen Kroaten ein und im 9. Jahrhundert wird erstmals ein „dux Croatorum" genannt. Die Oberhoheit wurde schließlich von Byzanz ausgeübt.

Die kroatischen Fürsten, die sich immer wieder gegen Venedig und auch Ungarn verteidigen mussten, nannten sich Könige von Kroatien und Dalmatien und begründeten ein Kroatisches Königreich (924–1102). Nachdem das kroatische Königshaus 1091 ausgestorben war, ging Kroatien 1102 mit Ungarn eine Personalunion ein, die letztlich bis 1918 dauern sollte. Der Banus von Kroatien fungierte als Stellvertreter des ungarischen Königs. Die seit 1535 eingerichtete „Militärgrenze" lag größtenteils auf kroatischem Gebiet und stellte jahrhundertelang ein Bollwerk gegen die Osmanen dar.

Anfang des 18. Jahrhunderts wurde das Land zwischen Save und Drau als Slawonien an Kroatien angeschlossen. Die kroatische Küste war 1717–1779 von Kroatien abgetrennt; Fiume unterstand ab 1779 Ungarn.

1809 gelangten die südlich der Save gelegenen Gebiete an die Illyrischen Provinzen.

1814 wurden Kroatien und Slawonien wieder als „partes annexae" dem Königreich Ungarn angegliedert. Nachdem die Kroaten in der Revolution von 1848 die Habsburger unterstützt hatten, wurden Kroatien und Slawonien, das Küstenland und Fiume zu einem Kronland vereinigt. Nach dem Ausgleich mit Ungarn 1867 kamen sie aber wieder als Nebenländer zur Ungarischen Krone zurück und erreichten 1868 eine eigene Ausgleichsregelung.

Nach 1918 proklamierte der in Agram (Zagreb) gebildete Nationalrat den Anschluss an das aus Südslawen gebildete Königreich der Serben, Kroaten und Slowenen. Nach 1945 war Kroatien Teil Jugoslawiens, bis es nach dem Unabhängigkeitskrieg 1991–1995 endgültig selbständige Republik wurde.

Abb. 124: Kroatien, Helmzier (H. G. Ströhl)

Wappen

Wappen mit Helmzier

Ein viermal von Silber und Rot geschachtes Feld. Helmzier: ein von Rot und Silber geschachter geschlossener Flug. Helmzier: rot-silbern. (→ Abb. 124)

Abb. 125: Kroatien, Krone (H. G. Ströhl)

Wappen mit Krone

Um das Wappen heraldisch als Königswappen zu charakterisieren, ruht auf dem Schild eine Königskrone. (→ Abb. 125)

Das Schachbrettwappen hat in der österreichischen Wappengeschichte eine besondere Bedeutung. Die älteste öffentliche Darstellung dieses Wappens ist in der Altstadt von Innsbruck auf einem Deckenfresko im Arkadengewölbe des Hauses Herzog-Friedrich-Straße Nr. 35 zu finden und datiert in das Jahr 1495. Initiator dieses Freskos war Kaiser Maximilian I., der ab 1491 auch Titularkönig von Ungarn war. Maximilian verwendete das Wappen danach noch an weiteren Plätzen: am Innsbrucker Wappenturm von 1499, auf der von ihm gestifteten Glocke „Maria Maximiliana" in der Pfarrkirche von Schwaz 1503 oder bei der Ehrenpforte von 1515. Man kann es aber auch auf einem Fresko zirka 1490–1508 im Kreuzgang des ehemaligen Dominikanerklosters in Bozen antreffen.

Nach 1526, als die ungarischen Länder an das Haus Österreich kamen, wurde es bei allen Thron- und Münzsiegeln der Habsburger verwendet. Die Helmzier, die auf den alten kroatischen Wappen nicht erkennbar ist, wurde von Hugo Gerard Ströhl in seiner offiziösen „Österreichisch-Ungarischen Wappenrolle" kurzerhand – so, wie sie vielleicht hätte sein können – hinzugemalt. Alte Vorlagen, die er möglicherweise hatte, sind bei ihm allerdings nicht genannt. Auf der ältesten Darstellung des kroatischen Wappens, im Wappenbuch Gelre (1370–1414) ist jedenfalls keine Helmzier zu sehen.

Wie viele andere Staaten besitzt auch Kroatien seine Wappenlegende. Nach dieser soll sich der in venezianische Gefangenschaft geratene kroatische König Stjepan Drzislav († 997), angeblich ein geübter Schachspieler, durch einen dreifachen Sieg im Schachspiel gegen den Dogen von Venedig Pietro II. Orseolo (991–1009) seine Freiheit erspielt haben und in der Folge das Schachbrett-Muster zum zukünftigen kroatischen Landeswappen erklärt haben. Da jedoch dieses Ereignis in die Zeit der Jahrtausendwende fiel, also mehr als 100 Jahre vor dem Auftreten der europäischen Wappen, kann diese Legende eigentlich nur in das Reich der Wappensagen verwiesen werden.

Die Republik Kroatien führt seit 1990 ebenfalls den geschachten Wappenschild, überhöht von einer Wappenkrone mit den Wappen der fünf historischen Regionen Altkroatien, Dubrovnik (Ragusa), Königreich Dalmatien, Istrien und Slawonien.

Kumanien

(Cumanien, Groß- und Kleinkumanien) Kumanien ist ein Gebiet in der Großen Ungarischen Tiefebene, das nach der dort ansässigen Bevölkerung benannt ist.

Seitdem Kaiser Maximilian I. nach dem Friedensvertrag von Pressburg von 1491 berechtigt war, den Titel eines Königs von Ungarn zu führen, begannen die Habsburger, auch die Wappen der ungarischen Teilkönigreiche und Provinzen Dalmatien, Kroatien, Slawonien, Bulgarien, Bosnien, Serbien, Raszien und Kumanien zu übernehmen.

Abb. 126: Kumanien (M. Göbl)

Kumanien (ungarisch: „Kunság") wird in Großkumanien (Nagykunság), östlich der Theiß, und Kleinkumanien (Kiskunság), zwischen Donau und Theiß, unterteilt. Das Reitervolk der Kumanen drang von Südrussland kommend 1071/72 in Ungarn ein, vernichtete 1091 die Petschenegen und bedrohte zwischen 1061 und 1210 mehrmals Russland.

In den Jahren 1239/40 wurden die Kumanen von den Mongolen unterworfen. Ein Teil von ihnen vermischte sich mit den Mongolen und Nogaiern, ein anderer Teil ging nach Ungarn. Hier siedelten sie sich in verstreuten Dörfern zwischen Donau und Theiß an.

Während des langen Türkenkrieges 1593–1606 wurden ihre Dörfer fast vollkommen zerstört. Sie konnten sich bis ins 17. Jahrhundert zwar ihre Sonderrechte bewahren, sprachlich jedoch wurden sie allmählich vollkommen assimiliert.

Wappen

Das Wappen Kumaniens zeigt in Blau einen roten goldgekrönten und -bewehrten Löwen, oben begleitet von einem silbernen Halbmond und Stern. (→ Abb. 126)

Dieses Wappen wird bei ungarischen Königskrönungen als Fahne vorangetragen und kommt noch im großen österreichischen Staatswappen von 1836 vor.

Kyburg

Die Grafen von Kyburg waren ein Adelsgeschlecht, das seine Besitzungen in der heutigen Nord- und Ostschweiz hatte. Sie gründeten dort neben der Stadt Winterthur mit ihrer Stammburg Kyburg noch weitere Städte, darunter Frauenfeld, Diessenhofen, Zug, Baden, Aarau und Lenzburg. Durch das Aussterben der Zähringer konnten sie ihre Herrschaft

Abb. 127: Kyburg, 19. Jh. (H. G. Ströhl)

weiter vergrößern. Als sie selbst 1263 ausstarben, ging ihre Herrschaft westlich der Aare durch Erbschaft an die Seitenlinie Habsburg-Laufenburg. Die östlichen Besitzungen an der Aare mit der Stammburg kamen an Rudolf von Habsburg. Nach der Wahl Rudolfs zum deutschen König verlor die Kyburg an Bedeutung, auch wenn dort 1273–1325 die Reichskleinodien verwahrt wurden.

1424 verpfändete Herzog Friedrich IV. von Tirol die Grafschaft Kyburg an die Stadt Zürich. 1452 wurde die Grafschaft endgültig an Zürich verkauft.

Wappen

In Rot ein goldener Schrägbalken, begleitet oben und unten von einem goldenen Löwen. Helmzier ist der wachsende, blaubewehrte rote Löwe der Habsburg-Laufenburger mit goldenem Rückenkamm und vier (bis sieben) Pfauenspiegeln. (→ Abb. 127)

Im „Wappenbuch der österreichischen Herzöge" aus dem 15. Jahrhundert fehlen der goldene Rückenkamm und die Pfauenspiegel. (→ Abb. 128) Das Wappen ist in den habsburgischen Wappensuiten immer wieder vertreten, kommt aber zuletzt bei Kaiser Leopold II. vor, der es in seinem großen Staatswappen bis 1792 führte.

Abb. 128: Kyburg, 15. Jh. (ÖStA)

Laibach

(Ljubljana, Slowenien) Laibach lag im Zentrum des ehemaligen Herzogtums Krain, zu beiden Seiten des Flusses Laibach (Ljubljanica) und ist heute die Hauptstadt der Republik Slowenien. Das Gebiet von Laibach war schon seit der Bronzezeit besiedelt und hieß in römischer Zeit „Colonia Iulia" oder kurz „Emona" beziehungsweise „Aemona". Der Ort ging während der Völkerwanderungszeit unter und wurde erst durch bayerische Ostkolonisation neu besiedelt.

1144 wurde der Name „Laibach" erstmals urkundlich erwähnt.

1276 ging Krain an die Habsburger, die 1335 Laibach zur Hauptstadt des Herzogtums erhoben.

Wappen

In einem roten Schild ein grüner Dreiberg, auf dem eine silberne dreiseitige Mauer mit Tor steht, hinter der sich ein silberner Turm mit Zinnen erhebt. Auf dem Turm sitzt ein grüner Lindwurm. (→ Abb. 129)

Abb. 129: Laibach (H. G. Ströhl)

Das erste Siegel von Laibach erschien unmittelbar nach der Erhebung zur Stadt, um 1220. Das Siegelbild zeigt eine dreiseitige Zinnenmauer mit einem Tor. Hinter der Mauer erhebt sich ein bezinnter Turm.

Mitte des 15. Jahrhunderts tauchte zusätzlich noch der grüne Lindwurm auf, der oberhalb des Schildfeldes platziert wurde.

Erst 1689 erschien erstmals der Lindwurm direkt auf den Turm gesetzt, und zwar in der Landesbeschreibung von Johann Weichard Valvasors „Die Ehre des Herzogtums Crain". Die Figur des Lindwurms auf dem Turm ist dem Lindwurm im Wappen von Klagenfurt nachempfunden.

Der Lindwurm, eigentlich ein Drache mit vier Füßen und zwei Flügeln, wurde bevorzugt von Städten verwendet, die an Mooren oder Sümpfen lagen. Ob der Drache ein Schutzsymbol vor Moorgeistern darstellen soll oder vielleicht als Drohbild zur Abwehr einer Gefahr von außen gemeint war, ist schwer zu beurteilen. Die Farbe des Lindwurms, das Grün, brachte jedenfalls für Laibach die dritte Farbe in das Stadtwappen. (→ Klagenfurt)

Lausitzen, Die beiden

Mit den beiden Lausitzen werden zwei benachbarte Landschaften bezeichnet. Der gemeinsame Name, der nur im Plural existiert, leitet sich vom sorbischen „Luzica" ab, was so viel wie „Sumpfland" oder „feuchte Wiesen" bedeutet.

Die Oberlausitz bezeichnet das Gebiet um Bautzen zwischen den Flüssen Queis und Pulsnitz, dem Zittauer Bergland und der Niederlausitz. Seit dem 7. Jahrhundert von Slawen besiedelt, kam es 1046 als Reichslehen an die Markgrafen von Meißen aus dem Hause Wettin. Hauptstadt wurde Budissin (Bautzen). 1081/1158 kam das Land als Reichslehen an Böhmen.

1253–1319 war das Gebiet größtenteils an Brandenburg verpfändet, 1268 wurde es geteilt, wobei das westliche Gebiet zum Land Budissin, das östliche zum Land Görlitz wurde. 1319 fielen zunächst Budissin, 1346 dann Görlitz und 1414 Zittau als Nebenländer an die Krone Böhmens.

Die Niederlausitz, begrenzt durch die Flüsse Fläming im Nordwesten und durch die Schwarze Elster im Westen, wird ihrem Namen landschaftlich durch ihre Tieflandlage mehr gerecht als die Oberlausitz. Hier siedelten die slawischen Lusici seit dem 7. Jahrhundert. 1136–1304 gehörte das Land

Abb. 130: Oberlausitz
(H. G. Ströhl)

zum Haus Wettin (Sachsen), das die Einwanderung deutscher bäuerlicher Siedler förderte. 1373 erwarb es Kaiser Karl IV., der es als Markgrafschaft Lausitz der Krone Böhmens einverleibte. In weiterer Folge dehnte sich aufgrund der gleichen Landeshoheit Böhmens der Name Lausitz auch auf die Gebiete um Bautzen und Görlitz aus.

Die königliche Kanzlei des Matthias Corvinus prägte ab 1474 die Namen Oberlausitz („Lusatia superior") und Niederlausitz („Lusatia inferior") als dem Begriff nach selbständige Markgrafschaften.

Nach der Schlacht von Mohács 1526 gelangten nicht nur das Königreich Böhmen, sondern auch dessen Nebenländer Ober- und Niederlausitz an die Habsburger.

Die Niederlausitz wurde 1623 vom Kaiser an den Kurfürsten von Sachsen verpfändet, um die Kosten für die militärische Unterstützung in den Jahren 1619/20 zu begleichen. 1635 kam sie als erbliches Lehen endgültig an Sachsen, rechtlich gesehen wurde sie aber weiterhin als Erblehen der Krone Böhmens betrachtet. Im Rezess zum Prager Frieden 1635 wurde festgelegt, dass die Habsburger weiterhin den Titel und das Wappen der Lausitz führen durften.

Sachsen musste 1815 die Niederlausitz und die Hälfte der Oberlausitz (mit Görlitz) an Preußen abtreten. Österreich hatte auf seine Rechte von 1635 verzichtet.

In den habsburgischen Wappen kommen die Wappen der beiden Lausitzen zuerst unter Kaiser Ferdinand I. 1528 vor und wurden in der kaiserlichen Heraldik bis 1806 verwendet.

Wappen

Oberlausitz

In Blau eine goldene Zinnenmauer. Helmzier: ein von Blau über Gold durch eine goldene Zinnenmauer geteilter geschlossener Flug. Helmdecken: blau-golden. (→ Abb. 130)

Dieses Wappen ist ident mit dem Stadtwappen von Bautzen.

Niederlausitz

In Silber ein roter Ochsen auf grünem Grund stehend. Helmzier: ein wachsender silberner Adlerkopf. (→ Abb. 131)

Abb. 131: Niederlausitz (H. G. Ströhl)

Lemberg

(ukrainisch: Lwiw; polnisch: Lwów) Die Hauptstadt des ehemaligen Königreiches Galizien und Lodomerien geht auf eine Burg im 13. Jahrhundert zurück, die Fürst Danilo Romanovic für seinen Sohn Lew (ukrainisch, polnisch, russisch: „Löwe") errichten ließ. Von diesem „Lew" hat nicht nur die Stadt ihren Namen (Lemburg, Löwenburg), auch im Wappen ist dieser Löwe zu sehen.

Die Stadt gehörte lange Zeit zum Königreich Polen und kam erst nach der Ersten Polnischen Teilung 1772 an die Habsburger, wo sie 1789 zur königlichen Freistadt erhoben wurde und zu den bedeutendsten Städten nach Wien, Budapest, Prag und Triest gerechnet wurde.

Um 1900 waren die Hälfte der Einwohner Polen, ein Viertel Juden und 30.000 Ruthenen (damalige Bezeichnung für die Ukrainer).

1918–1939 gehörte die Stadt zu Polen, danach zur Sowjetunion, bis zur Gründung einer unabhängigen Ukraine 1991.

Wappen

In Blau ein rotes Stadttor mit drei Türmen und grünen Dächern. Unter dem Tor ein goldener Löwe, der einen silbernen Dreiberg mit einem darauf stehenden goldenen achtstrahligen Stern hält. Auf dem Schild ruht eine fünfzackige Königskrone und um ihn ist eine Arabeskeneinfassung gelegt.

Dieses redende Wappen wurde anlässlich der Erhebung von Lemberg zur königlichen Stadt am 6. November 1789 verliehen. (→ Abb. 132)

Abb. 132: Lemberg (ÖStA)

León

Das Königreich León mit der gleichnamigen Hauptstadt, im Nordwesten von Spanien gelegen, entstand 913, als sich das Königreich Asturien auflöste. Zuvor war das Gebiet nacheinander von Römern, Westgoten und Sarazenen beherrscht worden.

1037 wurde León zwar von König Ferdinand I. von Kastilien erobert, aber erst 1230 kam es zur endgültigen Vereinigung der beiden Königreiche. Die Könige nannten sich seitdem „von Kastilien und León".

Asturien wird seit 1388 bis auf den heutigen Tag als Titel des spanischen Kronprinzen fortgeführt: „principe de Asturias".

Abb. 133: León (M. Göbl)

Der Name „León" entstand ursprünglich aus einer Ortsbezeichnung für das dort stationierte römische Lager der VII. Legion. Das in Spanien gesprochene Vulgärlatein verballhornte das Wort „Legion" zu „León".

Wappen

In Silber ein goldgekrönter roter (ursprünglich purpurner) Löwe (ein redendes Wappen). (→ Abb. 133)

Die heraldische Figur des Löwen lässt sich als spanisches Königsemblem bis ins 12. Jahrhundert zurückdatieren, wenngleich der Löwe da noch nicht als Wappentier verstanden wurde, sondern als redende Figur, verbunden sowohl mit dem Namen des Königreiches León als auch mit der gleichnamigen Hauptstadt. Dazu kommt, dass die dortigen Herrscher dieses Symbol wählten, da sie im Löwen den König der Tiere sahen, der auch ihre Oberhoheit auszudrücken imstande war. Gegen 1170 erscheint der Löwe auch auf Siegeln. Ab 1230 wird der Löwe mit der Burg (Turm) von Kastilien in einem Schild vereinigt, und zwar in quadrierter Weise. König Ferdinand von Kastilien (1217–1252) wollte damit die besondere Stellung seiner beiden Königreiche anzeigen. Diese Form der Schildgestaltung war eine Novität im damaligen Europa und wurde alsbald nachgeahmt, zum Beispiel vom englischen König Eduard III. (1327–1377), als er im Jahre 1337 zusätzlich den Titel „König von Frankreich" annahm.

Die Farbe des Tieres ist Purpur beziehungsweise Dunkelviolett, eine Mischung aus Kastanienbraun und Blau. Purpur ist in der Heraldik sehr selten und kommt fast nur bei der Innenseite von Wappenmänteln oder als Futterstoff für Kronen vor. Ab dem 13. Jahrhundert kommen gewisse zusätzliche Attribute hinzu, wie zum Beispiel die goldene Krone auf dem Haupt des Löwen, oder es wird der Löwe auch mit goldener Mähne gezeichnet. Die Könige aus der österreichischen Linie der Habsburger verwenden in ihren Wappen jedoch stets einen roten Löwen.

Liechtenstein

Das Fürstentum Liechtenstein nimmt unter den europäischen Ländern einen besonderen Platz ein. Obwohl es staatsrechtlich weder den Habsburgern, noch zu Österreich gehörte, bestand doch eine enge Bindung zur ehemaligen

k. u. k. Monarchie, die nicht nur auf territorialen oder wirtschaftlichen Verschränkungen beruhte.

Die Burg, die dem Geschlecht seinen Namen gegeben hat, liegt bei Mödling in Niederösterreich. Der Hauptsitz der Familie konzentrierte sich über Jahrhunderte in Wien und wurde erst 1939 nach Vaduz verlegt. In allen Jahrhunderten waren viele Familienmitglieder in höchsten staatlichen Ämtern und Funktionen vertreten. Die Liechtensteiner hatten seit dem Mittelalter die Herrschaften Nikolsburg in Mähren und Feldsberg in Niederösterreich erworben.

1608 wurden sie von Kaiser Matthias in den Reichsfürstenstand erhoben und brachten nacheinander 1613 das Herzogtum Troppau und 1623 das Herzogtum Jägerndorf in ihren Besitz. 1633 wurden die Herrschaften Krumau und Ostrau in Mähren zu einem „Fürstentum Liechtenstein" erhoben. Ziel der Fürsten war es jedoch, reichsunmittelbar zu werden und einen Sitz im Reichsfürstenrat des Heiligen Römischen Reiches zu erlangen. Eine Gelegenheit dafür bot sich erst 100 Jahre später, als die schwer verschuldeten Grafen von Hohenems gezwungen waren, ihre Herrschaften Schellenberg 1699 und Vaduz 1712 zu verkaufen. Kaiser Karl VI. vereinigte die beiden Grafschaften und erhob sie am 23. Jänner 1719 zu einem unmittelbaren Reichsfürstentum mit dem Namen Liechtenstein.

Nach dem Ende des Alten Reiches 1806 blieb Liechtenstein als souveränes Fürstentum bestehen, wurde in den Rheinbund aufgenommen und war ab 1815 Mitglied im Deutschen Bund bis zu dessen Auflösung 1866. Die zumeist in Wien oder Böhmen ansässigen Fürsten regierten das Land durch Landvögte. Alois II. war der erste Fürst, der 1842 das Land besuchte. Mit den Verfassungen von 1862 und 1921 wurde das Land zu einer konstitutionellen Monarchie.

Danach war Liechtenstein ein neutraler Staat zwischen der Schweiz und Österreich-Ungarn, überdauerte den Ersten und Zweiten Weltkrieg und existiert als selbständiger Staat bis heute. Es gehört zu den Besonderheiten dieses Staates, dass dessen Staatsoberhaupt, der Fürst Liechtenstein, in Österreich mehr Grund und Boden besitzt, als sein eigentliches Fürstentum an Fläche umfasst.

Wappen

Großes Staatswappen

Geviert mit einer unten eingepfropften Spitze und belegt

mit einem von Gold und Rot geteilten Herzschild (Stammwappen).

1: in Gold ein mit kreuzbesetzter silberner Kleeblattspange belegter gekrönter schwarzer Adler (Schlesien).

2: von Gold und Schwarz siebenmal geteilt, belegt mit grünem Rautenkranz (Kuenring).

3: von Rot und Silber gespalten (Troppau).

4: in Gold ein gekrönter goldbewehrter schwarzer Jungfrauenadler mit silbernem Kopf (Ostfriesland beziehungsweise Rietberg); in der blauen Spitze ein goldenes Jagdhorn an goldener Schnur (Jägerndorf).

Das Ganze befindet sich unter einem Fürstenhut und einem hermelinbesetzten Fürstenmantel. (→ Abb. 134)

So wie Könige oder Herzöge bestrebt waren, in ihren großen Staatswappen möglichst alle ihre Territorien heraldisch darzustellen, waren auch die kleineren Fürstentümer bemüht, möglichst alle ihre Besitzungen im Wappen symbolisiert aufzulisten. 1620 erhielten die Brüder Karl, Maximilian und Gundacker eine Wappenbesserung, indem ihnen gewährt wurde, das Wappen der ausgestorbenen Kuenringer in ihr Familienwappen zu integrieren, da deren Erbe an sie gefallen war.

Das Wappen der Kuenringer ist dem Wappen von Sachsen ähnlich. Im Gegensatz zum sächsischen Wappen ist es von Gold und Schwarz siebenmal geteilt, das sächsische ist von Schwarz und Gold neunmal geteilt. Auch ist der grüne Rautenkranz leicht gebogen, während er beim sächsischen meistens gerade ist.

Das Wappen von Ostfriesland beziehungsweise Rietberg gelangte infolge der Heirat des Fürsten Gundacker mit Agnes, Gräfin von Ostfriesland und Erbin von Rietberg, 1604 in das Wappen. Es weist gegenüber dem ostfriesischen Schild gewechselte Tinkturen auf. Ostfriesland enthält nämlich im schwarzen Feld einen goldenen Jungfrauenadler, beseitet von vier goldenen Sternen.

Kleines Staatswappen

Unter einem Fürstenhut ein Schild, von Gold und Rot geteilt (= der Herzschild des großen Staatswappens). (→ Abb. 135)
Das heutige Fürstentum Liechtenstein besitzt ein großes und ein kleines Staatswappen. Das kleine Staatswappen ist das von Gold und Rot geteilte Stammwappen des Fürstenhauses, bedeckt mit dem Fürstenhut. Dieses kleine Staatswappen ist auch auf den Autokennzeichen des Landes zu sehen.

Abb. 134: Liechtenstein, großes Staatswappen (H. G. Ströhl)

Abb. 135: Liechtenstein, kleines Staatswappen (ÖStA)

Die liechtensteinischen Landesfarben weisen eine heraldische Diskrepanz auf, da sie nicht aus dem Staatswappen abgeleitet sind, das gleichbedeutend mit dem fürstlichen Stammwappen (Herzschild) gold-rot ist, sondern von den Livreefarben der Fürsten: Blau-Rot. Der Grund liegt in der weiten Verbreitung des gold-roten Farbendoubles, insbesondere waren auch die Hausfarben der benachbarten Fürstenhäuser von Baden (in Gold ein roter Schrägbalken) und der Zähringer (in Gold ein roter Adler) gleich oder sehr ähnlich.

Die heutige Flagge besteht aus zwei gleich breiten blau-roten Querstreifen. Der blaue Streifen ist mit dem goldenen Fürstenhut belegt. (→ Abb. 136) Der Fürstenhut war erst 1937 in die Flagge aufgenommen worden, da es bei der Olympiade in Berlin 1936 zu Verwechslungen mit der Flagge von Haiti gekommen war, die ebenfalls das blau-rote Farbspektrum aufwies.

Abb. 136: Liechtenstein, Flagge (ÖStA)

Limburg

Die Grafschaft beziehungsweise das Herzogtum Limburg gehörte nicht nur zum burgundischen Erbe des Hauses Österreich, sondern war auch ein Territorium des Heiligen Römischen Reiches Deutscher Nation (Burgundischer Reichskreis). Der Name geht auf eine um 1020 errichtete gleichnamige Burg im Wesertal zurück, die auch den Ausgangspunkt der heutigen Stadt Limburg bildet.

Nach dem Dreißigjährigen Krieg wurde das Herzogtum im Westfälischen Frieden 1648 zwischen den Generalstaaten und Spanien geteilt.

1714–1797 war es ein Gebiet der Österreichischen Niederlande.

Auf dem Wiener Kongress 1815 wurde der Name für eine Provinz des neuen Königreiches der Vereinigten Niederlande übernommen.

1839 wurde es wieder geteilt, in eine niederländische und eine belgische Provinz Limburg.

Wappen

In Silber ein roter, goldgekrönter Löwe mit verschlungenem Doppelschwanz. (→ Abb. 137)

In der österreichischen Heraldik und auf Siegeln erscheint das Wappen von Maximilian I. bis zum großen Reichswappen unter Leopold II. 1790.

Abb. 137: Limburg (M. Göbl)

Lindau

Lindau am Bodensee entstand auf einer Insel vor dem Nordostufer aus einer fränkischen Fischersiedlung und wurde 882 erstmals erwähnt. Unter Rudolf von Habsburg wurde Lindau 1274/75 zur freien Reichsstadt erhoben und kam 1803 zum Schwäbischen Reichskreis. Dort nahmen die Fürsten von Bretzenheim die Reichsstadt und das Reichskloster Lindau als Fürstentum Lindau in ihren Besitz. Sie gaben es 1804 gegen Eintausch von Gütern in Ungarn an Österreich, von wo es schließlich 1805 wieder an Bayern gelangte.

Wappen

Das Wappen des Fürstentums Lindau (1803) kommt im großen Reichswappen von 1804 vor und zeigt in Gold eine ausgerissene Linde als sprechendes Wappen. (→ Abb. 138)

Die Stadt selbst führt seit dem 16. Jahrhundert die Linde in Silber.

Abb. 138: Lindau (M. Göbl)

Linz

Linz, die drittgrößte Stadt der Republik Österreich, das alte „Lentia" der Römer, erhielt von Kaiser Friedrich III. 1451 das Recht, den österreichischen Bindenschild in sein Wappen zu setzen.

1490 wurde Linz zur Hauptstadt erhoben, nachdem Matthias Corvinus Wien besetzt hatte.

Das Stadtwappen entwickelte sich aus dem Siegelbild. Der Gebrauch eines Stadtsiegels ist seit 1242 erwiesen. Im Privileg von 1490 gewährte Kaiser Friedrich III. der „hauptstat unnsers fürstentumbs Österreich ob der Enns" nicht nur erweiterte Stadtrechte, sondern auch das Vorrecht, mit rotem Wachs zu siegeln.

Wappen

(historisch) In Rot eine dreitürmige silberne Burg mit geöffnetem Tor. Über dem mittleren Turm der rot-weiß-rote Bindenschild. Im Schildfuß zwei silberne Fische, im Wasser nach rechts schwimmend. (→ Abb. 139)

Tor und Türme symbolisieren die mittelalterliche wehrhafte Stadt und ihre Autonomie. Der Fluss mit Fischen gibt ein lokales Indiz für die Lage an der Donau und den dort betriebenen Fischfang.

Abb. 139: Linz (H. G. Ströhl)

Das historische Wappen war durch Vermischung älterer Stilarten zu farben- und formenreich empfunden worden.

Deshalb wurde es nach dem Ende der Monarchie in mehreren Reformschritten stark vereinfacht und bekam zuletzt im Stadtstatut von 1965 folgendes Aussehen: in Rot über einem Zwillingswellenbalken zwei silberne, je mit drei Zinnen bekrönte Türme, die ein offenes Tor einschließen, über dem der rot-weiß-rote Bindenschild Österreichs angebracht ist. Stadtfarben: Rot-Weiß.

Lombardei

(Herzogtum Mailand) Die Lombardei bezeichnet das Gebiet der nordwestlichen Poebene, das ursprünglich von Kelten besiedelt war und ab 222 vor Christus allmählich in das Römische Reich integriert wurde. Im 6. nachchristlichen Jahrhundert eroberten es die Langobarden und machten es zum Zentrum ihrer Herrschaft. Der Name „Lombardei" geht auf die Langobarden zurück.

Im späten Mittelalter kam der Osten der Lombardei an Venedig, das übrige Gebiet wurde von Mailand dominiert.

Der Luxemburger König Wenzel verlieh 1395 dem Stadtherrn von Mailand aus der Familie der Visconti den Herzogstitel und schuf damit das Herzogtum als Lehen des Reiches. Dieses Herzogtum wurde das Kernland der heutigen italienischen Region Lombardia. Nachdem die Visconti im Mannesstamm 1447 ausgestorben waren, kam das Herzogtum an die Familie Sforza.

1535 gelangte Mailand als Reichslehen an Spanien und 1714 nach dem Spanischen Erbfolgekrieg an Österreich. Es wurde von Wien aus regiert. 1797 wurde die Lombardei von Frankreich besetzt (Teil der Cisalpinischen Republik) und war ab 1805 Teil des napoleonischen Königreiches Italien.

Nach den Bestimmungen des Wiener Kongresses wurde das Gebiet zusammen mit Venetien zum Lombardisch-Venezianischen Königreich dem Kaisertum Österreich zugeschlagen.

1859 verlor Österreich die Lombardei an Piemont-Sardinien, 1866 Venetien an das neue Königreich Italien.

Wappen

Das Wappen des Herzogtums Mailand ist von Gold und Silber gespalten; rechts ein schwarzer Adler, links die blaue Natter, ein Kind verschlingend. (→ Abb. 140)

Abb. 140: Lombardei (ÖStA)

Das Mailänder Wappen stammt aus dem Wappen der Visconti. In einem silbernen Schild die blaue Natter, die in ihrem geöffneten Rachen ein nacktes Kind verschlingt, kommt 1341 im Siegel des Luchino Visconti vor. Die nachfolgenden Sforza übernahmen es und führten es weiter. Der schwarze Adler deutet auf das Lehensverhältnis zum Heiligen Römischen Reich hin. Das Stadtwappen von Mailand selbst besteht aus einem roten Kreuz in Silber (Georgskreuz) und ist ident mit dem Stadtwappen von Genua.

In der österreichischen Heraldik tritt das Wappen mehrfach auf, manchmal auch nur das Natternwappen allein. Zuerst im Siegel der Viridis Visconti, der Gemahlin Herzog Leopolds III., dann am Grabmal Kaiser Friedrichs III. im Wiener Stephansdom wie auch auf dem Siegel der Bianca Maria Sforza, der zweiten Ehefrau Maximilians I., beziehungsweise am Goldenen Dachl in Innsbruck. Im großen Reichswappen von 1804 ist Mailand mit dem vom Adler- und Natternwappen gespaltenen Schild sichtbar.

Das Natternwappen kann aber auch noch in anderer Verwendung beobachtet werden, nämlich im Emblem der italienischen Automarke Alfa Romeo. Das Wappen der Stadt Mailand, das rote Kreuz in Silber, repräsentiert zusammen mit dem Schlangenwappen die Stadt Mailand, wo die Alfa-Romeo-Werke 1910 gegründet wurden und noch heute ihren Standort haben.

Lombardo-Venetien

Die beiden oberitalienischen Länder Lombardei und Venedig gelangten aufgrund der Beschlüsse des Wiener Kongresses unter die Herrschaft der Habsburger und wurden zu einem Königreich zusammengefasst. Im Jahre 1815, noch bevor Kaiser Franz I. das neue Königreich besuchte, wurde das gemeinsame Wappen geschaffen. Es zeigt einen gevierten Schild mit den beiden schon seit alters her geführten Territorialwappen und als Herzschild das genealogische Wappen des Hauses Österreich.

Das Mailändische beziehungsweise Lombardische Wappen, die blaue gekrönte Schlange, die gerade ein Kind verschlingt, in Silber, stammt ursprünglich von den Visconti, von denen es dann die nachfolgenden Sforza übernommen haben.

Wappen

Die zentrale Wappenfigur der Republik Venedig ist seit dem 14. Jahrhundert der geflügelte Löwe des heiligen Markus mit einem Buch: in Blau auf grünem Schildfuß liegend, der goldene nimbierte Markuslöwe, das geöffnete Buch mit der Inschrift „Pax tibi marce ev(angelista)" („Der Friede sei mit Dir Evangelist Markus") in den Vorderpranken haltend.

Der Herzschild stellt das dreigeteilte Hauswappen dar: der habsburgische Löwe, der österreichische Bindenschild und die lothringischen drei Adler.

Über dem Schild ruht die stilisierte Eiserne Krone der Lombardei. Der Wappenschild liegt auf der Brust des mit der stilisierten Kaiserkrone überhöhten Doppeladlers auf und ist umgeben von den Kollanen der höchsten österreichischen Orden, beginnend von unten: Goldenes Vlies, Band des Militär-Maria-Theresien-Ordens, St. Stephansorden, unter dem Markuslöwen der Leopoldsorden, unter der Mailänder Schlange der Orden der Eisernen Krone. (→ Abb. 141)

Abb. 141: Lombardo-Venetien (ÖStA)

Lothringen

Lothringen erhielt 843 bei der Aufteilung des karolingischen Frankenreiches seinen Namen nach dem ältesten Sohn Ludwigs des Frommen: Lothar. Es war ein Gebietsstreifen zwischen der Nordsee und Mittelitalien.

In weiterer Folge kam es zur Teilung in ein Oberlothringen (Landschaft an der Mosel um Metz und Nancy) und ein Niederlothringen (etwa die Niederlande, Belgien, Luxemburg und das Rheinland). Beide Fürsten nannten sich Herzöge von Lothringen. Seit 1050 führten nur noch die Herzöge von Oberlothringen den Titel eines Herzogs.

1670 wurde Lothringen von den Franzosen erobert, die es erst 1697 wieder zurückgaben. 1702–1714 wurde Lothringen neuerlich von Frankreich besetzt.

Ab 1729 wurde das Herzogtum von Franz Stephan, dem späteren Kaiser Franz I., regiert.

1735 erhielt der König von Polen Stanislaus I. Leszczyński für seinen Verzicht auf Polen das Herzogtum Lothringen auf Lebenszeit. Nach dessen Tod fiel es an Frankreich (1766).

Herzog Franz Stephan, seit 1736 Gemahl der Kaisertochter Maria Theresia, bekam für seinen Verzicht auf Lothringen das soeben frei gewordene Großherzogtum Toskana. Er war der Begründer der neuen habsburgisch-lothringischen

Abb. 142: Lothringen
(H. G. Ströhl)

Hauptlinie der Habsburger, deshalb spielte ab diesem Zeitpunkt das lothringische Wappen in den Wappen seiner Kinder eine besondere Rolle. Die neue Wappenkombination kommt vor allem im genealogischen Wappen des neuen Hauses Habsburg-Lothringen zum Ausdruck. Als Kennzeichen des von Franz Stephan im Großherzogtum Toskana begründeten Familienzweigs Habsburg-Toskana erhalten die männlichen Nachkommen ab 1835 als zweiten Taufnamen den Namen Salvator. (→ Genealogisches Wappen)

Wappen

In Gold ein roter Schrägrechtsbalken, der mit drei silbernen, gestümmelten Adlern belegt ist. Helmzier ist ein silberner, goldbewehrter Adler, der auf der Helmkrone steht. Die Helmdecken sind rot und golden. (→ Abb. 142)

Das ist das alte Stammwappen der Herzöge von Lothringen, das bereits Ende des 12. Jahrhunderts, kurz nach dem Dritten Kreuzzug (1196), in ihren Siegeln vorkommt.

Mit diesen drei gestümmelten Adlern, in der heraldischen Fachsprache „alérions" genannt – vielleicht von „aquilario" („kleiner Adler") abgeleitet –, verbindet sich eine kleine Legende: Der lothringische Anführer des Ersten Kreuzzugs Gottfried von Bouillon soll nach der Einnahme Jerusalems (1099) drei Adler, die sich auf unschuldige Tauben stürzen wollten, mit einem einzigen Bogenschuss erlegt haben. – Diese sagenhafte Begebenheit wurde von einem Historiker des Herzogs im 16. Jahrhundert erfunden, um den Kreuzfahrermythos mit dem Hause Lothringen dauerhaft zu verbinden.

Lublin

Das Herzogtum mit der gleichnamigen Hauptstadt lag zwischen den Flüssen Weichsel und Bug im südöstlichen Polen. Im Jahre 1569 war Lublin Schauplatz einer Versammlung des polnischen und litauischen Adels, die zur sogenannten Lubliner Union führte. Polen und Litauen, die bisher in Personalunion verbunden waren, wurden in einen gemeinsamen Staat (Realunion) umgewandelt, der bis zur Teilung Polens 1772 existierte. Das Herzogtum Lublin kam bei der Dritten Teilung Polens 1795 an Österreich.

1809 wurde Lublin nach einem Aufstand unter Dominik Dziewanowski für kurze Zeit Hauptstadt des freien Polen.

Nach dem Frieden von Schönbrunn gelangte Lublin zum Herzogtum Warschau, das 1807 von Napoleon gegründet worden war.

1815 ging Lublin in Kongresspolen auf, ein Staat, der am Wiener Kongress geschaffen wurde und durch Personalunion mit dem Zarenreich Russland verbunden war.

Lublin ist heute die Hauptstadt der gleichnamigen Woiwodschaft und zugleich auch die größte polnische Stadt östlich der Weichsel.

Wappen

In Silber ein schwarzer einköpfiger Adler. Das Wappen kommt im großen Reichswappen von 1806 vor. (→ Abb. 143)

Das Wappen der Stadt Lublin, das aus dem 15. Jahrhundert stammt, besteht aus einem silbernen Ziegenbock, der sich an einer Weinrebe aufrichtet, im roten Feld.

Abb. 143: Lublin (M. Göbl)

Luxemburg

(Lutzenburg, Lützelburg, Lucemburg) Das Land zwischen Mosel und Ardennen war nacheinander keltisch, römisch und fränkisch besiedelt. Nach der Teilung des Karolingischen Reiches 843 kam es zum Reich Lothars I. und 959 zum Herzogtum Oberlothringen.

Ab 963 begann Graf Siegfried von „Lucilinburc" („kleine Burg") seine Landesherrschaft auszugestalten und sich nach der Burg zu benennen. Bis ins 19. Jahrhundert nannte sich dieses Geschlecht Lützelburg. Mehrere Kaiser des Heiligen Römischen Reiches stammten aus jenem Geschlecht. Auf Heinrich VII. (1308–1313, Kaiser 1310) folgte unter anderem sein Enkel Karl IV. (1346/47–1378), der 1354 sein Stammland zum Herzogtum erhob. Sein Sohn König Wenzel verpfändete jedoch das Herzogtum 1388 an Burgund. 1442 wurde es schließlich aus Geldnot endgültig an Philipp von Burgund verkauft, verblieb jedoch als Reichslehen im Reich.

Mit dem Tod Kaiser Sigismunds 1437 war die Hauptlinie der Luxemburger ausgestorben. Im Gefolge der Burgundischen Hochzeit Kaiser Maximilians I. 1477 gelangte Luxemburg an das Haus Österreich.

1555 kam Luxemburg mit den übrigen Spanischen Niederlanden an Spanien.

1714–1795 war es Teil der österreichischen Niederlande und wurde teilweise von Wien aus verwaltet.

Nach dem Wiener Kongress 1815 wurde Luxemburg nicht nur ein Großherzogtum, sondern auch ein Staat des Deutschen Bundes mit einer Bundesfestung, der aber mit dem Königreich der Niederlande (Haus Oranien-Nassau) in Personalunion verbunden war.

1866 wurde Luxemburg durch die Auflösung des Deutschen Bundes selbständig.

1890 nahm die Personalunion ein Ende, als Wilhelm III. von Holland starb und keine männlichen Nachkommen im jüngeren Zweig des Hauses Nassau hinterließ. Die Krone des Großherzogtums ging deshalb auf Herzog Adolph von Nassau (1890–1905), Haupt des älteren Zweigs des Hauses Nassau, über, der damit zum Begründer einer eigenen luxemburgischen Dynastie wurde, die dort bis auf den heutigen Tag regiert.

Wappen

In einem neunmal von Silber und Blau geteilten Schild ein roter, goldbewehrter und goldgekrönter Löwe. (→ Abb. 144)

Das Luxemburgische Wappen lässt sich seit dem 13. Jahrhundert nachweisen und ist auch heute noch das Staatswappen des Großherzogtums. In der habsburgischen Heraldik kann man dieses Wappen von Kaiser Maximilian I. bis Leopold II. (1792) beobachten.

Abb. 144: Luxemburg (M. Göbl)

Mähren

(Markgrafschaft) Der Name des Landes Mähren ist von seinem Hauptfluss March abgeleitet, der im Tschechischen „Morava" lautet. Das mit der March zusammenhängende Flusssystem (Thaya, Iglau, Schwarzau, Zwittau) fließt zur Donau und bewirkt eine durch die Natur bedingte Orientierung des Landes nach Süden und eine Trennung von Böhmen durch die europäische Wasserscheide. Das Land bildete seit vorgeschichtlicher Zeit ein Durchzugsland. So führte etwa die Bernsteinstraße, die ein wichtiger Handelsweg von der Ostsee zur Adria war, durch Mähren.

Nach dem Abzug der Germanen der Völkerwanderungszeit ließen sich Slawen nieder, die im 9. Jahrhundert einen kulturellen Höhepunkt im Großmährischen Reich erreichten. Um 906/7 wurde das Großmährische Reich zerschlagen, weite Teile gerieten wechselweise unter die Herrschaft der Ungarn und Polen. Nach 1000 wurde das Land in das expandierende Reich der Přemysliden Böhmens als Sekundogenitur eingegliedert. Kaiser Friedrich I. Barbarossa erhob 1182 Mähren zur reichsunmittelbaren Markgrafschaft. Die Einheit von Böhmen und Mähren wurde dadurch aber nicht nachhaltig gestört, die Länder verblieben weiter im Besitz der Přemysliden.

1311 folgte die Dynastie der Luxemburger, die 1348 die ausschließliche Lehensbeziehung der Markgrafschaft Mähren, des Bistums Olmütz und des Herzogtums Troppau zum böhmischen König ohne Lehensbindung an das Reich regelte. Die mährischen Landstände verfolgten jedoch weiterhin eine Politik der Selbständigkeit, mit wechselndem Erfolg, die auch 1526 anhielt, als es als eigenes Land von den Habsburgern geerbt wurde.

Wappen

In Blau ein von Silber und Rot geschachter Adler beziehungsweise in Blau ein von Gold und Rot geschachter Adler.

Vergleichbar mit Böhmen ist auch in Mähren im 13. Jahrhundert eine Wappenänderung erfolgt. Die ersten Markgrafen führten zunächst einen Löwen als Wappentier. Mit der Erhebung Mährens zur Markgrafschaft des Heiligen Römischen Reiches taucht der Adler auf, der als Amtswappen vom Reichsadler abgeleitet sein könnte, wie es auch in Brandenburg, Österreich oder Tirol der Fall ist. Der Adler wurde aber auch mit dem Heiligen Adalbert in Zusammenhang gebracht, der aus dem Geschlecht der Slavnikiden stammte, die in Libice in Böhmen ihr Zentrum besaßen.

Die Böhmen wandten sich dem Löwen zu, die Mährer dem Adler, der auch bei anderen slawischen Völkern Ost- und Nordeuropas als Wappenfigur häufig ist.

So, wie sich die Unabhängigkeit Mährens von Böhmen im Mittelalter nicht recht entfalten konnte, wurde auch die Verwendung des Adlers ständig zurückgedrängt. Erst König Ladislaus Postumus († 1457) führte den Adler in einem Feld seines gevierten Schildes.

Der seltene Gebrauch des Wappens von Mähren führte auch zur Unsicherheit bei der Bestimmung seiner Farben und Helmzieren. Die alte Adlerfarbe ist meistens von Silber und Rot geschacht. Kaiser Friedrich III. führte am 7. September 1462 eine Wappenbesserung durch, indem er den mährischen Ständen einen von Gold und Rot geschachten Adler im blauen Feld verlieh. (→ Abb. 145) Obwohl auch Kaiser Ferdinand II. diese Farben nochmals 1628 bestätigte, wurden in Mähren weiterhin die alten Farben Silber und Rot bevorzugt.

Abb. 145: Mähren, golden-rot mit Helmzier (H. G. Ströhl)

Abb. 146: Mähren, silbern-rot mit Krone (H. G. Ströhl)

Diese silbern-rote Tinktur ist ebenso in den Staatswappen des 18. Jahrhunderts feststellbar wie auch noch im Staatswappen von 1836. Erst der Wappenmaler Hugo G. Ströhl hat in seiner offiziösen Wappenrolle von 1890 die Farben auf rotgolden verändert. In dieser Form hielt sich das Wappen der Markgrafschaft Mähren bis zum Jahr 1918, danach wurde generell die silbern-rote Farbe verwendet, um damit die slawische Farbskala zu betonen. Als Helmzier ruht häufig nur eine Bügelkrone auf dem Schild, die als alte Herzogskrone, später auch als Fürstenhut, bezeichnet wurde. (→ Abb. 146)

Der erste geschachte Adler taucht im Siegel der Stadt Znaim (1262) auf. Im Siegel von Přemysl Otakar II. ist auch dieser Adler zu sehen. Die älteste farbige Wappenabbildung stammt aus dem späten 13. Jahrhundert und befindet sich in der Gozzo-Burg in Krems in Niederösterreich.

Mallorca

(Königreich) Diese größte Insel der Balearen im Mittelmeer wurde 121 vor Christus von den Römern erobert. Diese nannten sie „Insula Maior" oder „Maiorica", von daher stammt auch der spanische Name „Mallorca". Im Gegensatz dazu bezog sich die Bezeichnung „Insula Minora" auf die kleinere Baleareninsel Menorca.

König Jakob I. von Aragon eroberte die Insel 1229 von den Mauren. Mit Menorca, Ibiza, Roussilon und Montpellier bildete sie dann 1276–1343 das Königreich Mallorca. Danach blieb die Insel mit Aragon vereinigt.

Kaiser Karl VI. führte die Bezeichnung eines Königs von „Majorica" in seinem großen Titel.

Abb. 147: Mallorca (M. Göbl)

Wappen

Der Schild ist achtmal von Gold und Rot gespalten und mit einem blauen schrägrechten Schrägfaden belegt. (→ Abb. 147) Das Wappen ist vom Wappen Aragoniens abgeleitet, aber mit einem Beizeichen (Schrägfaden) gekennzeichnet. Es kommt nur unter Kaiser Karl VI. im Siegel von 1711 vor.

Mantua

(Herzogtum) Die in Oberitalien gelegene Stadt war namengebend für das im Mittelalter und in der frühen Neuzeit exis-

tierende Herzogtum, das ab 1328 von der Familie Gonzaga regiert wurde.

Kaiser Sigismund erhob das Territorium 1433 zu einer Markgrafschaft; ab da trug es nicht nur den Reichsadler im Wappen, sondern war auch ein erbliches Lehen der Familie Gonzaga.

Die Markgrafschaft lag an strategisch wichtiger Stelle am Schnittpunkt zwischen dem Herzogtum Mailand und der Republik Venedig einerseits und der Verbindung vom Kirchenstaat zu den Alpenübergängen ins Deutsche Reich andererseits, weshalb Kaiser Karl V. Mantua 1530 zum Herzogtum erhob. Im 16. Jahrhundert waren die Gonzaga in Mantua durch Heiratsverbindungen eng mit Habsburg verbunden: Eleonore, die Tochter von Kaiser Ferdinand I., heiratete 1561 Herzog Wilhelm von Mantua (Guglielmo Gonzaga) und gebar ihm acht Kinder.

Als die Gonzaga 1627 ausstarben, versuchte Ferdinand II. das Herzogtum Mantua als erledigtes Reichslehen einzuziehen. In dem darauf ausbrechenden Mantuanischen Erbfolgekrieg gelang es Frankreich, das Herzogtum 1631 an sich zu ziehen.

1708 gelang es dann den Habsburgern, im Verlauf des Spanischen Erbfolgekrieges Mantua als Reichslehen an sich zu bringen und mit dem Herzogtum Mailand zu vereinigen.

1805–1814 vorübergehend beim napoleonischen Königreich Italien, blieb es dann bis 1866 österreichisch, ehe es im nachfolgenden italienischen Königreich aufging.

Wappen

In Silber ein rotes, griechisches Kreuz, das von vier zueinander gekehrten schwarzen Adlern bewinkelt wird. Helmzier: ein wachsender schwarzer Adler. (→ Abb. 148)

Abb. 148: Mantua (H. G. Ströhl)

Das Wappen kam unter Maria Theresia zum ersten Mal in den österreichischen Staatswappen vor und blieb dort bis 1792. Der Schild ist ident mit dem Wappen von Guastalla, das von einer Nebenlinie der Mantuaner Gonzaga regiert wurde.

Masowien

Masowien war ursprünglich ein polnisches Stammesherzogtum, das sich östlich des Weichselufers in der Höhe von Warschau erstreckte. Es war im 12. Jahrhundert infolge der Erbteilung des Königreiches Polen in Teilherzogtümer entstanden und kam bei der Ersten Teilung Polens 1772 an Österreich. 1809 musste es an das Großherzogtum Warschau abgetreten werden. Masowien hat jedoch in der habsburgisch-österreichischen Geschichte noch eine weitere Bedeutung. Cimburgis (Czimbarka, Cymburga) von Masowien stammte aus einer Nebenlinie der Piasten und heiratete 1412 Ernst den Eisernen aus dem steirischen Zweig der leopoldinischen Linie der Habsburger, die später zur Hauptlinie werden sollte. Cimburgis war nicht nur die Mutter Kaiser Friedrichs III. und Großmutter Kaiser Maximilians I., sondern wurde zur Stammmutter der späteren Habsburger. Sie war eine fromme, schöne und auch kräftige Frau, von der berichtet wird, dass sie einen Hufnagel mit dem Daumen in ein hartes Brett drücken konnte.

Cimburgis verschaffte einem ihrer Brüder, Alexander von Masowien (1400–1444), hohe geistliche Würden in Österreich. Er wurde nicht nur Dompropst zu St. Stephan in Wien, sondern auch Bischof von Trient und Patriarch von Aquileia. Seine Grabplatte im Wiener Stephansdom zeigt deshalb bis heute neben dem polnischen Adler auch die Adlerwappen von Trient und Aquileia.

Wappen

In Rot ein silberner Adler. (→ Abb. 149)

Der silberne (weiße) Adler stellt die dynastische Wappenfigur der Piasten dar. Die Piasten waren jene polnische Herrscherdynastie, die zwischen dem 10. und 17. Jahrhundert mehrere Herzöge und Könige stellte. Die jüngere königliche Linie der Piasten war 1370 in Polen ausgestorben, während die ältere schlesische noch weiterbestand.

Das Wappen von Masowien kommt im großen österreichischen Reichswappen von 1806 im Rahmen der galizischen Wappengruppe vor.

Abb. 149: Masowien (M. Göbl)

Mecheln

(Mechelen; französisch: Malines) Die Stadt Mecheln, in der Provinz Antwerpen (Belgien) gelegen, kam im Gefolge der Burgundischen Hochzeit Kaiser Maximilians I. 1477 an das Haus Österreich. Maximilian übertrug seiner Tochter Margarete 1507–1530 die Regentschaft über die Burgundischen Niederlande. Die Statthalterin schlug in Mecheln ihre Residenz auf, wo sie auch ein neues Palais bezog.

Zur Zeit der Österreichischen Niederlande blieb die Stadt selbständig. Nach der Französischen Revolution teilte sie das Schicksal der übrigen Österreichischen Niederlande. Heute liegt Mecheln in Belgien.

Wappen

Der Schild ist sechsmal von Gold und Rot gespalten und trägt einen goldenen Mittelschild, belegt mit einem schwarzen Adler. (→ Abb. 150)

Das Wappen kommt in der österreichischen Heraldik zuerst unter Kaiser Maximilian I., dann unter Karl V., und immer wieder bis Franz II. vor.

Abb. 150: Mecheln (M. Göbl)

Modena

(Herzogtum) Der Name der norditalienische Stadt ist zugleich auch die Bezeichnung für das Herzogtum, das am südlichen Rand der Po-Ebene gelegen ist und schon in etruskischer Zeit besiedelt war. Die Römer nannten das Gebiet „Mutina". In langobardisch-fränkischer Zeit war Mutina eine Grafschaft und stand ab 1289 unter der Herrschaft der Este von Ferrara. 1452 erhob Kaiser Friedrich III. Modena und Reggio zum Herzogtum. 1471 wurde die Familie vom Papst auch mit der Stadt Ferrara belehnt, die dort ihre wichtigste Residenz errichtete. Da das Herzogtum einen Pufferstaat zwischen dem Kirchenstaat, Mailand und Venedig bildete, blieb es von Gebietsstreitigkeiten weitgehend verschont. Die Habsburger waren mit dem Herzogshaus eng verbunden. Kaiser Ferdinand I. verheiratete seine Tochter Barbara 1565 mit Herzog Alfons II. von Ferrara. Nach dem Verlust von Ferrara machten die Este Modena 1598 zu ihrem Hauptsitz. Im 18. Jahrhundert wurde das Gebiet noch um die Herzogtümer Mirandola und Novellara erweitert.

Die letzte Erbtochter der Este, Maria Beatrice, heiratete Ferdinand von Österreich, einen Sohn Maria Theresias, womit eine Verbindung der Familie Este mit den Habsburgern entstand und zugleich eine Tertiogenitur begründet wurde. Die Nachkommen aus dieser Verbindung trugen den Titel der Herzöge von Modena und waren Erben der Besitzungen der Familie Este. 1806 erbten die Herzöge von Modena das Schloss Catajo bei Padua, wo sich reiche Kunstsammlungen und eine große Waffenkammer befanden. Diese Sammlungen waren das Erbe des letzten Sprosses der Familie

Abb. 151: Modena (H. G. Ströhl)

Obizzi, deren Mitglieder einst zum Gefolge der Este am Hof von Ferrara gehörten.

Nach dem napoleonischen Intermezzo kam das Herzogtum 1814 an Franz IV. von Österreich-Este und fiel 1860 an das neu gegründete Königreich Italien. Der letzte Herzog von Modena, Franz V. d'Este, starb 1875 kinderlos in Wien und vererbte seinen Besitz und Namen an Erzherzog Franz Ferdinand, den späteren Thronfolger, der ab da den Namen Österreich-Este trug. Infolge seiner nicht standesgemäßen Heirat mit Sophie Gräfin Chotek im Jahre 1900 durften seine Nachkommen nicht mehr dem Haus Österreich (Habsburg) angehören, weshalb dieser Name mit ihm wieder erlosch. Seine drei Kinder Sophie, Max und Ernst waren zunächst „einfache" Fürsten beziehungsweise Sophie Fürstin von Hohenberg, nachdem ihre Mutter bereits 1900 zur Fürstin von Hohenberg und 1909 zur Herzogin von Hohenberg avanciert war.

Kaiser Karl I. verlieh Fürst Max noch 1917 die erbliche Herzogswürde nach dem Recht der männlichen Erstgeburt sowie ein wesentlich vereinfachtes Wappen. (→ Hohenberg)

Wappen (Modena)

In Blau ein goldener Adler. (→ Abb. 151)

Das Wappen kommt im großen Reichswappen von 1836 und im Herzschild des Erzherzogs Franz Ferdinand ab 1896 vor. (→ Abb. 152) Es ist auch auf seinen Schlössern Artstetten (Niederösterreich) und Konopischt (Konopiště, Tschechische Republik) anzutreffen.

Abb. 152: Franz Ferdinand Este (H. G. Ströhl)

Montfort

Das nach der Burg Montfort bei Götzis (Vorarlberg) benannte Grafengeschlecht teilte sich um die Mitte des 13. Jahrhunderts in drei Linien: Montfort-Feldkirch, Montfort-Bregenz und Montfort-Tettnang.

Der erste Montforter, Graf Hugo I. von Montfort, war der jüngere Sohn des Pfalzgrafen Hugo von Tübingen. Dieser jüngere Sohn, auch als Hugo der Gründer bekannt, nannte sich fortan nicht mehr „von Tübingen", sondern „von Montfort". „Comes montis fortis" bedeutet „Graf von dem starken Berg" und will ein Symbol für die Stärke sein. Da er mit der letzten Gräfin von Bregenz, Elisabeth, verheiratet war, beerbte er dadurch auch die Bregenzer Grafen. Unter den

Grafen von Montfort hat sich das Land Vorarlberg erstmals zu einem Territorium ausgebildet. Die Montforter Fahne war ursprünglich die Gerichtsfahne der Pfalzgrafen von Tübingen. Die Stadt Tübingen führt heute noch diese rote Fahne in ihrem Wappen. Da die rote Fahne das eigentliche Symbol der Montforter war, entwickelte sie sich auch zum vorarlbergischen Vereinigungssymbol.

Die Wappen der einzelnen Linien unterschieden sich nicht nur durch die Feldfarben und Zusätze, sondern auch durch die verschiedenen Helmzieren. Zuerst kamen als Helmzieren bei den Monfortern um 1280 Schirmbretter mit Pfauenfedern, ab 1309 der Beutelstand und die zweizipfelige Kappe mit Kugeln vor. Dann findet man bei der jüngeren Bregenzer Linie die Kappe in Form einer Bischofsmütze und als Variante der Tettnanger Linie einen Mannskopf mit aufgesetzter Bischofsmütze. Die jüngere Tettnanger Linie führte ab 1577 nur noch die Bischofsmütze. Sie war um den Bodensee reich begütert, 1780 kauften ihr die Habsburger ihre überschuldete Herrschaft ab, 1787 starb sie aus. 1810 war ein Teil davon durch einen Gebietstausch württembergisch geworden, weshalb der König von Württemberg in seinem vollständigen Titel auch den eines „Graf von Montfort" führte.

Wappen

In Silber eine rote, dreilätzige Kirchenfahne, die am oberen Rand drei rote Ringe trägt. (→ Abb. 153)

Abb. 153: Montfort (M. Göbl)

Das Bundesland Vorarlberg führt heute (Landesgesetz von 1996) das gleiche Wappen, in leicht variierter Form: in Silber das mit drei gleich breiten, schwarz befransten Lätzen versehene rote Montfortische Banner, das am oberen Rand drei rote Ringe trägt. Das obere Feld des Banners ist mit zwei, die Lätze sind mit drei schwarzen Querlinien durchzogen.

Namur

Namur liegt heute in Belgien, an der Mündung der Sambre in die Maas. Die Stadt war namengebend für die sie umgebende Grafschaft, die im 10. Jahrhundert entstand und heute eine Provinz bildet.

1262 fiel die Grafschaft an die Grafen von Flandern, 1421 erwarb sie Herzog Philipp der Gute aus Burgund. Mit den anderen burgundischen Erbländern kam sie nach 1477 an die Habsburger und ging dann in den Spanischen Niederlanden auf.

1692 wurden Stadt und Grafschaft von Frankreich annektiert und 1695 im Verlauf des Pfälzer Erbfolgekrieges von Wilhelm III. von Oranien erobert.

Im Verlauf des Spanischen Erbfolgekrieges kam es zu der merkwürdigen Situation, dass die Festung von den Niederländern, die Stadt aber von Österreich kontrolliert wurde.

1815 kam die Grafschaft endgültig an die Niederlande, ging jedoch 1830 an das neue Königreich Belgien.

Wappen

In Gold ein schwarzer, rotbewehrter Löwe, über den ein roter Schrägrechtsbalken gelegt ist. (→ Abb. 154)

Abb. 154: Namur (M. Göbl)

Das Wappen kommt seit Kaiser Maximilian I. in vielen Wappen vor, zuletzt im großen Reichswappen Kaiser Leopolds II. bis 1792.

Navarra

Navarra erstreckte sich als historisches Territorium im westlichen Pyrenäenraum und war ab 711 in den Händen der Mauren. Nach und nach gelang es den einheimischen Basken, mit fränkischer Unterstützung die Mauren zu vertreiben und eine eigene Herrschaft zu gründen.

905 war Navarra ein Königreich und unterstand vorübergehend dem Königreich von Aragon.

In der Mitte des 13. Jahrhunderts geriet es unter den Einfluss von Frankreich, mit dem es teilweise auch in Personalunion verbunden war. Die französischen Könige führten bis zur Französischen Revolution den Titel „König von Frankreich und Navarra" und verwendeten oft beide Wappen nebeneinander als Allianzwappen. Nach verschiedenen kriegerischen Auseinandersetzungen kam es zur Teilung zwischen Spanien und Frankreich.

König Ferdinand II. von Kastilien-Aragon eroberte 1512–1515 den südlich der Pyrenäen liegenden Teil, die heutige spanische Provinz Navarra. Der nördlich der Pyrenäen gelegene Teil kam 1610 an die französische Krone.

Abb. 155: Navarra (M. Göbl)

Wappen

In Rot ein goldenes Kettennetz mit einem grünen Mittelpunkt. (→ Abb. 155)

Das Kettennetz wird auch in älteren Darstellungen als Münzenschnurgeflecht bezeichnet. Dieses ungewöhnliche

Wappenbild dürfte aus den Metallbeschlägen des ursprünglich hölzernen Schildes entstanden sein. Nach der späteren Wappenlegende soll es sich um Beutestücke aus der Entscheidungsschlacht bei Las Navas de Tolosa von 1212 handeln, bei der das Heer der Muslime im Zuge der Reconquista von Christen geschlagen wurde: Mit diesen Ketten soll die Leibwache aus afrikanischen Sklaven das Zelt des Kalifen geschützt haben. Der Smaragd soll ein Schmuck seines Turbans gewesen sein.

In der österreichischen Wappenlandschaft führte Karl V. das Wappen von Navarra im Siegel.

Neapel

Die drittgrößte Stadt Italiens geht auf eine griechische Gründung zurück, die im 8. vorchristlichen Jahrhundert erfolgte. Aus griechischer Zeit stammt auch ihr Name Neapolis („Neustadt"). Später wurde Neapel zunächst ins (west-)römische, ab 553 ins oströmische Reich eingegliedert.

1137 eroberten es die Normannen und 1194–1266 regierten die Staufer das Herzogtum.

1266 eroberte Karl I. von Anjou als Lehensnehmer des Papstes das Königreich beider Sizilien und machte Neapel zur Hauptstadt.

1282 wurde jedoch durch den Volksaufstand der „Sizilianischen Vesper" die verhasste französische Herrschaft in Sizilien gestürzt. Die Anjous versuchten zwar die Insel wieder zu erobern, wurden aber von der aragonesischen Flotte besiegt, sodass ihnen in Unteritalien nur das Festland verblieb.

1442 löste das Haus Aragon die Anjou ab.

1504–1707 residierten in Neapel spanische Vizekönige.

Nach dem Spanischen Erbfolgekrieg kam Neapel 1713 an Österreich, bereits 1735 gefolgt von den spanischen Bourbonen als Herrscher, bis das Territorium dann im Königreich Italien 1861 aufging.

Wappen

Neapel-Anjou

In Blau ein mit goldenen Lilien besäter Schild mit rotem fünflätzigem Turnierkragen. (→ Abb. 156)

Dies ist das Wappen der Anjou, das Karl I. (1227–1285) geführt hat und auf das Königreich Neapel überging. Später

Abb. 156: Neapel-Anjou, Alt-Anjou (M. Göbl)

Abb. 157: Neapel-Anjou bei Franz Stephan von Lothringen (M. Göbl)

wurde das Wappen mit dem Wappen des Königreiches Jerusalem kombiniert.

Das Wappen des Königreiches Neapel kommt in der österreichischen Heraldik unter Kaiser Karl VI. (1711–1740) als spanisches Anspruchswappen vor, wobei er das Wappen Alt-Anjous verwendete. Auf den Siegeln kann der Turnierkragen wegen des dort herrschenden Platzmangels manchmal auch nur vierlätzig ausgebildet sein. (→ Alt-Anjou)

Neapel-Anjou bei Franz Stephan

Der Lothringer Franz Stephan führte ebenfalls das Wappen von Anjou in die österreichischen Wappensuiten ein. Es zeigt ein mit Lilien bestreutes blaues Feld mit einer roten Bordüre ohne Turnierkragen. Ab 1804 bis zum großen Reichswappen von 1836 wird wieder das ältere Wappen von Anjou mit fünflätzigem Turnierkragen und ohne rote Bordüre geführt. (→ Abb. 157)

Neapel auf der Ehrenpforte

Kaiser Maximilian I. verwendete für Neapel auf der Ehrenpforte das gevierte Wappen für Neapel, das sonst nicht mehr vorkommt. Das Wappen besteht aus zwei zusammengeschobenen Schilden: In 1 und 4 siebenmal geteilt von Silber und Rot (das Anspruchswappen der Anjou auf Ungarn), und in 2 und 4 in Gold vier rote Pfähle (Aragon). (→ Abb. 158)

Abb. 158: Neapel auf der Ehrenpforte (M. Göbl)

Auch heute noch besteht das Wappen der Stadt Neapel aus den Farben Gold und Rot. Diese einfachen Stadtfarben gehen auf die Farben von Aragon, Rot und Gold, zurück, die auch die Farben beider Sizilien waren und in den Städtewappen von Unteritalien weit verbreitet sind.

Nellenburg

Die schwäbische Landgrafschaft, nördlich des Bodensees gelegen, mit ihrem Hauptort Stockach erwuchs aus dem karolingischen Hegau. Stockach liegt am Fuß der heute noch als Ruine erhaltenen Nellenburg. Sie war auch Namensgeber des im Hegau reich begüterten Grafengeschlechts.

Name, Burg und Herrschaft kamen 1170 im Erbweg an die Grafen von Veringen. Ab 1275 nannten sie sich Grafen von Nellenburg und Landgrafen im Hegau. Stockach wurde wahrscheinlich durch die Grafen von Veringen-Nellenburg Mitte des 13. Jahrhunderts gegründet. 1422 starb der letzte

Nellenburger. Die Landgrafschaft kam an den Sohn seiner Schwester, den Freiherrn Johann von Tengen. Dessen Enkel verkaufte sie 1465 an Herzog Sigismund von Österreich, der damals Tirol und die vorderösterreichischen Lande regierte. Dieser konnte sie schließlich als Reichspfandschaft endgültig erwerben, um die habsburgische Stellung im südlichen Schwaben gegen die Eidgenossen weiter abzusichern.

1609–1618 besaß Markgraf Karl von Burgau (Eltern: Erzherzog Ferdinand und Philippine Welser) die Landgrafschaft als österreichisches Afterlehen.

Im Frieden von Pressburg 1805 gelangte sie an Württemberg und durch die Rheinbundakte 1806 an Baden.

Wappen

In goldenem Feld drei blaue Hirschstangen übereinander. (→ Abb. 159) Es kommt im großen Reichswappen von 1804 vor.

Abb. 159: Nellenburg (H. G. Ströhl)

Niederösterreich

Das heutige Bundesland Niederösterreich und Teile von Oberösterreich gingen aus der Markgrafschaft Österreich hervor. Das war das Gebiet zwischen Enns und March südlich der Donau Teil der römischen Provinzen Noricum und Pannonien, nördlich davon waren germanische Siedlungsräume.

Die Völkerwanderung ließ hier Bayern vom Westen und Slawen vom Osten sesshaft werden. Im Verlauf der Awarenkriege wurde in diesem Gebiet eine Mark eingerichtet und dem Frankenreich angeschlossen.

Kaiser Otto II. verlieh 976 den Babenbergern die Markgrafschaft, die 996 erstmals Ostarrichi genannt wurde.

Um 1140 wurden die Grenzen des heutigen Bundeslandes gegen Norden und Osten hin erreicht und kurze Zeit später, 1156, wurde es zum Herzogtum erhoben (Privilegium Minus).

Nach dem Aussterben der Babenberger bemächtigte sich der Böhmenkönig Ottokar II. Přemysl des Landes, bis zur Besitznahme durch die Habsburger 1282, die dann bis 1918 die Landesherren blieben.

Aufgrund des Privilegium Maius, das erst 1453 anerkannt wurde, war ab dem 16. Jahrhundert der Name „Erzherzogtum Österreich unter der Enns" üblich. 1922 verlor Nieder-

Abb. 161: Niederösterreich, ab 1920 (ÖStA)

österreich seine natürliche Hauptstadt Wien, die zu einem eigenen Bundesland wurde. 1986 wurde in einer Volksabstimmung St. Pölten zur neuen Landeshauptstadt des heute größten österreichischen Bundeslandes bestimmt.

Wappen

In Blau fünf goldene Adler, 2:2:1 gestellt. Der Schild trägt eine goldene Mauerkrone mit drei Zinnen (Landesverfassungsgesetz 1920). (→ Abb. 161)

Das Fünfadlerwappen von Niederösterreich hat eine eigene Entstehungsgeschichte und entstand im Zusammenhang mit dem heiligen Leopold als Fantasiewappen. Es erschien erstmals um 1330/50 auf Glasscheiben im Stift Klosterneuburg und wurde als Wappen des Markgrafen Leopold gedeutet, obwohl es zu dessen Lebzeiten noch gar keine Wappen gab. Tatsächlich blieben aber im Stift Stücke eines blauen Seidenstoffes mit darauf gestickten goldenen Vogeldarstellungen erhalten, die als Gewand des Heiligen angesehen werden.

In der zweiten Hälfte des 15. Jahrhunderts erlangte das Fünfadlerwappen große Popularität, nachdem Leopold zum Heiligen und Schutzpatron des Landes geworden war. Währenddessen war das bisher reichsrechtlich einheitliche Erzherzogtum Österreich in zwei voneinander unabhängige Länder Österreich ob und unter der Enns zerfallen. Da Oberösterreich seit Anfang des 15. Jahrhunderts ein eigenes Wappen hatte, wäre für Niederösterreich der Bindenschild verblieben, der jedoch zugleich als Gesamtwappen des Erzherzogtums galt. In Ermangelung eines eigenen Landeswappens wurde deshalb der Fünfadlerschild als inoffizielles Landeswappen gebraucht, oftmals in Kombination mit dem Bindenschild. Erst die Proklamation des Kaisertums Österreich 1804 sanktionierte das Fünfadlerwappen als eigenes Wappen des Landes Österreich unter der Enns. Bis 1919 ruhte der Erzherzogshut auf dem Wappenschild, danach wurde aus politischen Gründen das als zu monarchistisch angesehene Symbol durch die Mauerkrone ersetzt. Eigentlich ein heraldisches Paradoxon, da Mauerkronen als Symbol für die Stadtmauer für gewöhnlich nur auf Stadtwappen erscheinen. (→ Abb. 160)

Abb. 160: Niederösterreich, 1804–1920 (H. G. Ströhl)

Oberösterreich

Das Land zwischen den Flüssen Donau, Inn und Enns gehörte zur römischen Provinz Noricum. Ab dem 6. Jahrhundert von Bayern besiedelt, gliederte es sich in mehrere Grafschaften und Herrschaften.

Der Traungau kam 1192 von den steirischen Herzögen an die Babenberger, die in weiterer Folge Güter in Regau mit Vöcklabruck und nach 1200 Linz und Wels erwarben.

1281 schuf der Habsburger Albrecht I. einen Gerichts- und Verwaltungssprengel ob der Enns, der zur Keimzelle des Landes wurde.

1380/90 konnten die Habsburger unter Albrecht III. die mächtigen Grafen von Schaunberg unterwerfen. Das Land erhielt um 1390 auch ein eigenes Wappen, das bis heute Landeswappen ist.

Mitte des 15. Jahrhunderts trennten sich die Landstände ob der Enns von den Ständen unter der Enns ab und formierten sich zu einem eigenständigen „Fürstentum Österreich ob der Enns". 1490 wurde Linz erstmals als Hauptstadt des Landes bezeichnet. Im Bayerischen Erbfolgekrieg konnte Kaiser Maximilian I. 1505 die Herrschaft Mondsee erwerben.

1779 wurde das Innviertel von Bayern an Oberösterreich angegliedert.

Abb. 162: Oberösterreich, ab 1930 (ÖStA)

Wappen

In einem gespaltenen Schild rechts in Schwarz ein goldener rotbezungter Adler mit roten Krallen; links in Silber zwei rote Pfähle; der Schild trägt den österreichischen Erzherzogshut. Diese Form wurde 1930 in einem Landesverfassungsgesetz festgelegt. (→ Abb. 162)

Das Wappen ist erstmals um 1390 bezeugt und wurde aus dem Wappen der Herren von Machland abgeleitet. Das Führen eines eigenen Wappens bekräftigt nach außen symbolisch, dass das Gebiet landrechtlich zu einem eigenen Land ob der Enns geworden war, obwohl es seit dem hohen Mittelalter auch zur Mark beziehungsweise zum Herzogtum Österreich gehört hatte. Das Wappen stellt daher eine Kombination aus den beiden Wappen der Babenberger dar: einerseits das alte Adler-Wappen, andererseits die neuen babenbergischen Farben Rot-Weiß-Rot ab 1230. (→ Abb. 163)

Als Variante der Helmzier wächst in manchen älteren Darstellungen aus der Helmkrone ein goldener Adler hervor, der eine Waage im Schnabel trägt (Handregistratur Kai-

Abb. 163: Oberösterreich, 15. Jh. (ÖStA)

Abb. 164: Oberösterreich, 19. Jh. (H. G. Ströhl)

Abb. 165: Oberösterreich, bis 1930 (H. G. Ströhl)

Abb. 166: Oppeln (M. Göbl)

ser Friedrichs III., 1446). Diese seltene Form hat auch Ströhl in seiner Wappenrolle verwendet. Wissenschaftlich konnte diese Waage bislang noch nicht hinreichend erklärt werden. (→ Abb. 164)

Im Gegensatz zu Niederösterreich trägt der oberösterreichische Schild auch heute noch den Erzherzogshut. (→ Abb. 165)

Ober- und Niederlausitz

→ Lausitzen

Oppeln

(Opolskie) Die Stadt und das gleichnamige Herzogtum liegen beiderseits der Oder in der schlesischen Tiefebene.

Um 990 wurde Schlesien samt dem Gebiet von Oppeln Polen angeschlossen. Die Herzöge von Oppeln, die aus dem Geschlecht der polnischen Herrscherdynastie der Piasten stammten, regierten 1163–1327 als unabhängige Fürsten. Danach wurde Oppeln der Krone Böhmens als Lehen untergeordnet.

1526 fiel die Stadt mit Böhmen an die Habsburger.

Nach der Einverleibung Schlesiens durch Preußen 1742 fiel auch Oppeln an die neuen Machthaber.

Oppeln (Opolskie) ist heute eine Stadt und Woiwodschaft im südwestlichen Teil Polens.

Wappen

In Blau ein goldener Adler. (→ Abb. 166)

Um 1530 führte Ferdinand I. das Wappen von Oppeln im Siegel.

Ortenau

Diese Landschaft am mittleren Oberrhein war im 13. Jahrhundert ein Reichsgut zwischen Elsass und Schwaben. Rudolf von Habsburg richtete 1274 die Reichslandvogtei Ortenau, mit den Reichsstädten Offenburg, Gengenbach und Zell am Harmersbach ein.

1551/57 gliederte Ferdinand I. Ortenau in den habsburgischen Besitz ein, indem er die Reichlandvogtei seinem Sohn

Erzherzog Ferdinand II., dem Regenten von Tirol und der Vorlande, übertrug.

Ab 1701 war Ortenau als österreichisches Lehen bei den Markgrafen von Baden-Baden. Nach deren Aussterben 1771 wurde die Reichslandvogtei wieder vorderösterreichisch.

Durch den Reichsdeputationshauptschluss von 1803 kam Ortenau an den letzten Herzog von Modena-Este als Ersatz für das verlustig gegangene Herzogtum Modena. Dieser starb jedoch noch 1803 und die Landvogtei ging an seinen Schwiegersohn Erzherzog Ferdinand Karl Anton von Österreich, der mit Maria Beatrix von Este verheiratet war. Zu einer rechtlichen Durchführung kam es jedoch wegen der Kriegsereignisse nicht.

Im Pressburger Frieden von 1805 kam die vorderösterreichische Landvogtei endgültig zum Herzogtum Baden.

Die Landschaft befindet sich heute im deutschen Bundesland Baden-Württemberg.

Wappen

In Gold eine rote Burg mit zwei Türmen und einem tagbeleuchteten Tor mit zwei geöffneten silbernen Torflügeln. (→ Abb. 167)

Abb. 167: Ortenau (M. Göbl)

Dieses Wappen erscheint im großen Wappen des 1804 geschaffenen österreichischen Kaisertums, gemäß der von Kaiser Franz II. in seinem großen Titel geführten Bezeichnung „Landgraf in der Ortenau".

Österreich

Die Babenberger, die ab 976 Österreich als Markgrafen regieren, führten seit ihrer Erhebung zu Herzögen 1156 einen einköpfigen Adler im Schild. Dies war gleichsam ein Amtswappen, abgeleitet vom Wappen des Kaisers als dem obersten Herrn, so wie es auch andere kaiserliche Amtsträger führten (zum Beispiel Brandenburg, Mähren oder Tirol).

Herzog Friedrich II. (1230–1246), der Streitbare, tauschte 1230 sein bis dahin geführtes Wappen, den Adlerschild, gegen den rot-weiß-roten Bindenschild aus. Damit betrat diese Farbkombination zum ersten Mal die heraldische Bühne und stellt nicht nur bis heute das staatliche Symbol Österreichs dar, sondern zählt auch zu den ältesten staatlichen Hoheitszeichen Europas. (→ Babenberger)

Heraldisch korrekt müsste man eigentlich von einem Balkenschild (im roten Feld ein silberner Balken) sprechen,

Abb. 168: Österreich mit dem Pfauenstoß (H. G. Ströhl)

jedoch hat sich unter dem Einfluss der Entstehungslegende der Begriff Bindenschild durchgesetzt: Als man dem österreichischen Herzog Leopold V. nach der Schlacht von Akkon im Dritten Kreuzzug 1191 den Schwertgurt abnahm, sei das weiße Waffenkleid des Herzogs vom Blut rot gefärbt worden und ein weißer Streifen („Binde") sei übrig geblieben. Diese Wappensage findet sich erstmals in einem historischen Fabelwerk um 1385 („Chronik der 95 Herrschaften") und wurde in den folgenden Jahrhunderten immer weiter ausgeschmückt. In der Proklamation über das neue österreichische Reichswappen 1806 nahm die Legende offiziellen Charakter an und wurde auch in den Schullesebüchern des 19. Jahrhunderts abgedruckt.

Die Ursachen für den Wappenwechsel und die Herkunft des Bindenschildes sind nicht eindeutig geklärt. Politische Umstände und verfassungsgeschichtliche Entwicklungen bewirkten jedoch im ersten Drittel des 13. Jahrhunderts ein Abgehen von der ursprünglichen Motivation, das kaiserliche Amtszeichens (Adler) zum Sinnbild der eigenen Identität zu erklären.

Die Babenberger in Österreich, seit dem frühen 12. Jahrhundert unverändert kaisertreu, fielen zwar nicht vom Herrscher des römisch-deutschen Reiches ab, förderten aber ihre eigene Landeshoheit. Schon bei seinem Amtsantritt 1230 legte daher Herzog Friedrich II. den Adler ab und nahm stattdessen den bis dahin politisch noch völlig unbekannten Bindenschild als individuelles Wappen an. (→ Abb. 22)

Da die erste bildliche Darstellung des rot-weiß-roten-Wappens nur auf einem Siegel nachweisbar ist und aufgrund des einfärbigen Materials keine Farben bestimmbar sind, muss auf andere Quellen zurückgegriffen werden. Nur wenige Jahrzehnte nach Auftauchen des Bindenschildes beschrieb Konrad von Mure (Muri), Domkantor in Zürich, zirka 1242/49 als Erster in seinem Wappengedicht „Clipearius Teutonicorum" die Farben: „Dux tuus, Austria, vult clipeum preferre rubentem / Cui paras fert media zonam candore nitentem." („Dein Herzog, oh Österreich, bevorzugt einen roten Schild, dessen Mitte trägt einen Gurt von blendendem Weiß.")

Die Tatsache, dass der Bindenschild schon unmittelbar nach dem Tod des letzten Babenbergers als Symbol für das Herzogtum Österreich angesehen wurde, zeigt die Umstände seiner Weiterverwendung. Der böhmische König Ottokar II. Přemysl, der sich der österreichischen Länder bemächtigte, übernahm 1252–1278 den Bindenschild bereits ganz selbstverständlich als Landeswappen.

Nachdem Albrecht I. als erster Habsburger 1282 mit Österreich belehnt worden war, ließ er sich sofort ein Reitersiegel mit dem Bindenschild als Zeichen seiner Herrschaft schneiden. Hier trat auch zum ersten Mal in der offiziellen landesfürstlichen Heraldik der Pfauenstoß als Helmkleinod des österreichischen Herzogswappens zutage. Manchmal wird der Pfauenstoß auch Pfauenstutz bezeichnet, da er an der oberen Seite gerade abgeschnitten aussieht. (→ Abb. 168)

Über die Herkunft des Pfauenstoßes als österreichische Helmzier gibt es verschiedene Theorien. Ob er von den Grafen von Plain und Hardeck, die die österreichischen Bannerträger waren, oder vom Domvogt von Regensburg Otto V. von Lengenbach, den Herzog Friedrich beerbte, stammt, ist nicht gesichert. Es könnte aber auch ein rein babenbergisches Zeichen sein, das bereits Herzog Leopold VI. bei einem Kreuzzug vor Damiette (Ägypten) 1218 trug.

Obwohl die Habsburger durch Heiratspolitik ihre Territorien vermehrten und dadurch auch ihre Wappensammlung ständig erweiterten, verloren sie den rot-weiß-roten Bindenschild als zentrales Symbol ihres Kernlandes, des Herzogtums beziehungsweise Erzherzogtums Österreich, nicht aus den Augen. Trotz aller Herrschaftsteilungen und Territorialverluste wuchs das Rot-Weiß-Rot zu einem Zeichen eines Territoriums heran, das als „Haus Österreich" einen weit größeren Machtbereich umfasste. Die fremdsprachlichen Variationen „Maison d'Autriche", „Casa de Austria" oder „Domus Austriae" lassen europäische Dimensionen erkennen.

Das eigentliche Familienwappen der Habsburger, der rote Löwe im goldenen Feld, wurde vorübergehend dabei fast völlig in den Hintergrund gedrängt.

Bei Friedrich dem Schönen (1289–1330) ist in singulärer Weise folgende Wappendarstellung nachweisbar: der rot-weiß-rote Schild auf der Brust eines einfachen Adlers. 1325 ließ sich Friedrich der Schöne dieses Wappen auf ein Sekretsiegel schneiden und verwendete es an einer Urkunde, die er gemeinsam mit dem römisch-deutschen König Ludwig IV. dem Bayern ausstellte. Die Urkunde, an der das Siegel hängt, ist ebenfalls singulär: Mit ihr erkannten sich Friedrich und Ludwig gegenseitig als Könige an. Später ist diese Form des Wappens nicht mehr nachweisbar und sollte in dieser Grundkonfiguration erst wieder 1919 als neues Staatswappen der Republik Österreich Verwendung finden. (→ Abb. 169)

Abb. 169: Siegel Friedrich des Schönen, 1325 (ÖStA)

Abb. 170: Alt- und Neu-Österreich, 15. Jh. (ÖStA)

Wappen

Der rot-weiß-rote Bindenschild wurde von den Gelehrten des 15. Jahrhunderts für jünger gehalten, weshalb sie ihm den Namen „Neu-Österreich" gaben. Im Gegensatz dazu wurde der Fünfadlerschild für das Wappen des Markgrafen Leopold III. gehalten und daher als „Alt-Österreich" bezeichnet. Tatsächlich ist es jedoch genau umgekehrt: Der Bindenschild stellt das ältere Wappen dar. (→ Niederösterreich) (→ Abb. 170)

Österreichische Schiffsflaggen

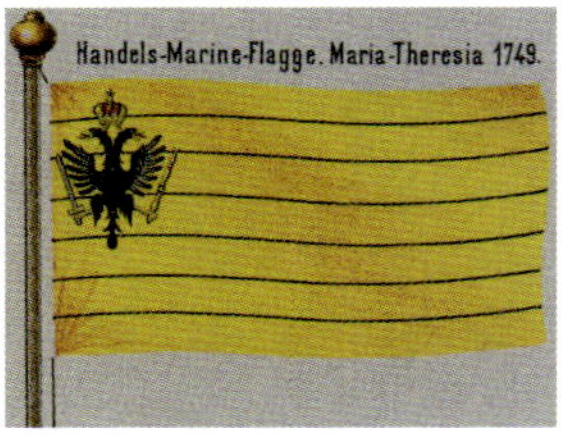

Rot-Weiß-Rot fand, neben seiner Verwendung als überregionales Wappen des Hauses Österreich, im Aufwind der österreichischen Handelsschifffahrt im 18. Jahrhundert als Schiffsflagge eine neue Bestimmung. 1786 griff Joseph II. auf diese Farbkombination zurück, um seine Schiffe, die aus den Häfen der Erbländer ausliefen, besser zu kennzeichnen. Bis zu diesem Zeitpunkt hatten diese Schiffe entweder den kaiserlichen Doppeladler oder mehrfach gestreifte schwarz-gelbe Flaggen gehisst. (→ Abb. 171)

Abb. 171: Handelsmarine, 1749–1786 (ÖStA)

Da aber die Marine der Toskana, welche von habsburgischen Sekundogenituren regiert wurde, das gleiche Farbspektrum verwendete, musste zur Unterscheidung eine neue Flagge kreiert werden. Unter Weglassung aller Länderwappen wurde „das Österreichische Wappen als der Hauptgegenstand und das wahre Centrum Reunionis aller österreichischen Erbbesitzungen" (Staatskanzler Fürst Kaunitz) unter einer Königskrone allein dargestellt. (→ Abb. 172)

Abb. 172: Handels- bzw. Kriegsflagge, 1786–1918 (ÖStA)

Die damals geschaffene rot-weiß-rote Seeflagge war als Handelsflagge bis 1867 und als Kriegsflagge bis 1918 für die Schiffe der Österreichisch-Ungarischen Monarchie in Gebrauch.

1867 wurde die Handelsflagge den Bestimmungen des Ausgleichs Österreichs mit Ungarn angepasst und einfach um die ungarischen Embleme erweitert. (→ Abb. 173)

Abb. 173: Handelsmarine, 1867–1918 (ÖStA)

Padua

Padua wurde im antiken Römischen Reich „Patavium" genannt, gehört zu den ältesten Städten Italiens und liegt am Rande der Poebene.

Im Mittelalter gehörte die Stadt zum Heiligen Römischen Reich und trat im 12. Jahrhundert unter Kaiser Friedrich Barbarossa dem Lombardischen Städtebund bei. Dieser Zusammenschluss von Städten richtete sich gegen die Italienpolitik der Deutschen Kaiser aus dem Haus der Staufer.

1222 wurde in Padua nach Bologna und Modena die dritte italienische Universität gegründet.

Die unabhängige Stadt gehörte ab 1406 zur Republik Venedig.

1797 kam Padua aufgrund des Friedens von Campo Formio vorläufig und mit dem Wiener Kongress endgültig an Österreich und wurde Teil des Lombardo-Venetianischen Königreiches, bis die Stadt 1866 im neuen Königreich Italien aufging.

Abb. 174: Padua (M. Göbl)

Wappen

In Silber ein rotes Kreuz. (→ Abb. 174)

Wie bei anderen oberitalienischen Stadtwappen geht diese Wappenfigur auf den Lombardischen Städtebund zurück und war auch im großen Wappen der Republik Venedig vertreten. Aus deren Erbmasse gelangte sie auch in das große Reichswappen des österreichischen Kaisertums, das 1804 geschaffen wurde.

Kaiser Franz I. verlieh der Stadt Padua am 26. Juli 1825 ein Wappen, die Ausfertigung des Diploms zog sich aber bis 1852 hin.

Das paduanische Wappen wurde verbessert, indem der Schild eine goldene Arabeskeneinfassung erhielt. Über dem Schild wächst aus einer Blätterkrone ein schwarzer bekrönter Doppeladler. (→ Abb. 175)

Abb. 175: Padua, 1825–1866 (ÖStA)

Parma und Piacenza

(Placenz) Parma und Piacenza sind die Namen von Städten und zugleich von ehemaligen Herzogtümern in der südwestlichen Poebene in Oberitalien, heute in der Region Emilia-Romagna gelegen.

Papst Paul III. Farnese erhob die beiden Territorien 1545 zu Herzogtümern und belehnte seinen natürlichen Sohn Pietro Luigi Farnese damit. Die Herrschaft der Farnese endete 1731 mit ihrem letzten männlichen Nachkommen.

Die Herzogtümer kamen dann zunächst an Don Carlos, den Sohn Philipps V. von Spanien, in der Folge aber als Kompensation für die Abtretung des Königreiches beider Sizilien 1738 an Österreich.

Im Aachener Frieden 1748 trat Maria Theresia Parma, Piacenza und Guastalla wieder an Spanien ab, behielt aber die Wappen als „Anspruchswappen" weiter in Verwendung.

Nach dem Wiener Kongress 1815 wurden die Herzogtümer der Tochter Kaiser Franz I. und Exgattin Napoleons, Marie Louise von Österreich, zugesprochen.

1860 gingen die Herzogtümer im neuen Königreich Italien auf.

Wappen

Farnese-Parma

Das Wappen des Herzogtums Parma bestand ab 1556 aufgrund der Ehe des Herzogs Ottavio mit Margarete von Österreich, einer Tochter Karls V., aus einer Verschmelzung der Wappen des Hauses Farnese mit dem österreichisch-burgundischen Wappen und dem Abzeichen der päpstlichen Fahnenträger. (→ Abb. 176)

Papst Paul III. († 1549) aus dem Hause Farnese ernannte 1545 seinen illegitimen Sohn Peter Ludwig (Pietro Luigi) zum Herzog von Parma und zum Fahnenträger der Kirche (Gonfaloniere della Chiesa). Das Würdezeichen der Gonfalonieri war der päpstliche Schirm.

Peter Ludwigs Sohn heiratete 1538 eine illegitime Tochter Kaiser Karls V., Margarete (1522–1586), die wie andere Habsburgerkinder als einfaches Wappenbild (Stammwappen) einen von Österreich und Burgund gespaltenen Schild führte.

Ihr Gatte, Herzog Octavio, behielt das kirchliche Amtszeichen und quadrierte den Hintergrund: Farnese in Feld 1 und 4, Österreich-Burgund in 2 und 3. Wegen des Verlusts des päpstlichen Fahnenträgeramtes – Odoardo Farnese wurde 1641 exkommuniziert – musste das entsprechende Würdezeichen wieder entfernt werden, worauf sich die vorher in der Quadrierung auseinander gehaltenen Felder Farnese und Österreich-Burgund zu sechs gleich großen Feldern verschoben.

Abb. 176: Farnese-Parma (M. Göbl)

Abb. 177: Parma (H. G. Ströhl)

Parma

In Gold sechs (3:2:1) blaue Lilien, die eigentlich das Familienwappen des Hauses Farnese bilden, das sich auf das Territorium Parma übertrug. (→ Abb. 177)

Das Wappen von Parma erscheint in der österreichischen Wappenlandschaft zuerst unter Kaiser Karl VI. und kommt zuletzt noch im großen Reichswappen von 1836 vor.

Passau

(Bistum) Die „Dreiflüssestadt" an Donau, Inn und Ilz gehört zu den ältesten Städten nördlich der Alpen und besaß schon ab 739 einen Bischofssitz.

Nach Niederwerfung der Awaren durch Karl den Großen hatte sich der Missionsauftrag in den Osten über die March und Leitha bis an die Raab ausgedehnt. Bis zur Gründung des Bistums Wien (1469) war Passau das eigentliche Bistum von Österreich. So hat der Wiener Stephansdom sein Patrozinium vom Passauer Stephansdom. Der Bischof von Passau besaß seit 999 auch den Großteil der Stadtherrschaft und es gelang ihm bis zum Ende des 12. Jahrhunderts aus einzelnen Gütern um die Stadt, mehreren Stiften und Klöstern ein Territorium zu bilden.

1217 wurde Passau zum Fürstbistum erhoben und mit dem Ilzgau belehnt. Wenn auch die Stadtherrschaft des Bischofs grundsätzlich erhalten blieb, erzwangen immer wiederkehrende Aufstände eine Abgabe von Rechten an die Bürgerschaft.

Große Gebietsverluste für Passau brachte die Abtrennung der Bistümer Wiener Neustadt (1468), Linz (1783) und St. Pölten (1784) mit sich. Zu den bedeutendsten Fürstbischöfen gehörten die Erzherzöge Leopold († 1632) und Leopold Wilhelm († 1662). 1728 wurde das Bistum aus der Salzburger Kirchenprovinz eximiert.

Der Reichsdeputationshauptschluss von 1803 brachte auch für Passau die Säkularisation. Der größte Teil des Fürstentums kam an das Großherzogtum Toskana, die übrigen Teile mit der Stadt an Bayern. Großherzog Ferdinand III. von Toskana war zugleich Kurfürst von Salzburg beziehungsweise Würzburg.

1805 gelangte Bayern gänzlich in den Besitz des ehemaligen Fürstentums.

Wappen

In Silber ein roter Wolf. (→ Abb. 178)

Das Wappen stammt aus dem 13. Jahrhundert. Ähnlich wie bei Würzburg (1806) wurde das Passauer Wappen von

Abb. 178: Passau (M. Göbl)

Kaiser Franz II. als das einer österreichischen Sekundogenitur in das große Reichswappen des Kaisertums von 1804 aufgenommen. Da die Stadt Passau das gleiche Wappen führte, belegte sie zur Unterscheidung den Schild mit einem blauen Schrägrechtsbalken.

Heute sind das Wappen der Stadt und des Bistums ident.

Pfirt

(Ferrette) Die alte Grafschaft Pfirt umfasste die Herrschaften Altkirch, Thann, Delle, Rougemont und Belfort im Elsass, westlich von Basel. Hauptort war Thann (westlich von Mühlhausen), wo Herzog Albrecht II. im März 1324 Johanna (Jeanne de Ferrette), Tochter des Grafen Ulrich III. von Pfirt und Herrn von Rougemont, die mütterlicherseits aus dem Hause Burgund stammte, ehelichte. Ferrette war durch Abtrennung von der Grafschaft Montbéliard (Mömpelgard) im 11. Jahrhundert entstanden.

Durch den Westfälischen Frieden 1648 kamen die habsburgischen Besitzungen im Elsass, worunter auch die Grafschaft Pfirt fiel, an Frankreich.

Später kam durch Heirat der Titel eines Grafen von Pfirt an das Haus Grimaldi, die Fürsten von Monaco, die heute noch in ihrer Titulatur den Namen eines Comte de Ferrette führen.

Wappen

Das Wappen von Pfirt zeigt in Rot zwei voneinander abgewendete goldene Fische (Barben). Als Helmzier werden die beiden Fische wiederholt. Die Helmdecken sind golden und rot. (→ Abb. 179)

In der österreichischen Heraldik kommt die Grafschaft 1359 zum ersten und 1754 zum letzten Mal vor. Noch heute ist das Wappen, vereint mit dem österreichischen rot-weiß-roten Bindenschild, am Rathaus der kleinen Stadt Ferrette im elsässischen Departement Haut-Rhin zu sehen. Außerdem kommt das österreichische Wappen im Münster St. Theobald zu Thann (Elsass) vor. Das Pfirter Wappen kann jedoch auch an der Westfassade des Stephansdoms in Wien, am Göglhaus in Krems (Niederösterreich) oder in der Stiftskirche in Millstatt (Kärnten) festgestellt werden.

Abb. 179: Pfirt (ÖStA)

Podlachien und Brześć

Die historische Landschaft, zwischen Weichsel und Bug gelegen, war ursprünglich ein Teil des Herzogtums Masowien, mit dem sie 1351 der Krone von Polen unterstellt wurde.

Bei der Ersten Polnischen Teilung 1772 wurde Podlachien österreichisch.

1809 kam das Territorium an das Großherzogtum Warschau und 1815 an Russland.

Heute ist Podlachien mit der Hauptstadt Białystok eine von 16 Woiwodschaften der Republik Polen.

Abb. 180: Podlachien und Brześć (M. Göbl)

Wappen

In Silber ein galoppierender, geharnischter Reiter mit erhobenem Schwert, der auf seinem Schild ein doppeltes Kreuz trägt. (→ Abb. 180)

Mit diesem „weißen Ritter" soll der Gründer des mittelalterlichen litauischen Staates und der Hauptstadt Vilnius, Gediminas (Gedimin, 1316–1341), dargestellt werden. Unter Gediminas war Litauen zu einem Großfürstentum aufgestiegen, das sich von der Ostsee bis zum Schwarzen Meer über die heutigen Territorien von Litauen, Weißrussland, Westrussland, Ukraine und Polen erstreckte. Das Doppelkreuz auf dem Schild soll der Legende nach vom heiligen Ladislaus stammen.

Die Litauer gelten als der letzte heidnische Stamm, der in Europa zum Christentum bekehrt wurde. Das Doppelkreuz wurde nicht nur zum festen Bestandteil des litauischen Wappens, sondern auch zum dynastischen Symbol der Jagiellonen.

Dieses Wappen ist im großen Reichswappen von 1806 zusammen mit dem ehemals litauischen Brześć vertreten.

Portenau

(*Pordenone, Portus naonis*) Pordenone liegt am Fluss Noncello im westlichen Friaul. Seine Erwerbung geht auf den Babenberger Herzog Leopold VI. zurück, der 1222 diese alte aquileiensische Mark kaufte. Sie sollte für lange Zeit ein ferner Außenposten Österreichs bleiben.

Über Ottokar II. Přemysl gelangte die Herrschaft 1276 an Rudolf von Habsburg, 1282 an das Haus Österreich.

Seit 1518 Teil Venedigs, kam sie 1797 wieder zu Österreich, um 1866 endgültig an Italien zu fallen. Während der

Abb. 181: Portenau, 15. Jh. (ÖStA)

österreichischen Zeit wollte auch Pordenone, nach dem Beispiel anderer Städte im Königreich Lombardo-Venetien, eine offizielle Stadterhebungsurkunde mit Wappen erhalten. Deshalb erhob Kaiser Ferdinand I. am 7. Jänner 1840 Pordenone zur Stadt und bestätigte ihr altes Wappen.

Wappen

Portenau, 15. Jahrhundert

Der Schild zeigt in Rot eine silberne Binde und ist mit einem goldenen Tor mit offenen Flügeln belegt. (→ Abb. 181)

Das Wappen nimmt Bezug auf den Ortsnamen und stellt daher ein redendes Wappen dar. In der österreichischen Heraldik kommt das Wappen von Portenau zuerst unter Herzog Rudolf IV. (1359) und zuletzt unter Ferdinand I. (1522) vor, obwohl der Titel eines Herrn von Portenau in der habsburgischen Titulatur ständig verwendet wird.

Abb. 182: Pordenone, 1840 (ÖStA)

Pordenone, 1840

Ein roter Schild, von einem schmalen silbernen Balken durchzogen. Im Schildfuß eine offene See, aus der sich ein aus Steinen erbautes, gewölbtes und mit einem Giebel versehenes Tor mit goldenen geöffneten Flügeln erhebt. In beiden Oberwinkeln je von einer goldenen Krone beseitet. Der Schild ist von einer goldenen Arabeskeneinfassung umgeben. (→ Abb. 182)

Mehr noch als das alte nimmt das neue Wappen Bezug auf die geografische Lage der Stadt, die an einem schiffbaren Fluss mit unmittelbarer Verbindung zur Adria situiert ist. Das heutige Wappen entspricht dem der Wappenverleihung von 1840. Bemerkenswert daran ist, dass die Schildfarbe auch heute noch den österreichischen rot-weiß-roten Bindenschild wiedergibt – ein Zeichen wahrer Kontinuität. (→ Abb. 183)

Abb. 183: Pordenone, heute (ÖStA)

Portugal

Portugal, in der äußersten Südwestecke Europas gelegen, erlebte sein goldenes Zeitalter, als die Könige aus dem Hause Aviz Anfang des 15. Jahrhunderts die Epoche der Entdeckungsreisen einleiteten. Das kleine Land erfuhr dadurch einen unerhörten Aufstieg zur Handels- und Kolonialmacht, der auch dem späteren Kaiser Friedrich III. nicht verborgen blieb.

Herzog Philipp von Burgund war es, der Friedrich III. auf die portugiesische Prinzessin Eleonore aufmerksam machte, die dieser schließlich anlässlich seiner Kaiserkrönung in Rom 1452 ehelichte.

Das Wappen Portugals führte ihr Sohn, der spätere Kaiser Maximilian I., zusammen mit seinem eigenen nicht nur in Handschriften und Druckwerken, sondern auch auf öffentlichen Denkmälern von Innsbruck bis Wiener Neustadt – beispielsweise auf der Ehrenpforte (1515), dem Habsburger Stammbaum auf Schloss Tratzberg in Tirol, am St. Georgs-Flügelaltar in Schloss Ambras, im „Wappenbuch der österreichischen Herzöge aus 1445", im Wappenbuch von Georg Rüxner aus 1492/98 oder am Grabstein der Eleonore in der Kirche des Neuklosters in Wiener Neustadt.

Wappen

Portugal

In Silber fünf (1, 3, 1) blaue Schildchen, jedes mit fünf (2, 1, 2) silbernen Scheiben belegt; um den Schild eine rote Bordüre, belegt mit sieben goldenen Türmen (= Kastilien). (→ Abb. 184)

Abb. 184: Allianzwappen von Kaiser Friedrich III. und Eleonore von Portugal (ÖStA)

Das portugiesische Wappen ist auf der rechten Seite des abgebildeten Allianzwappens zu sehen und stellt ebenfalls ein Allianzwappen dar. Es handelt sich um eine Form, wie sie nur auf der Iberischen Halbinsel vorkommt. Das Wappen des Mannes, das sich in der Mitte befindet, wird durch einen Kranz von sechs bis acht Figuren aus dem Wappen der Frau umgeben. Um den ursprünglich portugiesischen Schild (die blauen Schildchen in Silber) wurde eine rote Bordüre, belegt mit sieben goldenen Burgen (Kastellen), gelegt, die aus dem kastilischen Wappen stammen. Das Wappen war anlässlich der Hochzeit des portugiesischen Königs Alfons III. (1210–1279) mit Beatrix, Tochter des Königs von Kastilien, geschaffen worden.

Die Bordüre enthält auch die Enden eines grünen Lilienkreuzes – das Kennzeichen des portugiesischen Ritterordens von Aviz, der aus einer im 12. Jahrhundert gegründeten ritterlichen Bruderschaft hervorging, wesentlichen Anteil an der Vertreibung der Mauren hatte und Träger der portugiesischen Reconquista war.

Laut einer Wappenlegende stellen die fünf blauen Schilde, die ihrerseits mit fünf Scheiben belegt sind, fünf maurische Könige dar, die König Alfons I., mit dem Beinamen „der Eroberer", in der Schlacht bei Ourique 1139 besiegt haben sollen. Die fünf Scheiben werden als die fünf Wundmale Christi gedeutet.

Allianzwappen

Mit dieser Form des Wappens werden gewöhnlich Eheleute dargestellt, wobei der männliche Schild vom Betrachter aus immer links und der weibliche immer rechts erscheint.

In diesem Fall handelt es sich um Kaiser Friedrich III. und Eleonore von Portugal. Über beiden Schilden ruht eine stilisierte Kaiserkrone – auch als Zeichen dafür, dass beide in Rom vom Papst gesalbt und gekrönt wurden. Friedrich war der erste und letzte Habsburger, der in Rom gekrönt wurde. Das Besondere daran ist aber der kleine Schild zwischen den beiden großen: Dabei handelt es sich um das Wappen des 1459 geborenen Kronprinzen Maximilian. Das kleine Wappenschildchen mit dem von Österreich und der Steiermark gevierten Wappen und dem aufliegenden Erzherzogshut verweist damit auf die leopoldinisch-steirische Linie der Habsburger, aus der Friedrich und Maximilian stammten und die in weiterer Folge zur Hauptlinie werden sollte. (→ Abb. 184)

Prag

Abb. 185: Prag (H. G. Ströhl)

(*Praha*) Die Stadt Prag an der Moldau entwickelte sich im 9. Jahrhundert im Schutz der Burg Hradschin und der Přemyslidenburg Vyšehrad. Die Bevölkerung bestand aus Slawen, die im 6. Jahrhundert eingewandert waren und sich mit den ansässigen Germanen vermischten.

973 wurde in Prag ein Bistum gegründet. Karl IV. erhob die Stadt 1344 zum Erzbistum und wählte die Stadt 1346 als Residenz und zum Mittelpunkt der böhmischen Länder. 1348 wurde die erste deutsche Universität in Prag gegründet. Die Stadt lag am Schnittpunkt bedeutender Fernhandelswege, was den Zuzug vieler Kaufleute und Handwerker förderte und eine stete Erweiterung der Stadt mit sich brachte.

Durch die Hussitenkriege ab 1419 (Erster Prager Fenstersturz) schwer in Mitleidenschaft gezogen, erlebte die Stadt Ende des 16. Jahrhunderts aufgrund der Verlegung der kaiserlichen Residenz von Wien nach Prag durch Rudolf II. einen großen Aufschwung. Der große Zuzug von Gelehrten, Künstlern, Alchemisten, Ärzten und Astronomen, zusammen mit der Errichtung barocker Kirchen und Palais, bescherten Prag den Ruf, eine „goldene Stadt" zu sein.

Der Zweite Prager Fenstersturz 1618 löste den Dreißigjährigen Krieg aus. Sowohl im Dreißigjährigen als auch im Siebenjährigen Krieg wurde Prag schwer beschädigt.

1784 kam es zum Zusammenschluss der vier Prager Ortschaften Altstadt, Neustadt, Kleinseite und Josephstadt.

Das 19. Jahrhundert brachte Prag einen bedeutenden kulturellen Aufschwung, der Künstler und Literaten anzog und in der Errichtung des Prager Nationaltheaters und Nationalmuseums gipfelte.

Nach dem Ersten Weltkrieg wurde Prag Hauptstadt der neu gegründeten Tschechoslowakei.

Wappen

In Rot drei goldene Türme hinter einer Stadtmauer wachsend. Die Stadtmauer mit schwarzem Tor, darin ein geharnischter silberner Arm mit silbernem Schwert. (→ Abb. 185)

Ursprünglich handelt es sich dabei um das Wappen der Prager Altstadt, das Kaiser Friedrich III. 1475 besserte: Die Stadtmauer und die Türme, die bis dahin silbern waren, wurden nun golden, und auf den Schild wurde ein gekrönter, von zwei böhmischen Löwen gehaltener Helm gesetzt.

Auch Kaiser Ferdinand III. besserte das Wappen aus: 1649 zur Belohnung für die treuen Prager im Kampf gegen die Schweden im Dreißigjährigen Krieg. Hinzu kamen damals ein geharnischter Schwertarm im Tor, zwei weitere Helme mit Fahnen und der Reichsadler mit den Initialen des Kaisers.

1784 kam es zum Zusammenschluss der vier Prager Ortschaften, und das Altstädter Wappen wurde zum gemeinsamen Stadtwappen erklärt.

1918 wurde das Wappen den neuen politischen Verhältnissen angepasst. Der bis dahin enthaltene österreichische Adler entfiel. Der ursprüngliche Wahlspruch „Praga caput regni" wurde 1926 durch „Praha matka měst" („Prag, Mutter der Städte") ersetzt.

Ragusa

Der ehemalige Stadtstaat Ragusa (heute Dubrovnik) liegt in Süddalmatien an der Adria. Er wurde zur Zeit der Völkerwanderung aus dem nahe gelegenen Epidaurus (heute Cavtat) von Flüchtlingen gegründet. Diese waren von Slawen und Awaren vertrieben worden und hatten in der Adria auf Inseln und Halbinseln vor dem Festland Zuflucht gesucht.

Abb. 186: Ragusa, 1836 (H. G. Ströhl)

Abb. 187: Siegel von Ragusa, im Mittelalter (ÖStA)

Die Flüchtlinge von Epidaurus nannten die Gegend, in der sie siedelten, nach ihrer Lage im Walde „Dubrowa", aus dem sich das slawische „Dubrovnik" ableitet.

Bis 1205 blieb Ragusa unter byzantinischer Herrschaft, doch infolge des Niedergangs von Byzanz wurde Venedig stärker und brachte die Stadt unter ihren Einfluss. Nach 1358 gelangte die Stadt in kroatisch-ungarische Abhängigkeit. Das Vordringen der Osmanen machte auch vor Ragusa nicht Halt. Mit geschickter Diplomatie und Tributzahlungen konnte sich die Stadt jedoch eine gewisse Unabhängigkeit vom Osmanischen Reich bewahren.

Durch die Beschlüsse des Wiener Kongresses kam Ragusa 1815 an Österreich, wo es bis 1918 verblieb.

Wappen

Das Wappen von Ragusa kommt im großen Reichswappen von 1836 vor: in Silber drei blaue Schrägbalken. (→ Abb. 186)

In älteren Darstellungen wurde über das Ganze auch noch ein Balken mit dem Wort „Libertas" gelegt. Die mittelalterlichen Siegel der Stadt zeigen ein Tor über Wasser: In der Mitte über dem Tor ist ein von zwei kleineren Türmen beseiteter hoher Turm zu sehen, vor dem der heilige Blasius in ganzer Figur steht. Der heilige Blasius ist der städtische Schutzheilige und soll der Legende nach die Stadt vor den Venezianern bewahrt haben, als diese sie 984 erobern wollten. Siegelumschrift: „+Sigillum Civitatis Ragusii+". (→ Abb. 187)

Kaiser Franz Joseph verlieh der Stadt 1863 in Anlehnung an das mittelalterliche Siegel ein Wappen, das den heiligen Blasius, der eine stilisierte Stadt im Arm hält, zeigt. Zusätzlich wächst aus dem Helm der schwarze Doppeladler hervor, wie er den königlichen Städten im Lombardo-Venetianischen Königreich gewährt wurde. (→ Abb. 188)

In Wien kann man das Wappen am Gebäude der Generaldirektion der Österreichischen Bundesforste, Marxergasse 2 (bis 1918 Marinesektion des k. u. k. Kriegsministeriums) sehen.

Abb. 188: Ragusa, 1863–1918 (ÖStA)

Rapperswil

Die Stadt Rapperswil, seit 2003 mit der Gemeinde Jona vereinigt, ist heute die zweitgrößte Stadt am Zürichsee und im Kanton St. Gallen. Die Gründung der Stadt geht auf die Herren von Rapperswil zurück, die dort im Verlauf des Ausbaus der Nord-Süd-Route über den St.-Gotthard-Pass um 1220 ihr

Herrschaftszentrum errichteten. Sie waren Vögte des Klosters Einsiedeln und wurden 1233 zu Grafen erhoben.

Die Rapperswiler Herrschaften kamen nach deren Aussterben 1283 an die Linie Habsburg-Laufenburg.

Nachdem die Züricher 1350 Stadt und Burg zerstört hatten, erwarb Herzog Albrecht II. von Habsburg 1354 die Herrschaft und baute Stadt und Schloss neu auf. Herzog Rudolf IV. errichtete 1358–1360 eine hölzerne Seebrücke, die den Verkehr (Etappenort der Pilger nach Einsiedeln) förderte und eine direkte Verbindung der habsburgischen Herrschaften ermöglichte.

1379 erhielt Rapperswil die niedere Gerichtsbarkeit und 1415 erfolgte die Erhebung zur freien Reichsstadt durch König Sigismund. Rapperswil wurde als vorderösterreichische Stadt zum Bollwerk gegen die Eidgenossen ausgebaut.

1442–1450 neuerlich unter habsburgischer Landesherrschaft, wurde die Stadt nach dem Alten Zürichkrieg 1436–1450 zunehmend isoliert und schloss sich schließlich den Eidgenossen an.

Wappen

In Silber drei rote Rosen (2:1). (→ Abb. 189)

Das Wappen kommt im großen Siegel von Herzog Rudolf IV. dem Stifter, am Grabmal Kaiser Friedrichs III. im Wiener Stephansdom und auf den Wappendenkmälern von Kaiser Maximilian I. vor. (→ Abb. 190)

Abb. 189: Rapperswil, modern (M. Göbl)

Abb. 190: Rapperswil, 15. Jh. (ÖStA)

Raszien

(lateinisch: Rascia; serbisch: Raska) Raszien ist eine historische Region in Südosteuropa und bezeichnet das Kernland des mittelalterlichen Serbien. Der Name wird von „Ras", der altserbischen Hauptstadt (heute Raska) im Südwesten des heutigen Serbien, abgeleitet.

Vom 10. bis ins 12. Jahrhundert stand Raszien unter byzantinischer, danach unter serbischer Herrschaft. Später ist das Gebiet geografisch deckungsgleich mit dem Sandschak von Novi Pazar, der bis zum Balkankrieg 1912 eine Landverbindung von Bosnien zum Osmanischen Reich war und als Pufferzone zwischen Serbien und Montenegro fungierte. Der Begriff „Sandschak" bezeichnete eine Verwaltungseinheit im Osmanischen Reich.

Der strategischen Bedeutung wegen war Raszien 1879–

Abb. 191: Raszien (M. Göbl)

1909 von österreichischen Truppen besetzt und wurde 1913 zwischen Serbien und Montenegro aufgeteilt.

Wappen

In Blau drei silberne (2:1) Hufeisen. (→ Abb. 191)

Dieses „fabelhafte" Wappen von Raszien kommt im großen Reichswappen des Kaisertums Österreich 1804 und 1806 vor. Es steht zusammen mit den Wappen von Kumanien, Bosnien, Bulgarien und Serbien in thematischem Zusammenhang und brachte auf heraldische Weise in Erinnerung, dass der österreichische Kaiser auch für die Christen am Balkan eine Schutzfunktion ausübte.

Reichstadt

Abb. 192: Herzog von Reichstadt (ÖStA)

(Herzogtum; tschechisch: Zákupy) Die Stadt Reichstadt, gelegen in Nordböhmen, kam mit der sie umgebenden Herrschaft 1805 an die toskanische Nebenlinie der Habsburger. Kaiser Franz I. verlieh 1818 an Franz Joseph Karl (1811–1832), den Sohn Napoleons I. aus seiner Ehe mit der Erzherzogin Marie Louise, den Titel eines Herzogs von Reichstadt. Der Herzog, von den Bonapartisten als Napoleon II. anerkannt, wurde am Hof zu Wien erzogen, besuchte Reichstadt nie und nahm es nicht in seinen Besitz. Nach seinem Tod fiel Reichstadt wieder an die habsburgische Hauptlinie und wurde 1848 zum Sommersitz für den abgedankten Kaiser Ferdinand I., den letzten gekrönten König von Böhmen, ausgebaut. In der Schlosskapelle fand am 1. Juli 1900 die Hochzeit zwischen dem Thronfolger Erzherzog Franz Ferdinand d'Este und Gräfin Sophie Chotek statt.

Nach dem Sturz Napoleons I. und infolge der Neuordnung Europas nach dem Wiener Kongress wurde für seinen Sohn Franz Joseph Karl, der ehemals den Titel König von Rom geführt hatte, ein neuer Titel gesucht. Nachdem seine Mutter Marie Louise zwischenzeitlich zur Herzogin von Parma avanciert war, wäre ihr Sohn zum Prinzen von Parma geworden. Er durfte diesen Titel jedoch aus staatsrechtlichen Gründen nicht führen, weshalb ein neuer Titel kreiert werden musste. Der zunächst erwogene Titel eines Herzogs von Mödling wurde wieder verworfen, da in Mödling Burg und Herrschaft der Fürsten von Liechtenstein lagen.

Die Herzöge von Mödling bildeten im 12. Jahrhundert mit Heinrich dem Älteren und Heinrich dem Jüngeren über zwei Generationen eine Nebenlinie der Babenberger und wurden später von der Geschichtswissenschaft nach ihrem Hauptsitz, der gleichnamigen Burg, bezeichnet.

Die weitere Überlegung, vielleicht den Titel eines „Herzogs von Babenberg" aufleben zu lassen, wurde von Staatskanzler Metternich abgelehnt. Er meinte, der „Titel einer Dynastie, welche einst Oesterreich beherrschte", könne nicht wieder verliehen werden. Schließlich kam man auf Reichstadt, da diese Domäne ohnehin im Besitz der toskanischen Linie der Habsburger war.

Wappen

(Herzog von Reichstadt) In einem durch einen schmalen goldenen Balken geteilten roten Schild zwei nach rechts schreitende goldene Löwen. Um den Schild ein Wappenmantel, mit einer Herzogskrone bekrönt. Schildhalter: ein goldener Greif und ein Löwe, auf einer Arabeske stehend. Der Greif ist auch der Schildhalter des habsburgischen Wappens. (→ Abb. 192)

Dieses Wappen ist aus dem Siegel der Herzöge von Mödling abgeleitet, obwohl der Name als Titel nicht zum Zug gekommen war. Damit lebte ein altes babenbergisches Siegel mit neuen Farben und als Wappen im 19. Jahrhundert wieder auf. (→ Abb. 193)

Abb. 193: Siegel der Herzöge von Mödling (ÖStA)

Rothenfels

Burg und Herrschaft Rothenfels im Allgäu kamen 1332 an die Grafen von Montfort-Tettnang. 1471 erhob Kaiser Friedrich III. die Herrschaft zur Reichsgrafschaft.

1565 kauften die Herren von Königsegg in Oberschwaben die Grafschaft und begründeten dort die Linie Königsegg-Rothenfels. Die Grafschaft umfasste neben Rothenfels die Herrschaften Staufen und ab 1785 auch Werdenstein. Mittelpunkt der Herrschaft war Immendorf.

1804 tauschten die inzwischen zu Reichsgrafen aufgestiegenen Königsegg ihre Grafschaft Rothenfels gegen ungarische Krongüter an das Haus Österreich ein. Die Grafschaft musste aber bereits 1805 wieder an Bayern abgetreten werden.

Wappen

In Gold eine schwarze Kirchenfahne. (→ Abb. 194)

Das Wappen kommt nur im großen Reichswappen des Kaisertums Österreich 1804 vor.

Abb. 194: Rothenfels (M. Göbl)

Salins

(Salins-Les-Bains) Die Stadt und ehemalige Grafschaft Salins liegt im heutigen französischen Departement Jura an der schweizerisch-französischen Grenze.

Die Grafschaft gehörte ehemals zur Freigrafschaft Burgund und war über Jahrhunderte eine wichtige Stätte der Salzgewinnung, wie auch der Name zum Ausdruck bringt.

Im Gefolge der Burgundischen Hochzeit Kaiser Maximilians I. 1477 gelangte Salins an das Haus Österreich. Obwohl die Habsburger die Bezeichnung „Graf von Salins" bis zum Ende des 18. Jahrhunderts in ihren Titeln führten, kommt das Wappen der Grafschaft nur unter Maximilian 1499 und Karl V. 1506 in Siegeln vor.

Wappen

In Rot ein goldener Schrägbalken. (→ Abb. 195)

Abb. 195: Salins (M. Göbl)

Salzburg

Salzburg unterscheidet sich in seiner historischen Entwicklung als Land grundsätzlich von den anderen habsburgischen Ländern. Es ist als einziges aus einem geistlichen Fürstentum hervorgegangen und wurde zuerst 1805–1809 und dann ab 1816 dauerhaft ein österreichisches Erbland.

Ausgangspunkt war die Besiedlung auf den Resten der Römerstadt Juvavum am Nordrand der Alpen am Fluss Salzach, wo der heilige Rupert um 696 auf bayerischem Herzogsgut das Kloster St. Peter und das Benediktinerinnenkloster auf dem Nonnberg gründete.

Nachdem der heilige Bonifaz 739 die neue christliche Siedlung zum Bischofssitz erhoben hatte, folgte 798 die Erhebung zum Erzbistum. Entscheidend für den Aufbau und die Erweiterung eines weltlichen Herrschaftsgebietes war die Erwerbung von Grafschaftsrechten im Lungau, Pinzgau und Pongau. Dazu kamen die Grafschaft Chiemgau und das Landgericht Lebenau. Die Haupteinnahmequellen bildeten für Salzburg die Salzgewinnung, der Salzhandel und der Goldbergbau. Durch Schenkungen erweiterte sich das geistliche Fürstentum im Mittelalter in den südlichen Alpenraum hinein und bildete so einen Pufferstaat zwischen Österreich und Bayern.

1803 wurde Salzburg im Umfang von 13.000 Quadratkilometern säkularisiert und dem Großherzog Ferdinand III. von Toskana, dem Bruder des Kaisers Franz II., als Entschädigung für sein verlorenes italienisches Stammland als Kurfürstentum zuerkannt. Zusammen mit der Propstei Berchtesgaden, Teilen des Bistums Passau (ohne die Stadt) und des Bistums Eichstätt bildete Salzburg einen eigenen Staat.

Im Frieden von Pressburg 1805 verlor Österreich Tirol und erhielt dafür Salzburg mit Berchtesgaden, das damit als Herzogtum erstmals ein österreichisches Kronland wurde.

Im Wiener Frieden 1809 kam das Herzogtum zunächst unter französische Verwaltung, ehe es 1810 Bayern überlassen wurde.

1816 gelangte es ohne Berchtesgaden und den westlichen Flachgau wieder an Österreich. 1850 wurde die Stadt Salzburg Hauptstadt des von Oberösterreich abgetrennten österreichischen Kronlandes Salzburg.

Seit 1918 ist Salzburg Bundesland der Republik Österreich mit der gleichnamigen Landeshauptstadt.

Wappen

In einem von Gold und Rot gespaltenen Schild rechts ein aufgerichteter, schwarzer und rotbezungter Löwe, links ein silberner Balken (Binde). Auf dem Schild ruht ein Fürstenhut. (→ Abb. 196)

Nach einer älteren Theorie und basierend auf einer gewissen Ähnlichkeit soll sich das Salzburger Wappen vom Kärntner Wappen ableiten. Von dem im 13. Jahrhundert von Herzog Ulrich III. neu geschaffenen Kärntner Drei-Löwen-Wappen habe sein Bruder Philipp das Salzburger Wappen durch Reduzierung auf einen Löwen abgetrennt.

Eine neuere These besagt, dass das Salzburger Wappen aus einer Kombination des staufischen Löwen als Erbe der Sieghardinger mit dem Bindenschild der Babenberger entstanden sein könnte. Die Sieghardinger waren im Mittelalter im südostbayerischen Raum begütert, im 10. Jahrhundert stellten sie einen Erzbischof von Salzburg.

Da das Territorium ein geistliches Fürstentum war, wurde der Schild im Mittelalter, sofern überhaupt, mit einer bischöflichen Mitra bekrönt und von Stab und Kreuz begleitet. Zu Beginn der Neuzeit wurde die Mitra durch den Kardinalshut ersetzt und das Kreuz in ein Legatenkreuz umgewandelt. Ab dem 17. Jahrhundert wurde der Kardinalshut mit einem Fürstenhut vertauscht.

Abb. 196: Salzburg, 19. Jh. (H. G. Ströhl)

Abb. 197: Salzburg, heute (ÖStA)

Der Fürstenhut bekrönt den Salzburger Wappenschild bis auf den heutigen Tag. (→ Abb. 197) Lediglich in der Zeit des „Anschlusses" 1938–1945 wurde die Bekrönung weggelassen.

Sandomir

(Sandomierz) Das Herzogtum mit der gleichnamigen Stadt an der Weichsel war teilweise ein eigenes Herzogtum neben dem Herzogtum Kleinpolen. Kleinpolen, mit den Städten Krakau, Lublin, Zamość und Sandomir, war ursprünglich eine Bezeichnung für den südlichen Teil des alten Königreiches Polen. Sandomir kam im Verlauf der Ersten Polnischen Teilung 1772 an Österreich, musste aber 1809 an das Großherzogtum Warschau abgetreten werden.

Sandomir (Sandomierz) ist heute eine Stadt im südöstlichen Teil Polens.

Wappen

Gespalten, rechts von Rot und Silber sechsmal geteilt, links in Blau neun (3:3:3) goldene Sterne. (→ Abb. 198)

Das Wappen ist im großen österreichischen Reichswappen von 1806 zu sehen.

Abb. 198: Sandomir (M. Göbl)

Sardinien

Sardinien, die zweitgrößte Insel im Mittelmeer, bildete schon in der Antike zusammen mit Korsika eine römische Provinz. 533–832 kam die Insel unter byzantinische Herrschaft und wurde danach zeitweise von den Arabern erobert.

Kaiser Friedrich I. Barbarossa erhob Sardinien 1164 zu einem Königreich. Die Insel gehörte dann ebenso wie Sizilien zum Königreich Aragon und war ab dem 16. Jahrhundert in Personalunion mit dem Königreich Spanien verbunden.

Nach dem Spanischen Erbfolgekrieg wurde Sardinien im Frieden von Utrecht (1713) der österreichischen Linie der Habsburger zugesprochen, jedoch schon 1720 an Herzog Viktor Amadeus von Savoyen abgetreten und gegen Sizilien eingetauscht. Ab diesem Zeitpunkt – bis zur Gründung des Königreiches Italien – nannten sich die Savoyer Könige von Piemont-Sardinien und nahmen auch das Wappen von Sardinien in ihr Wappen auf.

Wappen

In einem silbernen Schild ein rotes Kreuz, bewinkelt mit vier nach rechts sehenden, bekrönten schwarzen Mohrenköpfen. (→ Abb. 199)

Das Wappen geht eigentlich auf das Urwappen des Königreiches Aragon zurück. Es stellt das Kreuz Christi dar, mit dessen Hilfe vier Maurenfürsten besiegt wurden.

Das Wappen kommt unter Kaiser Karl V. (1522) und Kaiser Karl VI. (1707) als König von Spanien vor. Karl VI. setzte dieses Wappen auf die Rückseite seiner Goldbulle. (→ Aragon)

Abb. 199: Sardinien (M. Göbl)

Schlesien

Schlesien liegt an der mittleren und oberen Oder zwischen Sudeten, Mährischer Pforte und Beskiden. Das von Skythen und Kelten besiedelte Gebiet wurde schon vor der Zeitenwende von germanischen Vandalen eingenommen.

Ab dem 6. Jahrhundert wanderten in dieses Gebiet Westslawen ein, ab dem 10. Jahrhundert herrschten hier die polnischen Piasten; Polen erkannte eine Art Oberhoheit des Heiligen Römischen Reiches an.

Im Jahre 1000 wurde das Bistum Breslau gegründet. Durch Erbteilungen zerfiel das Land in mehrere kleinere Herzog- und Fürstentümer, darunter Breslau und Ratibor.

1372 kam Schlesien unter die Lehenshoheit der böhmischen Könige, 1526 an das Haus Österreich.

Schweidnitz-Jauer, Glatz, Breslau, ab 1532 Oppeln-Ratibor, Teschen, Neiße und ab 1544 Glogau waren Erbfürstentümer Österreichs, während die übrigen Herzogtümer nur in Lehensabhängigkeit standen.

1742/44 kamen Niederschlesien, große Teile Oberschlesiens und die Grafschaft Glatz an Preußen, während die südlichen Teile von Oberschlesien als Österreichisch-Schlesien beim Haus Habsburg blieben. Das Herzogtum Schlesien (zirca 5000 Quadratkilometer groß) mit der Hauptstadt Troppau (Opava) war das kleinste selbständige Kronland der Monarchie.

Abb. 200: Österreichisch Schlesien, Niederschlesien (H. G. Ströhl)

Wappen

Kronland Österreichisch-Schlesien, Niederschlesien

In einem goldenen Schild ein gekrönter, goldbewehrter schwarzer Adler, belegt mit einem silbernen, in Kleeblättern

Abb. 201: Österreichisch-Schlesien mit Helmzier (H. G. Ströhl)

Abb. 202: Oberschlesien (H. G. Ströhl)

endigenden Halbmond, der in der Mitte ein Kreuzchen trägt. Das Wappen des österreichischen Kronlandes trägt einen Fürstenhut. (→ Abb. 200)

Das Wappen des Kronlandes Schlesien kam unter Ferdinand I. (1528) zum ersten Mal vor und blieb bis 1918 Bestandteil der offiziellen Heraldik der Habsburgermonarchie. (→ Abb. 201)

Schon um seine Ansprüche heraldisch zu dokumentieren, führte das preußische Schlesien ebenfalls den schwarzen Adler im goldenen Schild. Der Halbmond auf der Adlerbrust ist ohne Kleeblattenden, jedoch in der Mitte mit einem silbernen Tatzenkreuzchen besetzt. Der Kopf des Adlers trägt statt der Krone einen Fürstenhut.

Die heutige Tschechische Republik führt im rechten unteren Feld das schlesische Wappen.

Oberschlesien

In blauem Schild ein goldener, rotbewehrter Adler. Dieses Wappen führten die Fürsten der oberschlesischen Gebiete im Mittelalter. (→ Abb. 202)

Schwaben

Der Name Schwaben wird von der indogermanischen Bezeichnung „Suebi" beziehungsweise „Suevi" („freie Leute" oder auch „Leute eigenen Rechts") für die einheimische Bevölkerung abgeleitet. Dieser Name verdrängte um 900 die alte Stammesbezeichnung der Alemannen.

Das alte Herzogtum Schwaben entstand aus dem älteren alemannischen Herzogtum und umfasste die Ostschweiz (Thurgau, Graubünden, Chur), das Elsass, Südbaden, Württemberg, Bayerisch Schwaben, Liechtenstein und Vorarlberg. Es ging dann im Fränkischen Reich als Grafschaft auf und erreichte als jüngeres Herzogtum unter den Staufern (1079–1268) eine gewisse Machtposition, da die Staufer 1138–1268 die Könige und Kaiser des Heiligen Römischen Reiches stellten.

Danach verfiel es in mehrere kleinere Landesherrschaften, wobei die Württemberger, Badener und Habsburger zu umfangreichem Besitz gelangten. Kaiser Friedrich III. erreichte 1488 einen gemeinsamen Bund von Ritterschaften und Reichsstädten in Schwaben zur Sicherung des Landfriedens im süddeutschen Raum. Die nichtösterreichischen schwäbischen Gebiete waren im Schwäbischen Reichskreis zusammengefasst. Die habsburgischen Besitzungen in Schwaben gehörten zum Österreichischen Reichskreis.

Kaiser Maximilian I. nahm als Erster die Bezeichnung „Fürst von Schwaben" in seinen großen Titel auf. Diese Praxis wurde sowohl in den kaiserlichen Titeln als auch im Wappen bis zum Ende des Heiligen Römischen Reiches 1806 beibehalten.

Wappen

In Gold drei übereinandergestellte schwarze Löwen waren als Wappen des alten Stammesherzogtums Schwaben seit dem 13. Jahrhundert (Staufer) in Gebrauch und wurden auch von den Habsburgern so verwendet. (→ Abb. 203)

Heute ist es das Wappen des südwestdeutschen Bundeslandes Baden-Württemberg. (→ Vorderösterreich)

Abb. 203: Schwaben (M. Göbl)

Serbien

Das Gebiet von Serbien war in der Antike von Illyrern, Kelten und Thrakern bewohnt. Um Christi Geburt unterwarfen die Römer das Land und gliederten es ihren Provinzen Dalmatia, Moesia superior und Dardania ein.

Im 6. Jahrhundert wanderten südslawische Stämme ein; die Serben ließen sich zunächst in der Gegend von Raszien nieder, weshalb sie auch Raszier genannt wurden.

Bis ins 9. Jahrhundert stand das serbische Fürstentum unter der nominalen Oberhoheit des Byzantinischen Reiches und wurde von den Slawenaposteln Kyrill und Method christianisiert.

Abb. 204: Serbien in den österreichischen Wappen (M. Göbl)

1180 machte sich der Fürst Stephan Nemanja von Byzanz unabhängig und wandte sich dem Westen zu.

1217 krönte ihn Papst Honorius III. zum König und bewirkte damit den Aufstieg der Dynastie der Nemanjiden.

Unter Stefan Dušan (1331–1355) erreichte das Serbische Reich schließlich seine größte Ausdehnung. Es umfasste Albanien (ohne die Stadt Durres), Makedonien, Thessalien sowie Epirus und reichte bis an die Küsten der Adria und Ägäis. 1346 ließ sich Dušan zum Zaren der Serben krönen. Sein Ziel war es nicht nur, das Byzantinische Reich mit seinem Balkanreich zu vereinen, sondern auch den Kaiserstaat von den nordslawischen Grenzen bis zum Schwarzen Meer, im Süden und Westen bis zum Mittelmeer und bis zur Adria auszudehnen. Jedoch schon 1371 starb sein Geschlecht aus und das Großserbische Reich zerfiel in Teilfürstentümer. Die legendäre Schlacht auf dem Amselfeld (Kosovo Polje) 1389 besiegelte das Schicksal des Landes und es wurde für mehrere Jahrhunderte ein Vasallenstaat der Osmanen.

Im 16. und 17. Jahrhundert wanderten viele Serben aufgrund der Bedrohung durch die Osmanen in das südliche Ungarn ein, vor allem in die Wojwodina. Von 1718 (Friede von Passarowitz) bis 1739 (Friede von Belgrad) gehörten weite Teile Serbiens (mit Belgrad) zu Österreich, während der übrige Teil beim Osmanischen Reich verblieb.

Nach mehreren Aufständen (1804, 1815) erlangten die Serben 1817 das Recht auf ein Fürstentum mit eingeschränkter Selbstverwaltung, aber erst der Berliner Kongress von 1878 führte zur vollständigen Unabhängigkeit.

Wappen

Serbien in den österreichischen Wappen

In Rot ein schwarzer, silberbewehrter und goldbezungter Eberkopf, in dessen Rachen ein silberner Pfeil steckt. (→ Abb. 204)

Schon in den Siegeln Kaiser Rudolfs II. (1606) kommt ein serbisches Wappen vor. Dieses Wappen ist zuletzt im großen Reichswappen von 1806 und 1836 zu sehen und stellt eine habsburgische Eigeninterpretation dar, die in Serbien selbst keine Verbreitung gefunden hat.

Fürstentum, Königreich und Republik Serbien

In Rot ein silberner, goldbewehrter Doppeladler mit rotem Brustschild, darin ein silbernes, von vier silbernen Feuerstählen bewinkeltes Kreuz. Zu Füßen des Adlers je eine goldene Lilie. (→ Abb. 205)

Der doppelköpfige Adler erscheint in der serbischen Heraldik seit dem 12. Jahrhundert in Anlehnung an das Byzantinische Reich, das dieses Zeichen kreiert hatte. In Byzanz war der Doppeladler Symbol des Kaisers und signalisierte die Einheit von Ost- und Westreich und auf der metaphysischen Ebene die Zusammengehörigkeit von himmlischer und irdischer Welt. Als solches gelangte er auch in das Wappen der russischen Zaren und nach Albanien.

Der serbische Doppeladler enthält noch einen roten Brustschild mit einem silbernen Kreuz, bewinkelt von silbernen Feuerstählen, die auch als vier zueinander gewendete kyrillische C (lateinisch: S) angesehen werden könnten. Im

Abb. 205: Serbien, Königreich (F. Heyer von Rosenfeld)

Serbien des 19. Jahrhunderts wurde daraus die Staatsdevise abgeleitet, die die Einheit Serbiens beschwor: „Samo sloga Srbina spasava" („Nur Eintracht rettet den Serben"). Der Feuerstahl ist ein stilisiertes Werkzeug zum Schlagen von Feuerfunken an einem Feuerstein und kommt beispielsweise auch in der Ordenskette des Goldenen Vlieses vor.

Siebenbürgen/Transsilvanien

(*rumänisch: Ardeal; ungarisch: Erdély*) Siebenbürgen/Transsilvanien ist ein Land im südlichen Karpatenbogen, das im Jahre 107 nach Christus von den Römern, danach von den Ostgoten und Gepiden, und später von den Petschenegen besetzt war.

Am Ende des 9. Jahrhunderts eroberten die Ungarn das Gebiet und siedelten dort Szekler (einen ungarischen Volksstamm) an.

Im 12. Jahrhundert kamen deutsche Siedler in das Land, die auf dem Kreuzzug ins Heilige Land von König Geza ermuntert wurden, sich in Siebenbürgen niederzulassen. Sie wurden meist stereotyp als Sachsen bezeichnet.

Rumänen werden als Bewohner Siebenbürgens erst ab dem 13. Jahrhundert erwähnt.

Nach der Schlacht von Mohács (1526) kam Siebenbürgen unter die Oberhoheit der Osmanen. Zunächst fast unabhängig, war das Fürstentum nach der Eroberung Ofens durch die Türken (1541) zur Tributleistung verpflichtet. Der letzte Fürst, Michael Apafi († 1690), verzichtete zugunsten des Hauses Österreich auf die Herrschaft, wodurch Siebenbürgen habsburgisch wurde.

1765 erfolgte unter Maria Theresia die Erhebung zum Großfürstentum, das zu diesem Anlass eine neu erfundene Krone, die auch über dem Wappenschild ruht, erhielt.

1848 wurde Siebenbürgen zwar ein eigenes österreichisches Kronland, jedoch schon 1867 wieder Ungarn eingegliedert.

Der Friedensvertrag von Trianon sprach Siebenbürgen 1920 Rumänien zu.

Die Frage nach der Entstehung des Landesnamens wird schon seit dem ausgehenden Mittelalter diskutiert. Im 13. Jahrhundert lautete er „Septem Castra", älter ist jedoch die lateinische Bezeichnung „Ultra silvas", woraus später Transsilvanien, das „Land jenseits der Wälder", entstand.

Abb. 206: Siebenbürgen (H. G. Ströhl)

Das ungarische „Erdély" und das rumänische „Ardeal" stellen die jeweiligen Übersetzungen dar. Die aus dem Lateinischen ins Deutsche übertragene Bezeichnung „Siebenbürgen" („Septem Castra") bezieht sich auf die „sieben Stühle" (Gerichtsbezirke) zu Kronstadt, Mediasch, Mühlenbach, Hermannstadt, Schäßburg, Klausenburg und Bistritz.

Wappen

Durch einen roten Balken von Blau und Gold geteilt; oben ein wachsender schwarzer Adler, begleitet von einer goldenen Sonne rechts und einem silbernen Halbmond links; unten sieben rote Zinnentürme (4:3); Fürstenhut und Wappenmantel; Schildhalter: „Gerechtigkeit" und „Belohnung". (→ Abb. 206)

Die Entwicklung des Landeswappens vollzog sich in mehreren Stufen. Der ungarische König Andreas II. verlieh 1224 den Siebenbürger Sachsen ein Siegel, das vier Personen zeigt, die eine Krone emporhalten.

Ein Siegel von 1372 kombiniert die Wappen von Ungarn-Anjou, Polen und der Siebenbürger Sachsen: in Rot ein goldenes, mit der Spitze nach unten gekehrtes Dreieck, dessen Ecken in goldenen Seeblättern endigen; darüber eine Lilienkrone. Dieses Wappen wurde vom Habsburger Ferdinand I. im 16. Jahrhundert mit zwei darüber gekreuzten Schwertern als Anspruchswappen auf Siebenbürgen geführt.

Aus 1596 ist zum ersten Mal ein neues Wappen überliefert, das das jetzige erkennen lässt: geteilt, oben in Gold ein aus der Teilung wachsender schwarzer Adler; unten in Rot, auf sieben (4:3) aus dem Schildfuß hervorragenden silbernen Bergen, sieben silberne Türme mit spitzen Dächern. Die sieben Türme sind ein neuerfundenes redendes Wappenbild für „Septem Castra" (Siebenbürgen). Das Adlerwappen geht auf das seit 1331 bezeugte Feldzeichen der ungarischen Nation zurück. Das älteste Szeklerwappen (zirca 1437) zeigt in einem blauen Feld einen silbernen gepanzerten Arm, der auf einem Schwert einen Bärenkopf, ein rotes Herz und eine goldene Krone trägt. König Sigismund († 1437) soll den Szeklern im blauen Schild rechts eine strahlende goldene Sonne, links einen silbernen Halbmond verliehen haben.

1765, anlässlich der Erhebung Siebenbürgens zum Großfürstentum, wurde das Wappen amtlich so festgelegt, wie es oben beschrieben wurde. Seit 1742 führte Maria Theresia auch den Titel eines Grafen der Szekler. In den großen Reichswappen von 1780, 1790, 1804 und 1836 kommt das

Wappen von Siebenbürgen ebenso vor wie im Ungarischen Reichswappen von 1849 und 1874 beziehungsweise in dem bis 1918 gültigen mittleren gemeinsamen Wappen.

Bis 1918 waren die Farben Blau-Rot-Gold.

Sizilien

Sizilien, die größte Insel im Mittelmeer, gehört heute als autonome Region zu Italien. Begünstigt durch ihre zentrale Lage war die Insel schon in der Antike von Phöniziern, Griechen und Karthagern besiedelt, die dort ihre Handelsniederlassungen unterhielten.

Am Ende des Ersten Punischen Krieges (241 vor Christus) wurde die Insel dem Römischen Reich eingegliedert. Ab dem 5. nachchristlichen Jahrhundert regierten in kurzen Abständen aufeinander folgend Vandalen und Byzantiner und ab 827 Araber.

Abb. 207: Sizilien (M. Göbl)

Im 11. Jahrhundert gelang es den Normannen, sich in Sizilien festzusetzen und die Insel mit ihren unteritalienischen Territorien (Neapel) zu vereinigen. Der normannische Herrschaftsbereich umfasste damit nicht nur Sizilien, sondern ganz Unteritalien bis zum Kirchenstaat.

1130 wurde Roger II. vom Papst zum König von Sizilien erhoben. Das Königreich Sizilien wurde dadurch ein Lehen des Papstes.

1194 fiel das Königreich durch Erbschaft an die Staufer.

1268 eroberte Karl von Anjou die Insel, die jedoch schon 1282 als Folge einer Erhebung der Bürger Palermos gegen Karl („Sizilianischen Vesper") an Aragon überging. Die Anjou regierten nun bis 1442 nur in Neapel.

Ab 1504 nannten sich die Könige von Sizilien auch Könige von Neapel und Spanien. Sie übten für Jahrhunderte die Oberherrschaft über Sizilien aus.

Mit den Friedensverträgen nach dem Spanischen Erbfolgekrieg kam(en) Neapel (und Sardinien) an die österreichischen Habsburger. Sizilien gelangte an Viktor Amadeus von Savoyen, der jedoch 1720 Sizilien gegen Sardinien eintauschte. Neapel und Sizilien waren dann bis 1737 österreichisch.

Danach folgten die spanischen Bourbonen, unter denen die Insel und Neapel 1816 zum Königreich beider Sizilien vereinigt wurden.

Seit 1861 gehört die Insel zum Königreich Italien.

Wappen

Der Schild ist schräggeviert, oben und unten in Gold vier rote Pfähle, rechts und links in Silber ein schwarzer Adler. (→ Abb. 207)

Die Kombination der beiden Wappen stellt eine Verbindung der Königshäuser Aragonien und Hohenstaufen dar. Sizilien wurde ab dem Jahre 1194 von den Staufern regiert. König Peter III. von Aragonien heiratete Konstanze, die Tochter König Manfreds, der nach dem Tod seines Vaters Kaiser Friedrich II. die Regierung der unteritalienischen Länder der Hohenstaufer übernommen hatte. Manfred führte als Sohn des Kaisers eine weiße Fahne mit dem schwarzen einköpfigen Reichsadler. Peter III. von Aragonien führte das Pfählewappen und weist durch die Schildkombination auf seine Heirat mit Konstanze und auf ihre rechtmäßige Herrschaft in Sizilien hin.

Dieses schräggevierte Wappen wurde das Wappen des Königreiches Sizilien und ist auch Teil des spanischen Königswappens. In der österreichischen Wappenlandschaft kommt es von Maximilian I. (1515) bis zum großen Reichswappen des Kaisertums Österreich von 1836 vor.

Slawonien

Abb. 208: Slawonien (H. G. Ströhl)

Mit Slawonien wird die zwischen Drau, Donau und Save gelegene Landschaft bezeichnet, die in der Antike zur römischen Provinz Pannonien gehörte und nach der Save „Pannonia Savia" genannt wurde.

Danach war sie Teil des Byzantinischen Reiches und wurde zur Zeit der Völkerwanderung von den Awaren erobert.

Im 8. Jahrhundert wanderten unter Karl den Großen slawische Stämme aus Dalmatien ein, die dem Land den Namen Slawonien gaben.

Das 9. Jahrhundert brachte mit den byzantinischen Glaubensboten Kyrill und Method das Christentum.

Im 10. Jahrhundert entstand ein einheimisches Königtum, das auch die Länder Kroatien und Dalmatien umfasste. Abwechselnd gelangte Slawonien unter byzantinische und ungarische Oberhoheit, wurde schließlich von den Magyaren erobert und Teil des ungarischen Reiches.

König Béla IV. teilte um 1260 den kroatischen Herrschaftsbereich in ein „Regnum Chroatiae et Dalmatiae" mit eigenem Landtag und Banus und in ein „Regnum Slavoniae". Die Bezeichnung „Regna tripartita Dalmatiae, Croatiae et Slavoniae" („Dreieiniges Königreich, Dreieinige Königreiche") kam erst im 16. Jahrhundert auf, als die beiden Landtage vereinigt wurden.

Im 16. Jahrhundert gehörte Slawonien zum Osmanischen Reich und wurde erst nach dem Frieden von Karlowitz 1699 von Kaiser Leopold I., der sich dann König von Slawonien nannte, zurückerobert. Unter Maria Theresia erhielt das Save-Drau-Zwischenstromland zwei Verwaltungen, eine zivile und eine militärische als Teil der k. k. Militärgrenze. Die Militärgrenze war ein unterschiedlich breiter ungarischer Gebietsstreifen mit besonderen Verteidigungsaufgaben, der sich entlang der Grenze zum Osmanischen Reich bis an die Adria erstreckte.

Nachdem die Militärgrenze 1881 aufgelöst worden war, ging Slawonien bis zum Ende der Monarchie im Königreich Kroatien auf.

1918 kam das Königreich an Jugoslawien und bildet heute den nördlichen Teil der Republik Kroatien.

Wappen

In blauem Feld zwischen zwei schmalen silbernen Wellenbalken in Rot ein natürlicher, laufender Marder, über dem oberen schmalen Balken schwebend ein sechszackiger goldener Stern.

Dieses Wappen wurde von 1867 bis zum Ende der Monarchie so verwendet. (→ Abb. 208)

Ein 1531 verwendetes Siegel König Ferdinands I. zeigt einen springenden Marder, ohne Wellenbalken. Unter Rudolf II. (1606) wird der Marder zwischen zwei Wellenbalken (Save und Drau, symbolisch für das Zwischenstromland), darüber der Stern Mars, gezeichnet.

Der Marder wird in der Heraldik ziemlich selten verwendet. Um sein Vorkommen hier rankt sich die Legende, dass die früheren Bewohner Slawoniens ihren Tribut an die ungarischen Könige in Marderfellen erlegt haben sollen.

Auf einem 1752 für Maria Theresia geschaffenen Kanzleisiegel zeigt das Wappen einen blauen Schild, worin zwischen zwei silbernen Wellenbalken in grünem Feld ein natürlicher, rechts laufender Marder, im oberen blauen Feld ein goldener Stern zu sehen sind. Diese Gestaltung geht in ihren Grundzügen auf ein Siegel aus 1495, das aus der Ungarischen Hofkanzlei stammt, zurück. (→ Abb. 209)

Abb. 209: Siegel von Slawonien, 1495 (ÖStA)

Im großen Reichswappen von 1806 wird der Stern silbern und 1836 wieder als goldener Stern beschrieben. Erst 1867 wird das Feld mit dem springenden Marder rot eingefärbt. Die Landesfarben von Kroatien und Slawonien sind Rot-Weiß-Blau.

Sonnenberg

Um die Burg Sonnenberg bei Nüziders in Vorarlberg bildete sich im Mittelalter eine Herrschaft aus, die von Frastanz bis zum Arlberg reichte.

1455 erwarben die Truchsessen von Waldburg die Herrschaft von den Werdenbergern. Kaiser Friedrich III. erhob sie 1463 zur Reichsgrafschaft. 1473 eroberte Herzog Sigmund von Tirol die Burg.

1474 ging die Herrschaft an das Haus Österreich über.

Wappen

In Blau über goldenem Dreiberg eine goldene Sonne. Helmzier: ein blauer Flug belegt mit Dreiberg und Sonne. (→ Abb. 210)

Abb. 210: Sonnenberg nach Wappenpatenten, 1804–1918 (ÖStA)

Das Wappen von Sonnenberg wurde von 1804 bis 1918 mit dem falschen goldenen Dreiberg geführt, da er 1804 im Wappen des Kaisertums Österreich unrichtig mit der Farbe Gold abgebildet worden war. Richtigerweise hat der Dreiberg die Farbe Schwarz, wie sie auch in der Wappenrolle von Ströhl abgebildet ist. (→ Abb. 211)

Abb. 211: Sonnenberg, 1804–1918 (H. G. Ströhl)

Steiermark

Das gemessen an der Fläche zweitgrößte österreichische Bundesland erstreckt sich zwischen den nördlichen Kalkalpen, dem oststeirischen Hügelland und dem pannonischen Tiefland und besitzt Spuren menschlicher Siedlungen, die bis in die Steinzeit zurückreichen.

In der Römerzeit gehörte die Obersteiermark zu Noricum, das übrige Land zu Pannonien. Während der Völkerwanderung wurde es von Slowenen besiedelt. 772 kam das Gebiet an Bayern und wurde 788 dem Fränkischen Reich eingegliedert.

Nach der Schlacht am Lechfeld 955 erstreckten sich die Herzogtümer Bayern und Kärnten mit den obersteirischen Grafschaften und drei Marken über steirisches Gebiet.

Im 11. und 12. Jahrhundert schlossen sich mehrere Grafschaften zu einer Markgrafschaft zusammen. Diese wurde 1180 zum Herzogtum Steiermark erhoben und lehensrechtlich von Bayern gelöst. Ab 1050 unterstand das Land dem Geschlecht der Traungauer (Ottokare), deren Hauptsitz die Styraburg in Steyr (heute Oberösterreich, Schloss Lamberg) war. Von dieser Burg ist auch der Landesname abgeleitet. Herzog Ottokar IV. vererbte sein Herzogtum 1192 an die österreichischen Babenberger (Georgenberger Handfeste).

1260–1276 regierte der Böhmenkönig Ottokar II. Přemysl in der Steiermark, 1282 kam das Land mit Österreich an die Habsburger. 1378–1457 und 1564–1619 regierte die steirische Linie der Habsburger das Land als Innerösterreich mit Sitz in Graz.

1919/20 kam der südliche, mehrheitlich von Slowenen besiedelte Teil (Untersteiermark), mit den Städten Marburg (Maribor), Cilli (Celje) und Pettau (Ptuj) an Jugoslawien und befindet sich heute in der Republik Slowenien.

1938–1945 gehörte auch das südliche Burgenland zur Steiermark.

Wappen

In grünem Schild ein silberner, rotgehörnter und rotbewehrter Panther, der aus dem Rachen Flammen hervorstößt. Auf dem Schild liegt der historische Herzogshut der Steiermark. Festgelegt wurde diese Form im Landesverfassungsgesetz der Steiermark 1960. (→ Abb. 212)

Abb. 212: Steiermark, heute (ÖStA)

Der Panther in dieser Form ist ein Fabeltier, das aus seinem Maul Feuer speit, mit Pferdekopf, Löwenmähne, Löwenschwanz, dicht bezottelten Hinterläufen, kurzen Stierhörnern und Klauen. Die Figur stammt aus dem „Physiologus", einem naturkundlichen Buch aus dem 2. Jahrhundert nach Christus. Der steirische Panther taucht erstmals auf einem Siegel Herzog Ottokars III. im 12. Jahrhundert auf und wird dann unter den Babenbergern zum unterscheidenden Symbol des Landes gegenüber dem ebenfalls von den Babenbergern regierten Österreich. Dieses Symbol der Eigenständigkeit ist quasi seit damals ein lebender Charakterzug steirischen Wesens geworden.

Vor dem Jahre 1918 besaß das Wappen noch eine Helmzier, die bereits im 14. Jahrhundert im Bruderschaftsbuch von St. Christoph am Arlberg vermerkt war: ein achteckiges, an den Spitzen mit Pfauenspiegeln bestecktes und den Schild wiederholendes Schirmbrett. (→ Abb. 213)

Abb. 213: Steiermark mit Helmzier (H. G. Ströhl)

St. Pölten

Die am Schnittpunkt der Straßen von Wien nach Linz und von Krems in die Steiermark gelegene heutige Landeshauptstadt St. Pölten war schon zur Römerzeit ein zentraler Ort im Nordosten der Provinz Noricum namens Aelium Cetium.

Um 800 wurde das Kloster St. Hippolytus gegründet, aus dem sich auch der Name St. Pölten herleitet.

Um 1050 erhielt St. Pölten das Marktrecht, Ortsherr war der Bischof von Passau.

1338 erhielt St. Pölten das Stadtrecht und gehört damit zu den ältesten Städten Österreichs.

Der Passauer Bischof verpfändete 1481 die Stadt an den ungarischen König Matthias Corvinus. Im Frieden von Pressburg 1491 konnte Maximilian sie jedoch wieder zurückerobern, womit die Stadt landesfürstlich wurde.

Weder 1529 noch 1683 konnten die Osmanen der Stadt wegen ihrer starken Mauern etwas anhaben.

1785 wurde der Bischofssitz von Wiener Neustadt nach St. Pölten verlegt.

1922 verlor Niederösterreich seine natürliche Hauptstadt Wien, die aus politischen Gründen abgetrennt und ein eigenes Bundesland wurde.

Erst 1986 wurde in einer Volksabstimmung St. Pölten zur neuen Landeshauptstadt des heute größten österreichischen Bundeslandes bestimmt.

Wappen

Ein gespaltener Schild, vorne in Silber ein roter Balken, hinten in Blau ein rechts gewandter, aufspringender naturfarbener Wolf mit hochgestrecktem Schwanz, goldenen Zähnen und Klauen sowie goldenem Innenohr und roter Zunge. (→ Abb. 214)

Die Stadt führte seit dem 13. Jahrhundert ein Siegel mit dem Bild eines aufgerichteten Wolfes mit einem Pedum. St. Pölten war eine bischöflich-passauische Stadt und der Wolf mit dem Bischofsstab wurde aus dem Wappen des damaligen Stadtherrn, des Bischofs von Passau, übernommen.

1481 wurde die Stadt an den ungarischen König verpfändet, 1486 erhielt sie von König Matthias Corvinus folgendes Wappen: in blauem Schild ein weißer aufgerichteter Wolf, einen goldenen Bischofstab in den Vorderfüßen haltend, mit vergoldeten Klauen und Zähnen, mit roter Zunge und Ohren und einem hängenden Schwanz.

Abb. 214: St. Pölten (H. G. Ströhl)

Nach dem Tod von König Matthias Corvinus 1490 und der Rückeroberung Niederösterreichs durch die Habsburger erhielt der Bischof von Passau St. Pölten nicht mehr zurück. König Maximilian I. betrachtete die Stadt als seine Kriegsbeute – sie wurde nun endgültig landesfürstlich.

König Ferdinand I. erteilte St. Pölten 1538 ein neues Wappen mit geändertem Schild: gespalten, vorne der österreichische Bindenschild in gewechselten Farben, also weiß-rot-weiß, hinten in Blau der Passauer Wolf, nicht mehr weiß, sondern naturfarben, statt mit hängendem nunmehr mit hochgestrecktem Schwanz. Der Bischofsstab fiel weg, da die Stadt nun nicht mehr einem Bischof gehörte, sondern an den Landesfürsten gefallen war.

Anfang des 18. Jahrhunderts wurde das Stadtwappen als Herzschild auf die Brust eines Doppeladlers gesetzt; das wurde schließlich 1906 beanstandet, da diese Form des Wappens ohne Bewilligung geführt wurde. Ab damals wurde wieder nur noch der Schild allein geführt, wie er von Ferdinand I. 1538 gewährt worden war.

Teck

Das kleine schwäbische Herzogtum Teck, in der nördlichen Schwäbischen Alb gelegen, gehörte den Zähringern, die ab 1187 Herzöge von Teck waren. 1303 ging das Herzogtum vor allem an Württemberg, einige Teile kamen an Österreich. Das Geschlecht der Herzöge von Teck starb 1439 aus.

Der Titel eines Herzogs von Teck wurde für den Sohn des Herzogs Alexander von Württemberg 1863 erneuert.

Das Wappen spielt im Zusammenhang mit der württembergischen Belehnung (1520) nur unter Ferdinand I. (1531) eine Rolle.

Wappen

Der Schild ist von Gold und Schwarz schräggeweckt. (→ Abb. 215)

Abb. 215: Teck (M. Göbl)

Teschen

(polnisch: Cieszyn; der im Süden Polens gelegene Teil der polnisch-tschechischen Doppelstadt Cieszyn/Český Těšín in Schlesien) Teschen, Stadt und umliegendes Gebiet, liegt in den

Beskiden, einem Teil des Karpatengebirges, an der Straße von Wien nach Krakau.

Die Stadt erlangte 1374 das Stadtrecht. Das Herzogtum entstand 1281 durch Erbteilung aus dem Herzogtum Oppeln und stellte sich unter die Krone Böhmens. Böhmen kam zwar 1526 an die Habsburger, Teschen fiel jedoch erst 1653 als erledigtes Lehen an die Krone Böhmens zurück. Es bildete danach mehrfach eine habsburgische Sekundogenitur.

Kaiser Karl VI. gab Teschen 1722 an Herzog Leopold von Lothringen, 1731 an dessen Sohn Franz Stephan, den Gemahl Maria Theresias.

Nach dem Ersten Schlesischen Krieg 1742 kam der größte Teil Schlesiens an Preußen, Teschen verblieb jedoch bei Böhmen und wurde dem neu geschaffenen Herzogtum Österreichisch-Schlesien eingegliedert. Unter dem Titel eines Herzogs von Sachsen-Teschen herrschte dort 1766–1822 Albert Kasimir. Albert Kasimir war der Sohn des Kurfürsten Friedrich August II. von Sachsen (als August III. König von Polen) und mit Marie Christine, einer Tochter Maria Theresias, verheiratet. Auf ihn geht die Gründung der Graphischen Sammlung Albertina in Wien zurück.

1822 folgte der Sieger von Aspern, Erzherzog Karl, der 1837 auf dem Schlossberg durch den Wiener Architekten Kornhäusel sein neues Schloss erbauen ließ.

Bis 1918 gehörte das Gebiet von Teschen zum Kronland Österreichisch-Schlesien. Seit 1920 ist Teschen (Cieszyn/Český Těšín) zwischen der Tschechoslowakei und Polen geteilt. Die Grenze bildet die durch die Stadt fließende Olsa, die in die Oder mündet.

Abb. 216: Teschen (H. G. Ströhl)

Wappen

In Blau ein goldener, rotbewehrter Adler. Dies ist eigentlich das Wappen von → Oberschlesien. (→ Abb. 216)

Das Wappen der Stadt Teschen selbst zeigt ein von zwei Türmen flankiertes offenes Stadttor, über dem der oberschlesische Adler schwebt. Im Schildfuß erscheint das Wasser der Olsa. Ein Siegel an einer Urkunde von 1570 zeigt dasselbe Bild mit der Legende: „SIGILLUM MAIUS CIVITATIS TESCHINEN."

Tirol

Tirol hat sich als Land allmählich aus Teilen der alten Herzogtümer Bayern, Schwaben und Kärnten sowie der Mark Verona seit dem 11. Jahrhundert zu einer selbständigen großen Grafschaft entwickelt.

Die Bischöfe von Trient und Brixen wurden mit den Grafschaften Trient, Bozen und Vinschgau sowie mit den Grafschaften im Eisacktal, Inntal und im Pustertal, mit Immunitätsprivilegien und Regalien ausgestattet (1004 und 1027) und stiegen so zu geistlichen Reichsfürsten auf. Die militärische und hochgerichtliche Macht, die sie als Geistliche nicht ausüben durften, übertrugen sie an eigens dafür bevollmächtigte Amtspersonen beziehungsweise Vögte.

Drei Familien waren es, die sich de facto die gesamte weltliche Macht teilten: die Grafen von Tirol, Andechs und Görz.

Die Grafen von Tirol, so benannt nach ihrer Stammburg oberhalb von Meran, waren das mächtigste Geschlecht. Ihre Herkunft ist ebenso unklar wie jene der Grafen von Görz. Graf Albert III. von Tirol brachte durch die Heiraten seiner Töchter die dynastische Verbindung mit den Görzern und den Andechsern zustande und konnte die Grafschaften im Etschtal, Eisacktal, Pustertal und Inntal vereinigen. Die Andechser besaßen mehrere Grafschaften in Bayern, im Inntal und im Pustertal, waren Vögte von Brixen, Neustift und Innichen. Sie waren außerdem Markgrafen in Istrien (Meranien), besaßen Grafschaftsrechte sowie reichen Besitz in Krain und der Windischen Mark und waren eines der mächtigsten Geschlechter zwischen Bayern und der Adria. Die Andechser starben 1248 aus und wurden von den Görzern beerbt. Durch die Verbindung der Tiroler mit den Görzern entstand jenes mächtige Territorium, das sich vom Arlberg über Tirol, Kärnten, Krain, Istrien, Görz und Friaul bis an die Adria erstreckte.

Als die Grafen von Tirol 1253 mit Albert IV. ausstarben, wurde das Territorium unter seinen zwei Schwiegersöhnen geteilt. Die Länderteilung von 1271 zwischen den Brüdern Meinhard II. und Albert II. gab der Grafschaft Tirol für Jahrhunderte ihren Umfang. Meinhard II. war ab 1286 auch Herzog von Kärnten und zwang die Bischöfe von Brixen und Trient, seine Oberhoheit anzuerkennen.

1335 kam Kärnten an die Habsburger, 1363 folgte Tirol.

1500 wurde das Pustertal, das seit 1267 mit dem Gebiet

um Lienz die vordere Grafschaft Görz gebildet hatte, mit Tirol vereinigt.

1803 wurden die Hochstifte Brixen und Trient säkularisiert, 1805 musste Österreich im Frieden von Pressburg Tirol an Bayern abtreten. 1809 kam es zur Teilung des Landes zwischen dem napoleonischen Königreich Italien (Südtirol), dem französischen Illyrien (Lienz) und Bayern. Erst 1814 wurde ganz Tirol wieder mit Österreich vereinigt.

Nach dem Ersten Weltkrieg musste Südtirol an Italien abgetreten werden.

Wappen

In einem silbernen Schild ein goldgekrönter roter Adler mit goldenen Flügelspangen mit kleeblattförmigen Enden und einem grünen Lorbeerkranz hinter dem Kopf. (→ Abb. 217)

Auf Siegeln ist das Wappen bereits 1205 nachweisbar, seit 1250 auch auf Münzen. Die älteste farbige Darstellung stammt aus der Zeit um 1271/1286 als Wappenfresko in der Burgkapelle von Schloss Tirol (bei Meran).

Abb. 217: Tirol, nach 1918 (ÖStA)

Zum Adler selbst wurden im Laufe der Jahrhunderte noch weitere Attribute hinzugefügt. Als erste Ergänzung taucht zu Beginn des 14. Jahrhunderts die Flügelspange auf, deren Enden später in Form eines Dreikleeblattes auftreten. Ihre Farbe ist generell golden, lediglich im kaiserlich österreichischen Wappen 1804–1915 ist sie silbern. Die zweite Ergänzung stellt das Krönlein dar, das sich spätestens auf einem Siegel Herzog Friedrichs IV. des Älteren von Österreich-Tirol 1411 auf dem Adlerkopf beobachten lässt; danach wird es zum dauernden Bestandteil des Adlers. Die Wappenbesserung wurde jedoch nicht immer und überall eingehalten. Das „Wappenbuch der österreichischen Herzöge" aus dem 15. Jahrhundert kennt das Krönlein noch nicht. (→ Abb. 218)

Abb. 218: Tirol, 15. Jh. (ÖStA)

Der grüne Ehrenkranz („Ehrenkränzel") wurde erstmals auf einem Fresko 1521 verwendet und entstand aus dem Ehrensymbol der Renaissance in Italien, daher auch „welsches Kränzel" genannt.

Der Kranz als Auszeichnungssymbol war schon in der Antike bekannt und wurde in der Renaissance in der Form der Dichterkrönungen wiederbelebt. Als Lorbeerkranz umgab er in der Wappenkunst als modisches Beizeichen zunächst den ganzen Schild.

In weiterer Folge gibt es keine konstante Darstellung des Tiroler Wappens mit dem Kränzel, meistens befindet es sich oberhalb des Schildes. Erst gegen Ende des 18. Jahrhunderts, in der letzten Ausgestaltung, wird das „welsche Kränzel" in den Schild integriert und als „Ehrenkränzel" definiert. Zum rechtsverbindlichen Element des Tiroler Landeswappens wurde das „immergrüne Ehrenkränzel", und zwar hinter dem Kopf des Adlers, aber erst durch die Tiroler Landesordnung 1921. (→ Abb. 219)

Über dem Tiroler Wappenschild ruhte über dem Helm seit 1445/1446 die Helmzier: ein geschlossener schwarzer Adlerflug, der mit einer goldfarbenen schrägrechten Binde belegt ist, von der eine Reihe gleichfarbiger, dreieckiger Blätter (Lindenblätter) herabhängt. Diese Lindenblätterbinde wird kurz „Zindelbinde" genannt.

Der Hinweis auf die Zindelbinde ist insofern wichtig, als sie das einzige Unterscheidungsmerkmal zwischen dem Wappen von Tirol und dem sonst weitgehend gleichen Wappen der Markgrafen von Brandenburg darstellt. Lange Zeit wurde nämlich der Tiroler Adler fälschlicherweise für den Brandenburger Adler gehalten, nachdem die Landesfürstin Margarete Maultasch mit dem Markgrafen Ludwig von Brandenburg seit 1342 in zweiter Ehe verheiratet war. Tatsächlich ist das Brandenburgische Wappen weitgehend identisch mit dem Tiroler Schild, allerdings ist der rote Adler in Tirol schon viel länger nachweisbar. Diese Form des Wappens war bis 1918 verbreitet. Erst das republikanische Tirol ließ Helm und Helmzier weg und regelte das Landeswappen zuletzt in der Tiroler Landesordnung 1989.

Das Südtiroler Wappen wurde 1982 im Auftrag der Landesregierung von Südtirol entworfen und 1983 vom italienischen Staatspräsidenten bestätigt. Es ist nach dem alten Tiroler Wappen, ohne Kleeblattenden und goldene Krone, entworfen worden. Vorbild ist der Tiroler Adler auf dem Flügelaltar von Schloss Tirol (heute als Leihgabe des Stiftes Wilten im Tiroler Landesmuseum Ferdinandeum) von zirca 1370. (→ Abb. 220)

Abb. 219: Tirol, 19. Jh. (H. G. Ströhl)

Abb. 220: Südtirol (ÖStA)

Toskana

Das Großherzogtum Toskana ist eine historische Region in Mittelitalien, die aus dem antiken Etrurien hervorging.

Im Mittelalter Tuszien genannt, stand das Gebiet mit dem Hauptort Lucca nach Untergang des Weströmischen Reiches (476) aufeinanderfolgend unter ostgotischer, byzantinischer und langobardischer Herrschaft.

Im 9. Jahrhundert wurde Tuszien zu einer Markgrafschaft, die im Norden über den Apennin und bis an den Po reichte.

Nach dem Tod der Markgräfin Mathilde von Tuszien (1115) war das Erbe zwischen Kaiser und Papst umstritten und das Gebiet zerfiel in mehrere Stadtstaaten, unter denen Florenz eine Vormachtstellung behauptete.

1531 wurde Florenz von Kaiser Karl V. zu einem erblichen Herzogtum erhoben und die einstmals freien und unabhängigen Bürger namens Medici stiegen zu einer fürstlichen Dynastie auf. Der politische Aufstieg der Medici war eine Folge ihrer wirtschaftlichen Macht, die sie als erfolgreiche Bankiers gewonnen hatten. Durch Bank- und Handelsniederlassungen in vielen Ländern beschränkte sich ihr Einfluss nicht nur auf die Politik der eigenen Stadtrepublik. 1569 erhob der Papst Herzog Cosimo I. (1537–1574) zum Großherzog von Toskana. Dieser Titel wurde jedoch erst von Kaiser Maximilian II. 1575 dem Sohn Cosimos, Francesco, der mit Johanna, einer Tochter Kaiser Ferdinands I. verheiratet war, bestätigt.

1737 starb die Dynastie der Medici aus und die Toskana gelangte im Tauschwege an Franz Stephan von Lothringen, der dafür sein Stammland Lothringen und Bar an den polnischen König Stanislaus Leszczyński abgeben musste.

Nach dem Tod des zum römisch-deutschen Kaiser aufgestiegenen Franz I. Stephan 1765 folgte ihm sein jüngerer Sohn Peter Leopold (Pietro Leopoldo) als Großherzog nach.

Der spätere Kaiser Leopold II. begründete nicht nur eine österreichische Sekundogenitur, sondern zeichnete sich auch durch vorbildhafte Staatsführung aus, die sein Sohn Ferdinand III. fortführte. Die Großherzöge residierten im Palazzo Pitti in Florenz.

Unter französischer Besetzung (ab 1799) fiel das Land 1801 als Königreich Etrurien an Ludwig von Bourbon-Parma, 1807/08 an Frankreich und 1809 an Napoleons älteste Schwester Elisa Baciocchi (bis 1814).

Infolge der Beschlüsse des Wiener Kongresses erhielt die habsburgische Nebenlinie unter Ferdinand III. die Toskana wieder zurück.

1859 kam es zu einem Aufstand, in dessen Folge es nach einer Volksabstimmung (1860) zur Vereinigung mit Piemont-Sardinien kam.

Seit 1861 gehörte die Toskana zum neu entstandenen Vereinigten Königreich Italien, als dessen provisorische Hauptstadt Florenz für einige Jahre – bis zur Einnahme Roms im September 1870 – fungieren durfte.

Wappen

Toskana

Im goldenen Schild sechs Kugeln 1:2:2:1 gestellt, die oberste blau mit drei goldenen Lilien 2:1 belegt, die anderen rot. Helmzier: ein Falke (durch die Schelle am Fuß kenntlich gemacht), einen Diamantring haltend, durch den ein Band mit der Inschrift „SEMPER" gezogen ist. (→ Abb. 221)

Abb. 221: Toskana (H. G. Ströhl)

Das Medici-Wappen zeigte ursprünglich sechs rote Kugeln im goldenen Schild. Ihre Anzahl war nicht immer sechs, sondern beispielsweise im 14. Jahrhundert acht. Die Herkunft der Kugeln ist nicht ganz geklärt: Unwahrscheinlich ist jedenfalls die häufig vorgebrachte Deutung als Pillen oder Schröpfköpfe und die Herkunft der Medici aus dem Apotheker- oder Ärztestand. Da die Medici seit Ende des 14. Jahrhunderts als Bankiers tätig waren, sind die „palle" wohl eher auf das Wappen der „Arte del Cambio", der Florentiner Zunft der Wechsler, zurückzuführen, das goldene Münzen, byzantinische „bisanti", auf rotem Grund zeigt. Die Medici könnten durch die Umkehrung der Farben des Zunftbanners zu ihrem Wappen gekommen sein.

In Anspielung auf diese Kugeln, die sogenannten „palle" (italienisch: „Kugeln"), war in den Florentiner Parteistreitigkeiten des 15. Jahrhunderts „palle, palle" der Schlachtruf der Anhänger der Medici, die als die Partei der „Palleschi" bezeichnet wurden. In der Folge wurden die „palle" auch außerhalb des heraldischen Zusammenhangs zum Symbol der Medici, sie tauchen als dekorative Elemente in unterschiedlichen Ausgestaltungen auf Medici-Bauwerken auf.

Die Medici betrieben als Realpolitiker eine Schaukelpolitik zwischen Frankreich und dessen Gegnern, bis sie sich in der Mitte des 16. Jahrhunderts endgültig auf die Seite der damals in Italien siegreichen Habsburger schlugen. Schon 1465 hatte der französische König Ludwig XI. den Medici als Zeichen seiner Gnade eine Wappenbesserung gewährt, indem er ihnen eine Verbindung mit dem französischen Königswappen – in Blau drei goldene Lilien (Fleur-de-Lis, Lilienblume) – gestattete. Dieses Gnadenzeichen wurde in die oberste Kugel des Mediciwappens integriert, die nun aber größer sein musste, um Platz für die drei goldenen Lilien zu schaffen, und die statt der roten nunmehr eine blaue Farbe annahm. Von dort aus gelangte die Lilie – in Rot und modifiziert – auch auf das Stadtbanner von Florenz. Die Lilie ist aber als Symbol schon im 13. Jahrhundert auf den Florentiner Gulden zu sehen.

Oberhalb des Wappens befindet sich heraldisch stilisiert die toskanische Herzogskrone. Im Unterschied dazu wurde Cosimo I. gewöhnlich mit der Florentiner Krone, die in der Mitte eine rote Lilie zeigt, dargestellt.

Die Florentiner Lilie unterscheidet sich von der sonst gebräuchlichen heraldischen Variante durch die zwei Staubfäden, die zwischen den stilisierten Blütenblättern angebracht sind. Von Florenz aus verbreitete sich die Lilie als Wappenbild in viele Orte in der Toskana.

Claudia de Medici

In der österreichischen Heraldik kommt das Medici- beziehungsweise Toskana-Wappen mehrfach vor.

Die Heirat Erzherzog Leopolds V. (1586–1632) aus der Tiroler Linie der Habsburger mit Claudia de Medici brachte das Toskana-Wappen zum ersten Mal in die österreichischen – vor allem Tiroler – Wappensuiten. (→ Abb. 222)

Abb. 222: Siegel der Claudia de Medici (ÖStA)

Danach erscheint es wieder mit der Begründung der neuen Dynastie Habsburg-Lothringen, die in der Toskana eine Nebenlinie hatte. (→ Abb. 223)

Zuletzt kommt die Toskana als eigenes Feld im großen Reichswappen von 1836 vor. (→ Genealogisches Wappen)

Abb. 223: Wappen der Claudia de Medici (ÖStA)

Trient

Die Stadt Trient, an einer wichtigen Verkehrsroute am Fluss Etsch gelegen, ist heute Hauptstadt der norditalienischen autonomen Region Trentino-Südtirol. Von den Kelten gegründet, war die Stadt bereits in römischer Zeit Bischofssitz (Tridentum). Ab zirca 570 bildete Trient den Sitz eines langobardischen Herzogtums.

1027 erhielt der Bischof von Trient die fürstliche Würde und Reichsunmittelbarkeit.

Historische Bedeutung erlangte die Stadt durch das Konzil von Trient (1545–1563), das eine Neugestaltung der katholischen Kirche initiierte und die Gegenreformation einleitete.

De facto endete die Existenz des Hochstifts 1796 durch den Einmarsch napoleonischer Truppen. 1803 wurde das geistliche Fürstentum säkularisiert und sein 4100 Quadratkilometer umfassendes Territorium durch den Reichsdeputationshauptschluss Tirol beziehungsweise dem österreichischen Staatsgebiet einverleibt.

Nach einem kurzen bayerisch-napoleonischen Intermezzo kam das Land 1814 wieder zu Österreich und blieb dort bis 1919.

Wappen

In einem silbernen Schild ein heraldisch nach rechts blickender, rotgeflammter und mit goldenen Flügelspangen versehener einköpfiger schwarzer Adler. In manchen Quellen sind die Flammen auch golden tingiert. (→ Abb. 224)

Dieses Wappen wurde mit der ältesten Tiroler Wappenverleihungsurkunde von 1339, auf der es auch dargestellt ist, verliehen. König Johann von Böhmen aus dem Haus Luxemburg gestattete damals dem Bischof Nikolaus von Trient, seinen Nachfolgern und der Trienter Kirche auf alle Zeit den Adler des heiligen Wenzel als Wappen zu führen.

Bischof Nikolaus von Trient (1338–1347) stammte aus Brünn und diente dem Markgrafen Karl von Mähren, dem ältesten Sohn König Johanns von Böhmen, als Kanzler. Als Karl für seinen Bruder Johann Heinrich und seine Schwägerin Margarethe Maultasch 1336–1340 die Regierung in Tirol führte, ließ er seinen Kanzler zum Bischof von Trient erheben. Nikolaus erwies sich dafür als zuverlässige Stütze der luxemburgischen Herrschaft an der Etsch.

Das Adlerwappen stellt im Übrigen das alte Wappen des Königreiches Böhmen dar und wird auch in der Verleihungsurkunde von 1339 als Wappen des böhmischen Schutzpatrons, des heiligen Wenzel, bezeichnet („arma sancti Wenczelai martyris eiusdem regni nostri patroni"). Dieser Adler wurde sehr bald das allgemein verwendete Wappen von Trient und wird als solches in unveränderter Form auch heute noch von der Autonomen Provinz Trentino, der Erzdiözese und der Stadt Trient geführt. Das Wappen stellt damit ein äußerst langlebiges Erbe der kurzen böhmisch-luxemburgischen Herrschaft in Tirol 1335–1341 dar. (→ Abb. 225)

1983 wurde gleichzeitig mit dem Südtiroler Wappen auch das Wappen der Autonomen Provinz Trentino-Südtirol geregelt. Der viergeteilte Schild enthält in 1 und 4 in Silber den rotgeflammten schwarzen Adler von Trient und in 2 und 3 den roten Adler von Südtirol. (→ Abb. 226)

Abb. 224: Trient, 19. Jh. (H. G. Ströhl)

Abb. 225: Trentino (ÖStA)

Abb. 226: Trentino-Südtirol (ÖStA)

Triest

Triest (Trieste), die größte Hafenstadt der k. u. k. Monarchie, war schon im Römischen Reich als „Tergeste" bekannt. Im Mittelalter wurde Triest von den benachbarten Patriarchen von Aquileia bedrängt und von den Venezianern belagert, weshalb es sich schon 1382 dem Schutz Herzog Leopolds III. und damit dem Haus Österreich unterwarf.

Der große wirtschaftliche Aufschwung der Stadt begann unter Karl VI., der Triest 1719 zum Freihafen erklärte.

1797–1805 brachten die Franzosen die Stadt und das Gebiet in ihren Besitz und gliederten sie 1809–1814 ihren Illyrischen Provinzen an.

Der Wiener Kongress ermöglichte einen Neubeginn im Kaisertum Österreich, die Stadt erhielt 1819 von Kaiser Franz den Titel der „allergetreuesten Stadt" und eine Bestätigung ihres Wappens.

Kaiser Franz Joseph I. gewährte der Stadt 1852 den Status der Reichsunmittelbarkeit und bestätigte das geführte Wappen. 1806 war Triest erstmals im großen Kaisertitel vertreten und die Habsburger nannten sich ab nun Herren von Triest.

Nach dem Ersten Weltkrieg kam die Stadt an das Königreich Italien. Nach dem Zweiten Weltkrieg wurde die Stadt wegen ihrer slowenischen Minderheit von den Partisanen Titos besetzt und war zunächst 1947–1954 ein Freies Territorium Triest, bis es dann wieder an Italien kam.

Wappen

Geteilt, oben in Gold ein gekrönter (rotbezungter) schwarzer Doppeladler, unten der mit der goldenen Lanzenspitze des heiligen Sergius belegte österreichische Bindenschild. Auf dem Schild ruht eine goldene Krone.

Im Mittelalter führte Triest, wie viele andere Städte, drei Türme in seinem Wappen. Herzog Leopold von Österreich aber veränderte zu Ehren des heiligen Märtyrers Sergius, der in Triest sehr verehrt wird, die drei Türme in eine Hellebarde. (→ Abb. 227)

Mit der Hellebarde ist eine Legende verknüpft, die auf den Märtyrertod des Sergius verweist. Die Hellebarde, die der Überlieferung nach weder rostet noch ihre Vergoldung verliert, soll zum Zeitpunkt seines Todes in Triest vom Himmel gefallen sein. Sie wird heute in der Schatzkammer der Kathedrale von San Giusto verwahrt und ist ein Wahrzeichen der Stadt.

Abb. 227: Triest
(H. G. Ströhl)

Das vor 1819 geführte Wappen geht auf Kaiser Friedrich III. zurück, der Triest das Wappen durch ein eigenes Diplom am 22. Februar 1464 zur Belohnung der bewiesenen Treue verliehen hatte. Sowohl in den Wappenpatenten von 1806 als auch von 1836 wurde das Wappen falsch gezeichnet. Anstatt der goldenen Lanzenspitze des heiligen Sergius wurde ein umgekehrter schwarzer Anker verwendet. Kaiser Franz Joseph I. bestätigte deshalb der Stadt das Wappen 1852 in der Version von 1464 neuerlich.

Nachdem Triest 1919 an Italien gekommen war, wurde das Stadtwappen geändert. Heute führt die Stadt nur noch eine silberne Lanzenspitze im roten Feld, was nur noch andeutungsweise an den einstmaligen rot-weiß-roten Bindenschild erinnert.

In Österreich war das Wappen bereits im großen Reichswappen von 1806 vertreten und ist in Wien auf dem Gebäude der Marinesektion des k. u. k. Kriegsministeriums, heute das Haus der Generaldirektion der Österreichischen Bundesforste in der Marxerstraße 2 in Wien III, zu sehen.

Troppau

(tschechisch: Opava) Die Hauptstadt des Herzogtums Österreichisch-Schlesien liegt am Fluss Oppa, von dem auch der Name abgeleitet ist. Die Siedlung entstand im Mittelalter im Schutz der nahe gelegenen Burg Grätz („Gradec", slawisch: „Burg") und erhielt im Jahre 1224 das Stadtrecht nach Magdeburger Vorbild.

Das Gebiet um Troppau wurde 1318 zum Herzogtum erhoben und gelangte zeitweise unter die Herrschaft der böhmischen Přemysliden und des ungarischen Königs Matthias Corvinus.

Das Wappen wurde durch Kaiser Rudolf II. 1579 verliehen, wobei der silberne Adler an den polnischen Adler erinnern soll.

Im 17. Jahrhundert gab Kaiser Matthias das Herzogtum den Fürsten von Liechtenstein zu Lehen, die mit einem rot-silbern gespaltenen Schild in ihrem Wappen daran erinnern.

Wappen

In einem gespaltenen Schild, vorn in Rot ein halber silberner Adler am Spalt. Die hintere silberne Hälfte ist gespalten und zeigt nur vorn in Silber drei rote Sparren abwärts. (→ Abb. 228)

Abb. 228: Troppau (H. G. Ströhl)

Ungarn

Im Karpatenbecken beiderseits der Flüsse Donau und Theiß gelegen, war das Gebiet schon in der Antike besiedelt. Die römischen Provinzen Pannonien und Dakien erstreckten sich bis an die Donau.

Zur Zeit der Völkerwanderung drangen verschiedene Volksstämme ins Land, von denen sich besonders die Hunnen niederließen.

Vom 6. bis zum 8. Jahrhundert wanderten die Awaren ein und es erfolgte eine slawische Besiedlung.

Im 9. Jahrhundert eroberten die Magyaren das Karpatenbecken und assimilierten die noch dort siedelnden Slawen und Reste älterer Volksstämme. Das Fürstengeschlecht der Arpáden setzte sich schließlich durch. Fürst Géza († 997) vereinte die ungarischen Stämme und leitete die Christianisierung ein. Sein Sohn Stephan I. († 1038) erlangte von Papst Silvester II. die Königskrone.

Den Arpáden, die bis 1301 regierten, folgte das Haus Anjou-Neapel (1308–1386). Danach folgten Könige aus verschiedenen Dynastien: Sigismund von Luxemburg (1386–1437), Albrecht V. von Österreich (1437–1439), Wladislaw I. Jagiello von Polen (1440–1444), Ladislaus Postumus (1444–1457), Matthias Corvinus (1458–1490) und schließlich Wladislaw II. Jagiello von Polen (1490–1516) sowie dessen Sohn Ludwig II. (1516–1526). (→ Arpaden)

In den folgenden Jahrhunderten gelang es den Osmanen, fast das ganze Land zu besetzen, nur ein schmaler Streifen Landes im Westen und Norden blieb in der Hand der Habsburger, die ab 1526 auch Könige von Ungarn waren.

Nach der Rückeroberung Ungarns herrschten die Habsburger bis 1918. 1867 erreichte Ungarn den staatsrechtlichen Ausgleich mit Österreich. Durch den Friedensvertrag von Trianon 1920 verlor Ungarn seine nichtmagyarischen Gebiete: Burgenland, Slowakei, Kroatien sowie Slawonien und Siebenbürgen.

Nach dem Ende der Österreichisch-Ungarischen Monarchie herrschte in Ungarn kurze Zeit eine Räterepublik, der eine Monarchie ohne König folgte, regiert von einem Reichsverweser. Von 1946 an war Ungarn Republik, die 1949 in eine Volksrepublik umgewandelt wurde.

Nach der allgemeinen Wende der ehemaligen Ostblockstaaten 1989 kehrte auch Ungarn wieder zur republikanischen Verfassung zurück.

Wappen

Ein gespaltener Schild, rechts siebenmal von Rot und Weiß geteilt, links in Rot ein auf einem grünen Dreiberg stehendes weißes Patriarchenkreuz, aus einer goldenen Krone hervorkommend. (→ Abb. 230)

Abb. 229: Alt- und Neu-Ungarn (ÖStA)

Ähnlich wie beim österreichischen oder burgundischen Wappen wird auch das ungarische Wappen mit den Attributen „Alt" und „Neu" belegt. Mit „Alt-Ungarn" ist der siebenmal geteilte Schild gemeint, mit „Neu-Ungarn" das Patriarchenkreuz auf dem Dreiberg. (→ Abb. 229) Im ungarischen Sprachgebrauch werden diese Begriffe allerdings nicht verwendet.

Während der geteilte Schild tatsächlich der ältere ist, entwickelte sich das Wappen Neu-Ungarns erst allmählich. (Zur älteren Wappengeschichte → Arpáden) Über die Bedeutung des kombinierten Wappens wurden schon um 1500 Überlegungen angestellt, die aber eher mystifizierenden Charakter hatten. Die vordere Schildhälfte, der siebenmal geteilte Schild, wurde am Beginn der Neuzeit als die Flüsse des Tieflandes (Donau, Theiß, Save, Drau) interpretiert. Die hintere Schildhälfte bekam Ende des 18. Jahrhunderts die Sinndeutung, dass hierbei die Hauptgebirgshöhen des Landes (Tatra, Fatra und Matra) gemeint sein könnten. Die beiden Bedeutungsinhalte führten zur Annahme, dass die eine Hälfte des Schildes das ungarische (ethnisch magyarische) Flachland, die andere das (vornehmlich von Slowaken bewohnte) Oberland symbolisieren könnte.

Das Doppelkreuz wurde ursprünglich auf ein päpstliches Privileg Silvesters II. an den heiligen Stephan, König von Ungarn, zurückgeführt. Da das jedoch 200 Jahre vor dem Entstehen des Wappenwesens geschah, ist diese Deutung eher fraglich.

Historisch mehr Sinn macht die Begründung, dass es sich um ein byzantinisches Patriarchen- beziehungsweise Kaisersymbol handeln könnte, das König Béla III., der am byzantinischen Hof erzogen worden war, von dort mitbrachte und zu seinem eigenen Herrschersymbol machte. Dass damit eine zusätzliche Anspielung an den apostolischen König Stephan den Heiligen verbunden werden konnte, war durchaus wünschenswert.

Die Kombination der beiden Schildhälften in einem gemeinsamen Schild erfolgte erst mit dem Übergang Ungarns an das Haus Habsburg. (→ Abb. 230)

König Ferdinand I. führte ab 1531 auch das Wappen von Neu-Ungarn. Im 16. Jahrhundert wurde der grüne Drei-

Abb. 230: Ungarn, 16. Jh. (H. G. Ströhl)

berg mit der goldenen Krone, aus der das Patriarchenkreuz hervorwächst, zum ersten Mal verwendet. Im offiziellen Wappenbrauch der Habsburger nahm das vereinigte ungarische Wappen immer den ersten Platz, vor Böhmen, ein, da Ungarn als Königreich älter war.

Auch das heutige Wappen von Ungarn hat dieses Aussehen. Auf dem Schild ruht noch zusätzlich die St.-Stephans-Krone, die als „Heilige Krone" Ungarns angesprochen wird und seit Jahrhunderten als einzigartiges Symbol die nationale Einheit und Unabhängigkeit des Staates repräsentiert.

Zur Zeit der „volksdemokratischen Epoche" Ungarns 1948–1990 verwendete der Staat ein Wappen, das dem übrigen kommunistischen Symbolspektrum (Ährenkranz, Stern, …) angepasst war.

Seit 1990 wird staatlicherseits wieder der mit der St. Stephanskrone bedeckte traditionelle Schild geführt.

Valencia

Valencia, die heutige Hauptstadt der gleichnamigen Provinz, liegt südlich von Barcelona an der spanischen Mittelmeerküste und geht auf eine römische Gründung zurück, die später von Westgoten besiedelt und 714 von den Arabern erobert wurde.

1094 wurde die Stadt zwar vom legendären Feldherrn El Cid zurückerobert, konnte aber nur acht Jahre gehalten werden und fiel danach wieder an die Muslime.

Erst König Jakob I. von Aragonien konnte 1238 die Stadt dauerhaft an sich bringen, machte sie zur Hauptstadt des Königreiches Valencia und verband die beiden Königreiche in Personalunion.

Während des Spanischen Erbfolgekrieges verlor Valencia 1707 den Status eines selbständigen Königreichs, da es auf der Seite Erzherzog Karls stand.

In der österreichischen Wappenlandschaft kommt das Wappen des Königreiches Valencia nur peripher vor. Man trifft es auf der Maximilianischen Ehrenpforte 1515, auf dem Triumphzug oder am Innsbrucker Wappenturm, darauf bei Kaiser Karl V., der auch den Titel eines Valencianischen Königs führte, und dann bei König Philipp II.

Wappen

Der Schild zeigt im Schildfuß Wasser und darüber eine

Abb. 231: Valencia (ÖStA)

Stadtansicht mit mehreren Türmen, nach dem „Wappenbuch" von Schrott. (→ Abb. 231)

Das heutige Wappen der Stadt Valencia ist gänzlich anders gestaltet: in Gold vier rote Pfähle.

Venedig

(Stadt) Die Anfänge Venedigs gehen auf das Eindringen der Hunnen in das Römische Reich um die Mitte des 5. Jahrhunderts zurück, als die in der Gegend ansässige Bevölkerung auf die schwer zugänglichen Inseln der Lagune an der oberen Adria flüchten musste. Die anschließenden langobardischen Einfälle lösten weitere Flüchtlingswellen aus und verstärkten die Siedlungstätigkeit auf der Inselgruppe. Der Siedlungskern „am hohen Ufer" (Rialto) stellt die Keimzelle des heutigen Venedig dar. Dort wurde auch der Dogenpalast errichtet, das Verwaltungszentrum der rasch wachsenden Stadt.

Venedig war der westlichste Vasallenstaat von Byzanz, weshalb der im 8. Jahrhundert erstmals aus dem Kreis alteingesessener Familien gewählte Doge (Dux, Herzog) von Byzanz formal bestätigt werden musste. Grundlage des ökonomischen Aufstiegs war der zunehmende Ost-West-Handel, bei dem Luxusgüter aus Byzanz eingeführt und lokale landwirtschaftliche Produkte wie Öl, Salz, Fisch und Getreide exportiert wurden. Sehr profitabel erwies sich auch der Handel mit Sklaven, Waffen und Holz.

829 wurden die Gebeine des heiligen Markus aus Alexandria geraubt, um Venedig einen prominenten Stadtheiligen zu verschaffen. Die Reliquien des Heiligen wurden in die Markuskirche, die Hauskapelle des Dogen, verbracht. Als Verwahrer dieser hochrangigen Reliquie gelang es Venedig, seine Unabhängigkeit vom Patriarchen von Aquileia auszubauen und den Löwen des heiligen Markus zum Wahrzeichen Venedigs zu machen. Der zuvor verehrte byzantinische heilige Theodor trat an die zweite Stelle, womit auch der schwindende Einfluss von Byzanz erkennbar wird.

In Venedig wurden im 13. Jahrhundert auch erstmals Goldmünzen, Dukaten genannt („Ducatus" bedeutet „Herzogtum"), geprägt. Entscheidend für die beherrschende Stellung Venedigs war seine starke Flotte, die es im Kampf gegen die anderen Seestädte Genua, Amalfi und Pisa wirkungsvoll einsetzte. An der Kreuzzugsbewegung ins Heilige Land war Venedig vor allem mit seiner Flotte beteiligt, die mit dem

Transport von Truppen und Ausrüstung großen finanziellen Gewinn einbrachte, aber auch die Etablierung seines nahöstlichen Kolonialreiches einleitete (Ionische Inseln, Kreta, Zypern).

Gegen Ende des 14. Jahrhunderts wurde diese dominante Stellung im Levantehandel aufgrund der Bedrohung durch die Osmanen immer schwächer und Venedig wandte sich einerseits verstärkt der Eroberung der Terraferma, des italienischen Festlandes, andererseits aber auch der von Istrien und Dalmatien zu. In dieser Zeit erreichte Venedig seine größte territoriale Ausdehnung.

Das Vordringen der Osmanen, die Konkurrenz des Kaisers und die Verlagerung des Welthandels vom Mittelmeer nach Übersee nach der Entdeckung Amerikas waren Ursachen für den langsamen Niedergang seit dem 16. Jahrhundert. Venedig war bis 1797 eine Adelsrepublik, die älteste Europas, und trug den Beinamen „Serenissima", eine Kurzform des italienischen Staatstitels „La Serenissima Repubblica di San Marco" („Allerdurchlauchtigste Republik des heiligen Markus"). Der Niedergang fand schließlich in der Selbstauflösung der Republik und in der Besetzung durch die napoleonischen Truppen 1797 ein Ende. Im Frieden von Campo Formio 1797 kamen Stadt und Territorium, aber auch die venezianische Flotte, die den Kern der späteren k. u. k. Kriegsmarine bilden sollte, an Österreich.

1803 wurde Venetien in die Provinzen Venedig, Friaul, Treviso, Padua, Vicenza, Verona und Belluno eingeteilt. Nach dem Frieden von Pressburg 1805 wurde Venetien an das „Königreich Italien" abgetreten. Durch den Wiener Frieden von 1809 kamen Istrien und Friaul an die Illyrischen Provinzen Frankreichs. Der Pariser Frieden brachte 1814 die Rückkehr Venetiens zu Österreich. Zusammen mit der Lombardei bildete Venetien ab 1815 das Lombardisch-Venetianische Königreich.

In der Revolution von 1848/49 erklärte sich Venedig kurzfristig für unabhängig. Nach der Wiedereroberung durch österreichische Truppen wurden zwei getrennte Kronländer, Venetien und Lombardei, konstituiert, die jedoch ein gemeinsamer Gouverneur regierte. 1857–1859 war Erzherzog Maximilian, der 1867 als Kaiser von Mexiko hingerichtet werden sollte, Gouverneur.

Der Abtretung der Lombardei 1859 an Frankreich folgte im Jahre 1866 auch der Verlust Venetiens. Beide Länder gingen kurze Zeit später im neu gegründeten Königreich Italien auf.

Wappen

Im blauen Schild der goldene geflügelte Löwe mit Heiligenschein und aufgeschlagenem Buch.

Der Löwe von San Marco ist zugleich auch das Staatssymbol, wobei er als Schildfigur oder auch ohne einen Schild dargestellt sein kann. In Wappenbüchern wird er immer in einem Schild gezeigt. Durch die Jahrhunderte variiert seine Darstellungsweise immer wieder – er kann aufrecht stehend, sitzend, liegend oder „in moleca" abgebildet sein.

„Moleca" bedeutet im venezianischen Dialekt „Krabbe" oder „Krebs" (italienisch: „granchio"). Wenn der venezianische Löwe „in moleca" dargestellt wird, so spreizt er seine Flügel über dem Kopf wie ein Krebs seine Scheren.

Abb. 232: Venedig (ÖStA)

In älterer Zeit ist das Evangelienbuch geschlossen, in neuerer Zeit immer offen. Die These, dass das geschlossene Buch einen Kriegszustand, das offene hingegen Friedenszeit andeuten soll, ist eher der Legende zuzuschreiben. Ursprünglich konnte das aufgeschlagene Buch verschiedene Inschriften aufweisen, bis sich „PAX TIBI MARCE EVANGELISTA MEUS" („Der Friede sei mit dir Marcus, mein Evangelist") allgemein durchsetzte.

Im kaiserlichen österreichischen Wappen 1798–1805 ist der Löwe aufrecht mit Schwert, doch ohne Buch dargestellt. Das Wappen der Stadt Venedig, wie es von Kaiser Franz Joseph I. 1854 verliehen wurde, ist oben abgebildet. (Wappen des Lombardo-Venetianischen Königreiches → Lombardei) (→ Abb. 232)

Verona

Verona, die Stadt und Provinz in Norditalien, wurde von den Rätern und Euganeern gegründet und war von 89 vor Christus an römische Kolonie.

Unter Kaiser Augustus wurde die Stadt groß ausgebaut. 452 verwüsteten sie die Hunnen unter Attila. Der Ostgotenkönig Theoderich der Große, der in der germanischen Heldendichtung Dietrich von Bern hieß, schlug hier, wie auch in Pavia und Ravenna, Residenzen auf, ebenso wie der Langobardenkönig Alboin.

Abb. 233: Verona (M. Göbl)

Ab dem 10. Jahrhundert gehörte die Markgrafschaft Verona zu Bayern, später zu Kärnten.

Am Anfang des 12. Jahrhunderts wurde Verona selbständig und besaß ein eigenes Stadtrecht. An der Gründung des Lombardischen Städtebundes gegen Kaiser Friedrich I. war Verona maßgeblich beteiligt. In den Kämpfen der beiden Adelsparteien, der Ghibellinen (Kaisertreuen) und der Guelfen (Papsttreuen), wurde die Stadt in Mitleidenschaft gezogen.

1387 kam Verona unter mailändische, 1405 unter venezianische Herrschaft.

Nach dem Ende der Republik Venedig wurde Verona im Frieden von Campo Formio 1797 österreichisch.

1805–1814 ging es vorübergehend im napoleonischen Königreich Italien auf, kam nach dem Wiener Kongress wieder zu Österreich und lag im Königreich Lombardo-Venetien.

Zusammen mit Mantua, Peschiera und Legnago wurde Verona zur Verteidigung der österreichischen Besitzungen zwischen 1833 und 1866 zum oberitalienischen Festungsviereck ausgebaut. Das Festungsviereck bewährte sich bei den militärischen Operationen Feldmarschall Radetzkys 1848.

1866 ging Verona als Ergebnis des Preußisch-Österreichischen Krieges an das Königreich Italien.

Wappen

In Blau ein goldenes Kreuz. (→ Abb. 233)

Die Entstehung des Wappens hängt wohl mit dem Lombardischen Städtebund zusammen. Verona ist als venezianische Provinz im großen Wappen der Republik Venedig vertreten und gelangte so in die Erbmasse der Serenissima.

Im großen Reichswappen von 1804 weist es auf die österreichische Erwerbung von Venetien im Frieden von Campo Formio 1797.

Kaiser Franz I. bestätigte am 29. April 1826 der Stadt Verona ihr althergebrachtes Wappen, das zusätzlich mit einem Kleinod vermehrt und gebessert wurde. Auf dem Schild ruht eine fünfblättrige Krone, aus der ein bekrönter schwarzer Doppeladler wächst. Die beiden Seitenränder und der Fußrand des Schildes sind mit einer goldenen Arabeskeneinfassung versehen. Das Wappen konnte auch in Form eines Siegels verwendet werden, mit der Umschrift: „Sigillo della regia cittá di Verona" („Siegel der königlichen Stadt Verona"). (→ Abb. 234)

Abb. 234: Verona, 1826–1866 (ÖStA)

Vicenza

Die Stadt Vicenza liegt in der italienischen Region Venetien und ist Hauptstadt der gleichnamigen Provinz. Vicenza war schon in römischer Zeit besiedelt, wurde später Hauptstadt eines langobardischen Herzogtums und in fränkischer Zeit Grafschaft und Bistum.

Vicenza spielte zusammen mit Padua und Treviso eine Rolle im Lombardischen Städtebund gegen Kaiser Friedrich I. Barbarossa.

Ab 1311 herrschten hier die Scaliger (Della Scala) aus Verona, ab 1387 die Visconti aus Mailand.

1404 begab sich die Stadt unter die Herrschaft der Republik Venedig und wurde mit ihr in die Kämpfe mit dem Reich hineingezogen.

1509–1516 eroberte Kaiser Maximilian I. kurzfristig die Stadt, gab sie jedoch wieder an Venedig zurück, wo sie bis 1797 verblieb. Danach wurde sie ein Titularherzogtum innerhalb des napoleonischen Königreiches Italien.

1815 wurde Vicenza in das Lombardo-Venetianische Königreich des Kaisertums Österreich und 1866 in das Königreich Italien integriert. Während der Revolution von 1848 war die Stadt Schauplatz heftiger Kämpfe und ging schließlich 1866 im neu geschaffenen Königreich Italien auf.

Wappen

In Rot ein silbernes Kreuz. (→ Abb. 235)

Abb. 235: Vicenza (M. Göbl)

Als altes Hoheitsgebiet und Teil des venezianischen Herrschaftsgebietes erscheint Vicenza auch im großen Venezianischen Staatswappen. Aus diesem Erbe gelangte es in das große Staatswappen, das Kaiser Franz II. anlässlich der Konstituierung des Kaisertums Österreich 1804 gestalten ließ. Später wurde es im Staatswappen nicht mehr verwendet.

Dieses Wappen entspricht dem Aussehen der alten Reichssturmfahne, geht aber wahrscheinlich auf den Lombardischen Städtebund zurück. Kaiser Franz I. gestattete am 13. November 1826 der königlichen Stadt Vicenza die Fortführung ihres Wappens. Die Ausstellung des Diploms zog sich allerdings bis zum 1. September 1855 hin. Der Schild erhielt zu beiden Seiten und unten eine goldene Arabeskenverzierung. Über dem Schild ruht eine goldene Blätterkrone, aus der ein bekrönter schwarzer Doppeladler wächst. (→ Abb. 236)

Abb. 236: Vicenza, 1826–1866 (ÖStA)

Nach Gründung des Königreichs Italien wurde das Stadtwappen an die italienischen Gegebenheiten adaptiert und der österreichische Doppeladler entfiel.

Vorarlberg

Das westlichste österreichische Bundesland ist aus dem südlichen Teil des alemannischen Argengaus und dem nördlichen romanischen Rätien entstanden. Aufgrund seiner geografischen Lage wurde das Gebiet seit dem Mittelalter mit dem sperrigen Titel „Herrschaften vor dem Arlberg" bezeichnet. Der Name Arlberg leitet sich von Arlen ab, das sind Legföhren, die zur Gattung der Kiefern gehören. Im Gegensatz zu den alten Ländern wie die Herzogtümer Österreich (= Niederösterreich), Steiermark oder Kärnten, die schon im Hochmittelalter einen eigenen Namen besaßen, wuchs Vorarlberg erst allmählich zu einer politischen Einheit mit einem eigenen Namen zusammen.

Vom 9. bis zum 10. Jahrhundert war das Land im Besitz der Grafen von Bregenz, dann herrschten die Grafen von Montfort.

Ab dem 14. Jahrhundert waren die Habsburger bestrebt, eine Verbindung ihrer österreichischen Besitzungen zu ihren Ländern in der heutigen Schweiz herzustellen. Zunächst wurde 1363 die Herrschaft Neuburg am Rhein erworben, dann 1375 die Herrschaft Feldkirch, 1394 die Grafschaft Bludenz mit dem Tal Montafon, 1451 und 1523 die Grafschaft Bregenz und 1474 die Grafschaft Sonnenberg. 1765 brachten die Habsburger die Grafschaft Hohenems in ihren Besitz und erlangten das politische Protektorat über das Fürstentum Liechtenstein. 1804 beziehungsweise 1814 kamen die Herrschaften Blumenegg, St. Gerold und Lustenau hinzu.

Ab 1710 wurde zunächst das Adjektiv „vorarlbergisch" verwendet, nachfolgend auch das Substantiv „Vorarlberg". Der Weg zu einem eigenen Kronland zog sich jedoch noch hin. Vorarlberg besaß zwar von alters her einen eigenen Landtag, unterstand aber bis 1752 dem Gubernium in Innsbruck. Danach war es bis 1782 der vorderösterreichischen Regierung in Freiburg im Breisgau unterstellt.

Im Kaisertum Österreich war der Kreis Vorarlberg mit Tirol zu einem Kronland vereinigt. Obwohl Kaiser Franz Joseph I. 1861 im Februarpatent ein eigenes Land Vorarlberg definierte, blieb es mit Tirol in einer staatlichen Verwaltungseinheit bestehen, lediglich der Landtag wurde wiederhergestellt.

Solange die Donaumonarchie bestand, gelang es nicht, eine umfassende Trennung von Tirol zu erreichen. Selbständig wurde Vorarlberg erst aufgrund der Landesverfassung vom 3. November 1918.

Wappen

(1864) Der Schild ist in drei Reihen geteilt. In der oberen Reihe stehen die Wappen von Feldkirch (ältere Version mit der Kirche und kleinem Schild mit schwarzer Montforter Fahne), Sonnenberg (in Blau eine goldene Sonne über einem goldenen Dreiberg) und Bregenz (von silbernem Pfahl durchzogener Kürsch mit drei Hermelinschwänzchen). In der mittleren Reihe: links Bludenz (in Silber ein schwarzes steigendes Einhorn), Herzschild Montfort (in Silber die rote Kirchenfahne) und rechts davon Hohenems (in Blau ein aufgerichteter goldener Steinbock). Die untere Reihe enthält das Wappen von Dornbirn (ein roter Schild mit silbernem Querbalken, davor ein grüner befruchteter Birnbaum auf grünem Boden), des Bregenzerwaldes (in Silber eine grüne bezapfte Tanne) und des Montafon (in Silber zwei verschränkte Schlüssel). (→ Abb. 237)

In drei Reihen werden die historisch wichtigeren Städte, Herrschaften und Talschaften dargestellt, gruppiert um die im Zentrum stehende rote Montforter Fahne im silbernen Schild. Das Wappen umgibt ein Fürstenmantel und ist bekrönt mit einem Fürstenhut. Für Sonnenberg wurde fälschlicherweise aus dem Staatswappen 1804 ein goldener Dreiberg übernommen, der ursprünglich schwarz war.

Das heutige Vorarlberger Wappen, die rote Montforter Fahne im silbernen Schild, ist das einzige Landeswappen Österreichs, in dem kein Wappentier vorkommt. Die heute gültige Form des Wappens wurde durch das Gesetz über das Landeswappen (2. Novelle, LGBl. 18/1936) festgelegt. (→ Abb. 238)

Abb. 237: Vorarlberg, 1864 (H. G. Ströhl)

Abb. 238: Vorarlberg, ab 1918 (M. Göbl)

Vorderösterreich

Vorderösterreich ist jene nicht zusammenhängende Gruppe von größeren Herrschaften, die ursprünglich die althabsburgischen Gebiete in der Schweiz, im Elsass und in Süddeutschland umfasste: Freiburg im Breisgau, die Landgrafschaft

Breisgau, Hohenberg, Laufenburg, Hagenau, Ortenau, die Markgrafschaft Burgau, Nellenburg, Tettnang, Falkenstein, Lindau und Rothenfels. Diese Herrschaften gehörten überwiegend dem österreichischen Reichskreis an und wurden von unterschiedlichen Städten und zu unterschiedlichen Zeiten von Innsbruck, Ensisheim und Freiburg im Breisgau aus verwaltet.

Ab dem 15. Jahrhundert kam für diese Gebiete der Name „vordere Lande" oder „Lande vor dem Arlberg" auf. Nach und nach gingen diese Herrschaften für das Haus Habsburg wieder verloren, zuletzt im Zuge des Wiener Kongresses 1815. Während dieser Zeit gab es kein zusammenhängendes Territorium und deshalb auch kein eigenes Landeswappen.

Erst viel später, als sich nach dem Zweiten Weltkrieg das südwestdeutsche Bundesland Baden-Württemberg ein Landeswappen gestaltete, wurde der Umstand, dass der größte Teil seines Staatsgebietes vor mehr als 700 Jahren zum untergegangenen Herzogtum Schwaben gehört hatte, berücksichtigt. Außerdem sollte auch der vorderösterreichischen Vergangenheit gedacht werden. Mit dem Gesetz vom 3. Mai 1954 wurde das Landeswappen wie folgt festgelegt: in goldenem Schild drei schreitende Löwen mit roten Zungen. Auf dem Schild des großen Landeswappens ruht eine Krone, die sich aus den Wappen der für das Land geschichtlich bedeutsamen Herrschaftsgebiete zusammensetzt: Baden, Württemberg, Hohenzollern, Pfalz, Franken und Vorderösterreich. Den Bindenschild als Vorderösterreich zu symbolisieren, ist allerdings eine Fiktion, da Vorderösterreich kein gemeinsames Wappen besessen hat. (→ Abb. 239)

Abb. 239: Baden-Württemberg (ÖStA)

Wien

Wien verdankt seine Entstehung und Entwicklung der günstigen geografischen Lage an wichtigen Verkehrsadern (Donau, Bernsteinstraße). Besiedlungsspuren sind schon aus illyrischer und keltischer Zeit nachweisbar, und die Römer errichteten um 50 nach Christus das befestigte Lager Vindobona. Die Babenberger machten um die Mitte des 12. Jahrhunderts Wien zu ihrer Residenz und gaben ihr 1137 das Stadtrecht.

Ab dem frühen 17. Jahrhundert war Wien fast ununterbrochen Haupt- und Residenzstadt des Heiligen Römischen Reiches und zugleich der österreichischen Erbländer. Die

Größe Wiens war bis dahin ungefähr auf die heutige Ausdehnung des 1. Stadtbezirkes beschränkt, erst mit dem Abbruch der Stadtmauern 1858 begann die Erweiterung Wiens zur Großstadt.

1922 wurde Wien von Niederösterreich politisch abgetrennt und zum eigenen Bundesland gemacht. 1934–1938 verlor es diesen Status, um ihn dann 1938 im Reichsgau Groß-Wien wieder zu erhalten.

Die Einbeziehung von 97 Gemeinden in das Stadtgebiet wurde durch die Rückgliederung von 80 Gemeinden an Niederösterreich zum allergrößten Teil 1954 wieder rückgängig gemacht. Wien umfasst seither 23 Bezirke.

Wappen

Die älteste Darstellung des Wiener Wappens ist auf den sogenannten „Wiener Pfennigen" etwa 1278/81 nachweisbar und zeigt bereits das charakteristische Balkenkreuz. Das weiße Balkenkreuz im roten Feld kann mit einiger Wahrscheinlichkeit auf die ähnlich gestaltete Reichssturmfahne zurückgeführt werden. Das erste Auftreten fällt in die Zeit, als König Rudolf I. Wien in den Besitz des Reiches nahm (1278), es ist daher denkbar, dass diese Fahne Vorbildwirkung für das Stadtwappen hatte. Eine vergleichbare Entwicklung scheint auch in anderen Grenzlandschaften des alten deutschen Reiches (Savoyen, Schweiz, Dänemark) stattgefunden zu haben.

Abb. 240: Wien, bis 1925 (H. G. Ströhl)

Kaiser Friedrich III. gewährte der Stadt Wien 1461 eine Besserung ihres Wappens, das jedoch erst drei Jahre später, 1464, in neuerlich geänderter Form tatsächlich verwendet wurde: Der bisher geführte einköpfige schwarze Adler wurde durch einen goldenen Doppeladler ersetzt. Die beiden Köpfe sind mit Heiligenscheinen umgeben, zwischen ihnen ist die Reichskrone zu sehen. Die Brust des Adlers ziert der rote Schild mit dem weißen Kreuz. (→ Abb. 240)

Dieses Wappen wurde im Wesentlichen bis über das Ende der Monarchie hinaus verwendet. Im Jahre 1925 schließlich änderte man, analog zum Staatswappen, auch Siegel und Wappen der Bundeshauptstadt Wien. Das Wappen wurde auf das weiße Kreuz im roten Schild reduziert und das Siegel wieder auf das seit 1327 bekannte Ratssiegel mit dem einfachen schwarzen Adler mit Brustschild zurückgeführt. Die Umschrift des Siegels lautet: „Bundeshauptstadt Wien". Diese Regelung galt bis zum Wiener Wappengesetz 1998. Seit diesem Landesgesetz kann das Wappen in zwei Formen geführt werden, nämlich als der bekannte rote Schild mit weißem

Abb. 241: Wien, ab 1925 (ÖStA)

Kreuz oder als schwarzer, goldbewehrter Adler mit dem zuvor genannten Schild als Brustschild. (→ Abb. 241)

Windische Mark

Die Windische Mark ist ein historisches Gebiet und erstreckte sich von der Save im Norden bis zur Kulpa im Süden. Gegen Westen grenzte die Mark an Ober- und Innerkrain und im Osten reichte sie bis zum Uskokengebirge. Der Name wurde von den dort siedelnden windischen Stämmen abgeleitet.

Im Zuge des Aufbaus des ottonischen Markensystems im 10. Jahrhundert wurde das zuvor einheitliche Krain in zwei Marken geteilt: in die Mark Krain und die Mark an der Sann. Ab dem 12. Jahrhundert wurden die Marken zusammengeschlossen und führten den Doppelnamen Krain und die Windische Mark („Carniola et Marchia Sclavonica que vulgo Windismarch dicitur"). Die Marchia Sclavonica wurde volkstümlich „Windische Mark" genannt und bezeichnet innerhalb von Krain die ehemalige Mark an der Sann.

1286 kam die Windische Mark mit Kärnten und Krain an Meinhard II. von Tirol.

1374 wurde sie von Österreich erworben, wobei sich die Habsburger ab nun als „Herren auf der Windischen Mark" bezeichneten, ein Titel, der bis 1918 in Verwendung stand.

Heute gehört das Gebiet zur Republik Slowenien.

Abb. 242: Windische Mark, 15. Jh. (ÖStA)

Wappen

In silbernem Schild (ursprünglich goldfarben) ein schwarzer, rotgefütterter und beschnürter Hut. Helmzier ist ein sechseckiges Brett, belegt mit dem windischen Hut des Schildes und an den Ecken mit Pfauenfedern besteckt. (→ Abb. 242, 243)

In der österreichischen Wappenlandschaft kommt dieses Wappen, dessen Schildfarbe – wie bei Krain – zwischen Gold und Silber schwankt, zuerst auf Siegeln von Herzog Rudolf IV. 1358 vor. Die Helmzier taucht erstmals auf einem Siegel Kaiser Friedrichs III. von 1442 auf. Das letzte Mal ist das Wappen im großen Staatswappen von 1835 mit silbernem Schild zu sehen.

Abb. 243: Windische Mark, 19. Jh. (H. G. Ströhl)

Wolhynien

Wolhynien ist eine historische Landschaft im Nordwesten der Ukraine, die vom Fluss Bug (im Westen) bis zum Tal des Dnjepr (im Osten), dem Pripjet in Posesien (im Norden) und Podolien im Süden reicht.

Im 9. und 10. Jahrhundert war es Teil des Kiewer Reiches, im 11. und 12. Jahrhundert unabhängiges Herzogtum (Lodomerien). 1188 wurde es mit Galizien vereinigt und kam im 14. Jahrhundert an Litauen.

Ab 1569 war Wolhynien durch die Lubliner Union bei Polen, ab 1793 beziehungsweise nach 1795 bei Russland.

Heute befindet sich Wolhynien in der nordwestlichen Ukraine.

Wappen

In Blau ein silbernes achteckiges Kreuz mit doppelten schwarzen Rändern, dessen Mitte einen Schild trägt, in dem sich in Silber ein schwarzer Adler findet, der ein silbernes „V" auf der Brust trägt. (→ Abb. 244)

Das Wappen kommt im großen Reichswappen des Kaisertums Österreich von 1806 als Anspruchswappen vor.

Abb. 244: Wolhynien (M. Göbl)

Württemberg

Die Burg Württemberg auf dem Rotenberg bei Stuttgart ist die Stammburg des Hauses Württemberg. Ihr Erbauer Conradus de Wirtinberc wird 1080 genannt.

Die ununterbrochene Reihe der Grafen von Württemberg beginnt mit Ulrich I. († 1265). Seine Nachfolger trachteten danach, ihr Land rundum zu erweitern.

Eberhard IV. erheiratete 1417 die Grafschaft Mömpelgard (Montbéliard, in der Franche-Comté), die dann bis zu den Napoleonischen Kriegen württembergisch blieb.

1442 wurde Württemberg in eine Uracher und eine Stuttgarter Linie geteilt.

Graf Eberhard mit dem Bart, der mit der Gründung der Universität Tübingen 1477 die wichtigste Grundlage für die geistige Entwicklung des Landes gelegt hatte, wurde von Kaiser Maximilian I. 1495 zum Herzog erhoben. Sein Neffe Ulrich wurde nach schweren inneren Wirren vom Kaiser in die Reichsacht erklärt und verlor 1519 sein Herzogtum.

Abb. 245: Württemberg (H. G. Ströhl)

Der Schwäbische Bund verkaufte daraufhin Württemberg an das Haus Österreich. Kaiser Karl V. belehnte seinen Bruder, den späteren Kaiser Ferdinand I., 1520 damit, 1534 anerkannte Herzog Ulrich die österreichische Lehenshoheit.

Im Prager Vertrag von 1599 wurde Württemberg wieder Reichslehen, man räumte dem Haus Österreich aber ein, dass es bei fehlenden männlichen Nachkommen der Württemberger wieder belehnt würde.

Wappen

Drei schwarze Hirschstangen in Gold übereinandergestellt. (→ Abb. 245)

Dieses Wappen der Grafen von Württemberg war in den österreichischen Siegeln beginnend mit Kaiser Ferdinand I. (1531) bis zum großen Reichswappen von 1804 in offiziellem Gebrauch, um auf die Anwartschaft auf Württemberg hinzuweisen.

Die drei Hirschstangen in Gold sind heute auch noch in anderen Verwendungen zu sehen. Einerseits im Emblem des Sportwagenherstellers Porsche, der seit 1953 dieses Wappen als seine Automarke führt, andererseits im Abzeichen des Fußballklubs VfB Stuttgart.

Würzburg

(*Herzogtum*) Würzburg wurde 741 als Bischofsitz für Ostfranken vom heiligen Bonifatius gegründet. Durch reiche Güterschenkungen wurde auch eine weltliche Herrschaft begründet, die in heftige Auseinandersetzungen mit den Grafen von Henneberg geriet. Der Bischof hatte Sitz und Stimme im Reichsfürstenrat und beim Fränkischen Reichskreis.

1803 wurde das Reichsfürstentum Würzburg säkularisiert und Bayern eingegliedert. 1805 musste Bayern das kurz zuvor erhaltene Würzburg an Großherzog Ferdinand III. von Habsburg-Toskana abtreten. Dieser hatte seinerseits das 1803 erhaltene Salzburg an Österreich abgetreten und dafür Würzburg erhalten, das zum Kurfürstentum erhoben worden war. Der Wiener Kongress bereinigte die Situation nochmals, setzte den Großherzog wieder in der Toskana ein und Würzburg fiel an Bayern.

Abb. 246: Würzburg (M. Göbl)

Wappen

Drei silberne Spitzen in Rot. (→ Abb. 246)

Dieses Wappen wurde 1806 als Zeichen der österreichischen Nebenlinie der Habsburger in das große Reichswappen aufgenommen. Als Herzogtum führte Würzburg nicht das alte Fahnenwappen des geistlichen Reichsfürstentums, sondern die drei silbernen Spitzen in Rot.

Heute wird diese Wappenfigur als „Franken-Rechen" bezeichnet und von verschiedenen fränkischen Regierungsbezirken Bayerns verwendet.

Zadar

Seit dem 4. Jahrhundert vor Christus wird Zadar (italienisch: „Zara") in griechischen Quellen mit dem Namen „Idassa" (lateinisch: „Iader") erwähnt. Unter Kaiser Augustus wurde die Stadt zu einem römischen Municipium.

Im 7. Jahrhundert entging Zadar knapp der Zerstörung durch slawische und awarische Volksstämme und wurde Hauptstadt der byzantinischen Provinz Dalmatien.

Um 1102 gehörte Zadar formell zum ungarisch-kroatischen Königreich, jedoch gewann Venedig zunehmend an Einfluss und konnte seine Herrschaft 1409 endgültig festigen. Venedig kaufte schließlich um 100.000 Gulden ganz Dalmatien und macht Zadar zur Provinzhauptstadt.

Abb. 247: Zadar, vor 1847 (H. G. Ströhl

Als die Osmanen Anfang des 16. Jahrhunderts die Stadt von der Landseite her bedrängten, wurde sie von den Venezianern zur starken Festung ausgebaut. Sie benötigten Zadar zur Sicherung des Seeweges zu den Venezianischen Kolonien im östlichen Mittelmeer.

1797–1805 war Zadar Teil des von Österreich übernommenen venezianischen Erbes. 1805 musste die Stadt an Frankreich abgetreten werden, das sie seinen Illyrischen Provinzen einverleibte. 1813 kam sie wieder an Österreich zurück und verblieb dort als Hauptstadt des Königreiches Dalmatien bis 1918.

1847 erhielt die Stadt nach dem Beispiel der anderen königlichen Städte ein Wappen.

Nach 1920 kam Zadar aufgrund des Vertrages von Rapallo zu Italien, 1944 zu Jugoslawien und gehört seit 1991 als wichtiger Seehafen zur Republik Kroatien.

Wappen

In Silber auf grünem Boden ein Ritter auf einem schwarzen Pferd mit einer blauen Satteldecke und goldenen Steigbügeln.

Abb. 248: Zadar, 1847–1918 (ÖStA)

Abb. 249: Zadar, heute (ÖStA)

Der Ritter in Rüstung mit einem über die rechte Schulter geworfenen roten Mantel und einem goldenen, mit roten und blauen Straßenfedern besteckten Helm. In der Rechten eine weiße Fahne mit einem roten Kreuz haltend. (→ Abb. 247) Hinter dem Ritter aus dem linken Seitenrand auf einem Berg eine Stadt mit drei Türmen hervorwachsend. Über dem von einer goldenen Arabeskeneinfassung umgebenen Schild ruht eine goldene königliche Krone. (→ Abb. 248)

Der heilige Chrysogonus (Sv. Krševan), ein Märtyrer zur Zeit von Diokletian, ist der Patron der Stadt und sein Bild erscheint im Wappen (Ritter).

In Wien kann man es noch am Gebäude der Generaldirektion der Österreichischen Bundesforste, Marxergasse 2 (bis 1918 Marinesektion des k. u. k. Kriegsministeriums), sehen. Das heutige Wappen der Stadt Zadar ist eine stark vereinfachte Version des Wappens von 1847. (→ Abb. 249)

Zähringer

Die Zähringer kommen in der österreichischen Wappenlandschaft nicht vor, haben aber doch Bedeutung für die habsburgische beziehungsweise österreichische Geschichte.

Das schwäbische Fürstengeschlecht war mit den Staufern verwandt und nannte sich ab Ende des 11. Jahrhunderts nach seiner Burg Zähringen bei Freiburg im Breisgau.

Im 12. Jahrhundert erreichten sie im deutschen Südwesten und in der heutigen Schweiz eine bedeutende Stellung und nannten sich „Herzöge von Zähringen", ohne jedoch ein geschlossenes Herzogtum bilden zu können. Die Zähringer gründeten zahlreiche Städte, Dörfer und Klöster, unter anderem Freiburg im Breisgau, Bern, Villingen, Rheinfelden, Murten, Neuenburg am Rhein oder Fribourg im Üechtland (Schweiz). Grablege der Familie war bis 1093 die Limburg bei Weilheim an der Teck. Die Hauptlinie der Zähringer starb 1218 aus.

Die Habsburger erbten aus ihrem ehemaligen Besitz Kyburg, den Breisgau und andere Herrschaften. Der erste habsburgische König Rudolf (1273–1291), der vor seiner Erhebung auf den Thron der mächtigste Fürst im herzoglosen Schwaben war, sah sich als ein Nachfahre des Zähringer Herzogsgeschlechts. Seine Großmutter mütterlicherseits war eine Schwester des letzten Zähringers.

Eine jüngere Nebenlinie der Zähringer erwarb im 12. Jahrhundert am Nordrand des Schwarzwaldes Besitz und errichtete die Burg Hohenbaden oberhalb des Ortes Baden. Nach dieser Burg nannten sie sich Markgrafen von Baden. Der Titel Markgraf war eine Amtsbezeichnung nach der Mark Verona, die sie früher besessen hatten. 1803 wurden sie noch kurz vor Ende des Alten Reiches zu Kurfürsten und nahmen von Napoleons Gnaden 1806 den Titel Großherzog an. Nach Abdankung des letzten Großherzogs von Baden führte der Chef des Hauses Baden den Namen Markgraf von Baden.

Wappen

Die Zähringer führten einen roten Adler im goldenen Feld. (→ Abb. 250)

Abb. 250: Zähringer (M. Göbl)

Zator

(Sator, Zatoria) Zator lag mit Oświęcim (Auschwitz) an der Weichsel und gehörte zur Woiwodschaft Krakau. Beide wurden trotzdem als Herzogtümer bezeichnet und führten einen Adler, der eine andere Farbe als jener von Krakau hatte.

Zator wurde von der Böhmischen Krone 1513 von Schlesien ausgegliedert und an Polen verkauft. 1772–1918 war Zator ein Teil von Galizien und Lodomerien. Seit 1918 gehört es zu Polen.

Wappen

Ein silberner Adler in Blau. (→ Abb. 251)

Das Wappen von Zator kommt in den großen Reichswappen von 1804, 1806 und 1836 vor. 1804 wurde es jedoch noch mit falschen Farben (in silbernem Feld ein blauer Adler) gezeigt. 1806 und 1836 besitzt es die richtigen Farben. In den Darstellungen des 18. Jahrhunderts trägt der Adler zusätzlich den silbernen Buchstaben Z (Zator) auf der Brust.

Abb. 251: Zator (M. Göbl)

Zeeland

Zeeland ist heute die südwestlichste Provinz des Königreiches der Niederlande. Die Landschaft ist geprägt von den sich ständig ändernden Wasserläufen der Schelde auf ihrem Weg ins Meer und vom Meer selbst, das die flache Küste immer wieder überflutete und die Form der vielen Inseln und Halbinseln veränderte.

Vom 11. Jahrhundert an wurden Deiche gebaut, die zunächst dem Hochwasserschutz und später auch der Landgewinnung dienten. Im Mittelalter gehörten die nördlichen Inseln zur Grafschaft Holland, die Inseln bei der Scheldemündung hatten die Grafen von Holland von den Grafen von Flandern zu Lehen. Der festländische Teil gehörte ursprünglich zu Flandern. Seit 1323 war auch dieser holländisch und kam 1433 an Burgund beziehungsweise 1477 an das Haus Österreich.

1581 sagte sich Holland samt der Grafschaft Zeeland von den Spanischen Niederlanden los.

1642 entdeckte der Niederländer Abel Tasman auf Erkundungsfahrten zwei Inseln im Indischen Ozean. Eine wurde nach ihm Tasmanien benannt, die andere Neuseeland (nach der niederländischen Provinz Zeeland).

Wappen

Abb. 252: Zeeland (M. Göbl)

Der geteilte Schild zeigt oben in Gold einen wachsenden roten Löwen, unten einen von Blau und Silber fünfmal geteilten Wellenschnitt. (→ Abb. 252)

Das Wappen von Zeeland wurde nur von Kaiser Karl V. im Siegel geführt.

Zutphen

(Zütphen, Zütfen) Die Stadt Zutphen, an der Ijssel gelegen, war schon in römischer Zeit besiedelt und entwickelte sich ab dem 12. Jahrhundert zu einer Grafschaft.

Die Stadt war Mitglied der Hanse und gehörte ab 1339 zum Herzogtum Geldern. Stadt und Grafschaft kamen dann an die Herzöge von Burgund und im Gefolge der Burgundischen Hochzeit Kaiser Maximilians I. 1477 an das Haus Österreich.

Die Niederländer eroberten schließlich die Stadt 1591. Heute ist Zutphen eine Stadt in der Provinz Gelderland.

Wappen

Abb. 253: Zutphen (M. Göbl)

In einem von Blau und Silber geteilten Schild oben ein schreitender goldener Löwen, unten ein rotes Ankerkreuz. (→ Abb. 253) Der goldene Löwe in der oberen Schildhälfte deutet auf die Zugehörigkeit zum Herzogtum Geldern hin.

Dieses Wappen tritt bei Kaiser Maximilian I., Kaiser Karl V. und seinem Sohn König Philipp II. auf.

Zypern

Die drittgrößte Insel des Mittelmeeres leitet ihren Namen vom Kupfererz ab, mit dem sie in der Antike die umliegenden Länder belieferte. Touristisch wird sie heute jedoch mehr als „Insel der Aphrodite" beworben, die dort angeblich aus dem Schaum des Meeres geboren worden sein soll. Die Insel war von Phöniziern, Assyrern, Ägyptern, Persern und Griechen besiedelt und wurde schließlich römische Provinz.

1192–1489 stand die Insel unter der Herrschaft der Kreuzfahrer. König Richard I. Löwenherz hatte die Insel 1191 während des Dritten Kreuzzugs auf dem Seeweg nach Palästina erobert. Bei seiner Rückkehr nach Europa belehnte er damit den Exkönig von Jerusalem, Guido von Lusignan (1192). Guido war von den übrigen Kreuzfahrern wegen seiner vernichtenden Niederlage bei Hattin gegen Sultan Saladin, durch welche Jerusalem verloren gegangen war, nicht mehr anerkannt worden. Da die Seeherrschaft im Mittelmeer bis in das 15. Jahrhundert in christlicher Hand verblieb, konnten sich die Lusignan über zwei Jahrhunderte auf der Insel Zypern behaupten.

Die Lusignan sind eine westfranzösische Adelsfamilie, die auch mehrere Könige von Jerusalem stellten. Der letzte Abkömmling, Jakob II., heiratete die Venezianerin Caterina Cornaro, deren Familie bereits große Besitzungen auf der Insel erworben hatte. Der Handel mit Zuckerrohr hatte die Cornaros zu einer der reichsten Familien Venedigs gemacht. Da ihr Mann und ihr Sohn frühzeitig verstarben, warf man Caterina vor, an deren Tod schuld zu sein. Man zwang die letzte Königin Zyperns deshalb abzudanken und die Insel an Venedig zu übergeben.

1489–1571 zählte Zypern wie Kreta oder die Ionischen Inseln zu den sogenannten Kolonien der „Serenissima".

Nachdem Zypern 1571 vom Osmanischen Reich erobert worden war, führte Venedig in seinem großen Staatswappen einen Anspruchsschild auf diese Insel. Das Kaisertum Österreich übernahm dieses Anspruchswappen 1797 in sein eigenes großes Staatswappen 1804.

Wappen

In einem zehnmal von Silber und Blau geteilten Schild (Lusignan) ein roter gekrönter Löwe. (→ Abb. 254)

Das Wappen kommt 1804 im großen Wappen des Kaisertums Österreich vor.

Abb. 254: Zypern (M. Göbl)

Kleine Sammlung heraldischer Begriffe

Alerion
Dabei handelt es sich in seiner Grundfigur um einen kleinen Adler, der durch das Weglassen von Schnabel und Fängen zu einem eigenen heraldischen Zeichen geworden ist – oft als „gestümmelt" bezeichnet.

Allianzwappen
Als Allianzwappen bezeichnet man nebeneinander gestellte Wappen zweier Länder, die gemeinsam regiert werden, oder die Vereinigung von Wappen von Ehepartnern (Ehewappen). Der Schild des Mannes ist heraldisch rechts (vorne), derjenige der Frau links.

Arabeskeneinfassung
So wird ein Ornament bezeichnet, das man, mit Blattranken verziert, in der Heraldik für Rahmungen oder Konsolen verwendet. Die Arabeske stammt aus der islamischen Kunst des 10. Jahrhunderts.

Balken, Schrägbalken
Entsteht durch zwei parallele, horizontal verlaufende Linien; gehen die Linien von rechts oben nach links unten, entsteht ein Schrägbalken.

Belegt
Belegt ist eine Figur, wenn darauf eine oder mehrere kleinere Figuren zu sehen sind.

Beseitet
Beseitet ist eine Figur, wenn sie kleinere Nebenfiguren zu beiden Seiten hat.

Betagleuchtet
Wenn bei den heraldischen Figuren von Häusern, Türmen oder Toren durch die architektonischen Öffnungen die Farbe des dahinterliegenden Feldes sichtbar wird, bezeichnet man das als „betagleuchtet".

Beutelstand
Damit bezeichnet man eine hohe, beutelförmige Haube, häufig mit zwei Quasten an den Enden. In der älteren Literatur wird die Narrenkappe ebenfalls als Beutelstand bezeichnet.

Bewehrt, Bewehrung
So nennt man die „Waffen" von Wappentieren: Hörner, Schnäbel, Zähne und Krallen, meistens in einer anderen Farbe dargestellt.

Bewinkelt
Eine Figur (meist ein Kreuz) ist bewinkelt, wenn in den dadurch entstehenden Plätzen eine Nebenfigur zu sehen ist.

Bezungt
So wird eine Figur dann beschrieben, wenn ihre Zunge eine besondere Farbe aufweist.

Blasonieren, Blasonierung
Kunstgerechte Beschreibung eines Wappens mit den Begriffen der heraldischen Terminologie.

Bordiert
Wenn um den Schildrand eine Einfassung gelegt wird, die sich vom Schild farblich unterscheidet, bezeichnet man das als bordiert.

Eingepfropfte Spitze, eingebogene oder ausgebogene Spitze
Ein dreieckförmiges Feld, das meistens wie ein Keil von unten zwischen zwei andere Felder eingeschoben wird, wobei die Seitenlinien auch gebogen sein können.

Faden, Schrägfaden
Entsteht durch zwei eng beieinander stehende parallel laufende Linien. Wenn sie schräg verlaufen, entsteht ein Schrägfaden.

Fang
So nennt man die Krallen eines Adlers.

Farbe
→ Tinktur

Feuerstahl
So nennt man eine gemeine Figur, die vermutlich ein stilisiertes Instrument zum Schlagen von Feuerfunken darstellt.

Flug
Mit einem „Flug" sind die Flügel eines Vogels gemeint, meistens Adlerflügel. Ein „offener Flug" zeigt die beiden Flügel eines Vogels mit voneinander abgewendeten Schwungfedern, ein „geschlossener Flug" zeigt beide Flügel nebeneinander, den hinteren Flügel zum größten Teil durch den vorderen verdeckt.

Geschacht
Geschacht ist ein Schild, wenn er durch mehrfache Teilung und Spaltung in einzelne Felder mit je gleich vielen Linien geteilt wurde. Die entstandenen kleinen Plätze können in der Farbe wechseln.

Gespalten, am Spalt

So nennt man eine senkrechte Teilung des Schildes oder einer Figur in einen oder mehrere Plätze; wenn eine Figur am Spalt genannt wird, so wächst sie meistens zur Hälfte gleichsam aus der Teilungslinie hervor.

Gestückt

So bezeichnet man eine aus verschiedenen Farben zusammengesetzte Figur, meistens eine Schildeinfassung (Bordüre), bei der Farbe und Metall abwechseln.

Gestümmelt

Wenn dem Adler Schnabel, Zunge oder Fänge fehlen, so spricht man von „gestümmelt". (→ Alerion)

Geteilt, schräggeteilt

So nennt man eine horizontale Teilung des Schildes oder einer Figur in einen oder mehrere Plätze; schräggeteilt ist ein Schild, der durch eine gerade Linie diagonal von rechts oben nach links unten beziehungsweise von links oben nach rechts unten geteilt wird.

Geviert, quadriert, viergeteilt

So nennt man einen Schild oder ein Feld, der/das durch je eine Längs- und eine Querlinie in vier gleich große Plätze geteilt ist.

Gewechselte Tinkturen, verwechselte Farben

Sie entstehen bei Schildteilungen, wenn in den dadurch entstandenen Feldern Metall mit Farbe wechselt und sich dieser Wechsel auf den darübergelegten Figuren oder Teilen dieser Figuren umgekehrt wiederholt.

Geweckt, schräggeweckt

Geweckt beziehungsweise schräggeweckt sind längliche, mit zwei stumpfen und zwei spitzen Winkeln dargestellte Rauten.

Herzschild

Ein kleiner Schild in der Mitte des Schildes. Der Herzschild kann auch einem Mittelschild aufliegen.

Lilie

Hat nichts mit der gleichnamigen Blume gemein, sondern ist ein streng stilisiertes symmetrisches Ornament. Es besteht aus drei von einem Band zusammengehaltenen Blättern, von denen das mittlere oben eine breite Spitze ausbildet, die beiden seitlichen sind bis auf die Höhe des Bandes umgebogen.

Lilienkreuz

Ein Kreuz, dessen vier Kreuzarme an den Enden mit Lilien besetzt sind.

Nimbus, nimbiert
Eine Figur, bei der der Kopf mit einem Heiligenschein umgeben ist (meistens Heiligendarstellungen).

Pfahl
Ein Pfahl entsteht durch zwei parallel laufende senkrechte Linien.

Pfauenspiegelkamm
Pfauenfedern, die in der Rückenmähne eines Löwen verwoben sind, nennt man so.

Pfauenstoß
Dabei handelt es sich um die Form einer Helmzier, hier ein Bündel von Pfauenfedern.

Rechts, links
In der Heraldik wird die Seitenbezeichnung nicht vom Standpunkt des Betrachters, sondern vom Standpunkt des hinter dem Schild gedachten Trägers aus angegeben. (→ vorne, hinten)

Redendes Wappen, sprechendes Wappen
Eine beliebte Gestaltungsform der Wappen, wobei der Name des Wappenträgers bildlich als Wappenfigur dargestellt wird.

Schildhalter
Schildhalter sind zwei Figuren, die rechts und links den Schild halten.

Schirmbrett
Ein Schirmbrett ist eine Helmzier, die in der Regel das ganze Bild des Schildes wiederholt. Das Schirmbrett kann aus runden Scheiben oder eckigen, ausgezackten fächerartigen Brettern bestehen, die auf dem Helm aufrecht stehend angebracht wurden. Der Rand des Bretts kann mit Spitzen, Quasten, Schellen, Knöpfen oder Pfauenfedern besteckt sein. Manchmal steht das Brett aufrecht auf einer Kante oder Ecke.

Tinktur, Tingierung
Bezeichnet jene Farben, die in der Heraldik ein Grundprinzip darstellen: Rot, Blau, Grün und Schwarz sind die eigentlichen Farben, Gold und Silber sind die Metalle, die beim Druck mit Gelb und Weiß wiedergegeben werden. Unabänderliche Ausnahmen sind die sogenannten natürlichen Farben, wie Braun (Tierfelle, Baumstämme), Stahlfarbe (Rüstungen) oder Fleischfarbe (Menschen).

Topfhelm
Der Topfhelm ist die älteste Helmform der Heraldik, die aus dem Ende des 12. Jahrhunderts stammt. Der Helm ist oben abgeflacht und ruhte direkt auf der Schädeldecke des Trägers.

Turnierkragen

Dabei handelt es sich um einen Balken mit drei oder fünf herabhängenden Lätzen. Er wird als Beizeichen (Brisur) verwendet, um jüngere Söhne von ihren Vätern heraldisch unterscheiden zu können.

Vorne, hinten

In den deutschen Wappenbeschreibungen werden immer wieder auch diese Begriffe verwendet, da sie in der Leserichtung des Betrachters die Wappen beschreiben. Irrtümer, die durch die umgekehrte heraldische Rechts-links-Bedeutung entstehen können, sollen so vermieden werden. (→ rechts, links)

Wachsend

Wachsend nennt man eine Figur, deren Oberkörper nur zu zwei Dritteln sichtbar ist und scheinbar von unten emporragt.

Wolkenfeh

Eine Wolkenfeh ist ein aus horizontalen, an den Seiten kreisförmig eingebogenen Linien (Wolkenlinien) bestehendes heraldisches Muster, das mehrfach übereinandergelegt wird; kann auch als Schildteilung verwendet werden.

Literatur

Joachim Bahlcke, Winfried Eberhard, Miloslav Polivka (Hg.): Handbuch Historische Stätten Böhmen und Mähren. Stuttgart 1998.
Richard Maria Bamberger, Ernst Bruckmüller, Karl Gutkas (Hg.): Österreich Lexikon Wien. 2 Bände. 1995.
Herbert Erich Baumert: Oberösterreichische Gemeindewappen. Linz 1996.
Anna Hedwig Benna: Von der erzherzoglichen Durchlaucht zur kaiserlichen Hoheit. In: Mitteilungen des Österreichischen Staatsarchivs 23 (1971). S. 1–35.
Iván Bertényi: Die Funktion des mehrmals geteilten Feldes in den Wappen einiger ungarischer Städte (13.–20. Jahrhundert). In: Jahrbuch der Heraldisch-Genealogischen Gesellschaft „Adler" 1986/87. Bd. 13. S. 5–27.
Milan Buben: Heraldik. Praha 1987.
Wilhelm Deuer: Die Kärntner Gemeindewappen. Klagenfurt 2006.
Peter Diem: Die Symbole Österreichs. Zeit und Geschichte in Zeichen. Wien 1995.
Ernst Englisch: Gozzo und die „Gozzoburg". Aggsbach-Markt 2009.
D. L. Galbreath und Léon Jéquier: Handbuch der Heraldik. Augsburg 1990.
Franz Gall: Österreichische Wappenkunde. Handbuch der Wappenwissenschaft. Wien–Köln–Weimar 1992.
Brigitte Hamann: Die Habsburger. Ein biographisches Lexikon. Wien 1988.
Handbuch der Historischen Stätten Österreich. Alpenländer mit Südtirol. Bd. II. Stuttgart 1978.
Handbuch der Historischen Stätten Österreich. Donauländer und Burgenland. Bd. I. Stuttgart 1985.
Marquart Herrgott: Monumenta Augustae Domus Austriacae. Tomus 1. Wien 1750.
Karl-Heinz Hesmer: Flaggen und Wappen der Welt. Geschichte und Symbolik der Flaggen und Wappen aller Staaten. Gütersloh 1992.
Friedrich Heyer von Rosenfeld: Die Wappen der bekanntesten Länder der Erde. Frankfurt a. M. 1895.
Edgar Hösch: Geschichte der Balkan-Länder von der Frühzeit bis zur Gegenwart. München 2008.
Harald Huber: Wappen – Ein Spiegel von Geschichte und Politik. Karlsruhe 1990.
Franz-Heinz von Hye: Das Tiroler Landeswappen. Innsbruck 1972.
Franz-Heinz von Hye: Staaten – Wappen – Dynastien. XVIII. Internationaler Kongreß für Genealogie und Heraldik (= Veröffentlichungen des Innsbrucker Stadtarchivs NF. Bd. 18.) Innsbruck 1988.
Franz-Heinz von Hye: Zur Geschichte des Staatswappens von Kroatien und zu dessen ältester Darstellung in Innsbruck. In: Arh. Vjesn., god. 36. 1993. S. 131–147.
Franz-Heinz von Hye: Wappen in Tirol – Zeugen der Geschichte. (= Schlern-Schriften 321) Innsbruck 2004.
Dzevad Juzbasic, Imre Ress, Lajos Thalloczy (Hg.): Der Historiker und Politiker. Die Entdeckung der Vergangenheit von Bosnien-Herzegowina und die moderne Geschichtswissenschaft. Sarajevo–Budapest 2010.

Wolfgang Kesser: Politik, Kultur und Gesellschaft in Kroatien und Slawonien. (= Südosteuropäische Arbeiten 77) München 1981.

Herbert Knittler: Die Städte des Burgenlandes. (= Österreichisches Städtebuch. Bd. 2.) Wien 1970.

Gerhard Köbler: Historisches Lexikon der deutschen Länder. Die deutschen Territorien und reichsunmittelbaren Geschlechter vom Mittelalter bis zur Gegenwart. München 1995.

Christian Kruse: Atlas. Tabula geographica Europae ad statum quo sub finem. Atlas und Tabellen zur Übersicht der Geschichte aller europäischen Staaten und Länder. 1802–1818.

Georg Kugler und Herwig Wolfram: 99 Fragen an die Geschichte Österreichs. Wien 2009.

Josef Ritter von Lehnert: Beiträge zur Geschichte der k. k. Flagge. Wien 1886.

Liechtensteinisches Landesgesetzblatt. Jahrgang 1982. Nr. 58. Ausgegeben am 18. September 1982.

Liechtensteiner Volksblatt. Jahrgang 1937. Nr. 75. Vom 3. Juli 1937.

Die Großherzogliche Familie von Luxemburg. Veröffentlichung des Informations- und Presseamtes der Regierung. Luxemburg 1994.

Heinz Machatscheck: Unterhaltsame Wappenkunde. Berlin 1981.

Hans Maier, Volker Press (Hg.): Vorderösterreich in der frühen Neuzeit. Sigmaringen 1989.

J.-N. Manescu: Zur Geschichte des Landeswappens von Siebenbürgern im Sechzehnten Jahrhundert. In: Genealogica et Heraldica. 10. Internationaler Kongreß für genealogische und heraldische Wissenschaften. Band II. S. 533–536. Wien 1970.

Günter Mattern: 1000 Jahre Habsburg – Heraldische Spuren in der Schweiz. In: Archivum Heraldicum. Band I.. S. 59–69. 1998.

Alois Niederstätter: Das Jahrhundert der Mitte. An der Wende vom Mittelalter zur Neuzeit. (= Österreichische Geschichte 1400–1522. Herwig Wolfram (Hg.). Band 5.) Wien 1996.

Ulrich Nachbaur, Alois Niederstätter (Hg.): Vorarlberger Landessymbole. Dornbirn 2004.

Ulrich Nachbaur: Graf von Hohenembs, Feldkirch, Bregenz, Sonnenberg etc. Vorarlberg in Titeln und Wappen des Hauses Österreich bis 1918. In: Bludenzer Geschichtsblätter, H 88. S. 45–88. 2008.

Ottfried Neubecker: Heraldik – Wappen – Ihr Ursprung, Sinn und Wert. Frankfurt 1977.

Nozze italiane. Österreichische Erzherzoginnen im Italien des 16. Jahrhunderts. Ausstellungskatalog Schloss Ambras. Innsbruck 2010.

Die Österreichisch-Ungarische Monarchie in Wort und Bild (Kronprinzenwerk). 24 Bände. 1894–1902.

Ed. Gaston Graf von Pettenegg: Das Stammwappen des Hauses Habsburg. In: Jahrbuch Adler. S. 87–112. 1871.

Franz Pesendorfer: Lothringen und seine Herzöge. Im Zeichen der drei Adler. Graz–Wien–Köln 1994.

Oswald Redlich: Der alte Wappenturm zu Innsbruck. In: 26. Jahresbericht des Innsbrucker Verschönerungsvereins. S. 1–15. Innsbruck 1907.

Alexander Sauter: Fürstliche Herrschaftsrepräsentation. Die Habsburger im 14. Jahrhundert. Ostfildern 2003.

Die Zähringer, Anstoß und Wirkung. Katalog zur Ausstellung in Freiburg i. Br. Hans Schadek, Karl Schmid (Hg.). Sigmaringen 1986.

Georg Scheibelreiter: Heraldik. Wien–Oldenburg 2006.

Manfred Scheuch: Historischer Atlas Österreich. Wien 2007.

Martin Schrott: Wappenbuch des hohen Geistlichen und Weltlichen Stands der Christenheit in Europa, des Apostolischen Stuels zu Rom etc. München 1576.

Pavel Sedláček: Česká panovnica a státní symbolika (Tschechische Herrschafts- und Staatssymbole). Ausstellungskatalog. Praha 2002.

Johann Seedoch: Die Gemeindenamen des Burgenlandes im Wandel der Zeit. (= Burgenländische Forschungen 100) Eisenstadt 2010.

Siebmacher Wappenbuch. Bände: Die Wappen der Souveräne der Deutschen Bundesstaaten; Die Außerdeutschen Staaten und Die Städtewappen.

Alfred Anthony von Siegenfeld: Das Landeswappen der Steiermark. Graz 1900.

Peter Stih: Studien zur Geschichte der Grafen von Görz. Die Ministerialen und Milites der Grafen von Görz in Istrien und Krain. (= Mitteilungen des Instituts für Österreichische Geschichtsforschung Ergänzungsband 32) Wien–München 1996.

Johann Stolzer, Christian Steeb: Österreichs Orden vom Mittelalter bis zur Gegenwart. Graz 1996.

Hugo Gerard Ströhl: Heraldischer Atlas. Stuttgart 1899.

Hugo Gerard Ströhl: Österreichisch-Ungarische Wappenrolle, 1. Auflage. Wien 1890. 3. Auflage. Wien 1900.

Hugo Gerard Ströhl: Städtewappen von Österreichisch-Ungarn. Wien 1904.

Manfred Thiemann: Mathias Rex anno 1486. Das Matthias-Corvinus-Denkmal in Bautzen. In: Ungarn-Jahrbuch 29. S. 1–32. München 2009.

Unter Markuslöwe und Doppeladler – eine Kulturlandschaft Oberitaliens. Köln 1999.

Hans Wagner, Heinrich Koller (Hg.): Alphons Lhotsky – Aufsätze und Vorträge. 5 Bände. Wien 1972.

Harald Wanger: Die regierenden Fürsten von Liechtenstein. Neustadt an der Aisch 1995.

Sabine Weiss: Aufbruch nach Europa. Fünf Jahrhunderte Wien–Brüssel. Graz 2004.

Sabine Weiss: Claudia de Medici. Eine italienische Prinzessin als Landesfürstin in Tirol 1604–1648. Innsbruck 2004.

Hermann Wiesflecker: Österreich im Zeitalter Maximilians I. Wien 1999.

Josef von Zahn, Alfred Anthony von Siegenfeld: Steiermärkisches Wappenbuch von Zacharias Bartsch 1567. Graz–Leipzig 1893.

Klaus Zimmermann, Andrea C. Theil: Friaul und Triest. o. J.

Quellen

Österreichisches Staatsarchiv, Allgemeines Verwaltungs-, Finanz- und Hofkammerarchiv:
- Adelsarchiv
- Gemeindewappen
- Salbücher
- Adelsgeneralien

Österreichisches Staatsarchiv, Haus-, Hof- und Staatsarchiv:
- Handschriftensammlung
- Siegel- und Typaresammlung
- Habsburg-Lothringisches Hausarchiv
- Staatskanzlei
- k. u. k. Ministerium des Kaiserlichen Hauses und des Äußeren